老舗百貨店の接客法

松坂屋の史料が語る店員の〝心得〟

末田智樹

風媒社

名古屋本店開設当時の3階売場。明治 43年（1910） 3月

開店当時の銀座支店。
大正13年（1924） 12月 1日

銀座支店における女性店員の洋服への切り替え。昭和８年(1933)

新築開店した上野支店。昭和４年(1929) ４月１日

日本郵船所有の貨客船浅間
丸に新設した売店。
昭和８年(1933)

上野支店の傘売場。昭和初期

◀名古屋本店の女性店員。
昭和 5年（1930）

▼名古屋本店にて通達した「信条」。
大正 9年（1920） 2月 1日

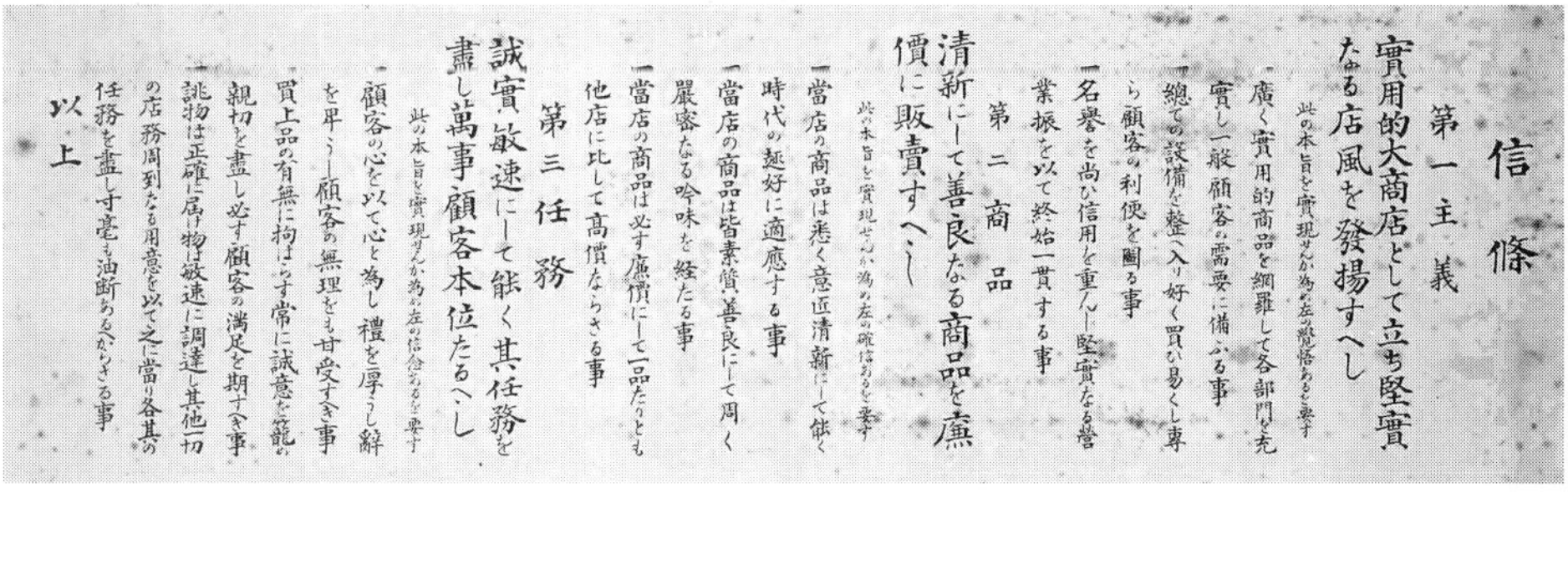

信條

第一 主義

實用的大商店として立ち堅實なる店風を發揚すへし

此の本旨を實現せんか為め左の覺悟あるを要す

一廣く實用的商品を網羅して各部門を充實し一般顧客の需要に備ふる事

一總ての設備を整へ入り好く買ひ易くし専ら顧客の利便を圖る事

一名譽を尚ひ信用を重んし堅實なる營業振を以て終始一貫する事

第二 商品

清新にして善良なる商品を廉價に販賣すへし

此の本旨を實現せんか為め左の確信あるを要す

一當店の商品は悉く意匠清新にして能く時代の趣好に適應する事

一當店の商品は皆素質善良にして周く嚴密なる吟味を経たる事

一當店の商品は必す廉價にして一品たりとも他店に比して高價ならさる事

第三 任務

誠實敏速にして能く其任務を盡し萬事顧客本位たるへし

此の本旨を實現せんか為め左の信念あるを要す

一顧客の心を以て心と為し禮を厚うし辭を卑うし顧客の無理をも甘受すへき事

一買上品の有無に拘はらす常に誠意を籠め親切を盡し必す顧客の満足を期すへき事

一誂物は正確に屆け物は敏速に調達し其他一切の店務周到なる用意を以て之に當り各其の任務を盡し寸毫も油斷あるへからさる事

以上

銀座支店のモダンな陳列になった店内。大正 13年（1924） 12月

名古屋本店の売場。昭和 9年（1934）

老舗百貨店の接客法

——松坂屋の史料が語る店員の〝心得〟——

目次

凡例

底本の体裁を残しつつ、一般読者の読解の便宜を考え、以下のように原文を改めた。

一、体裁（字の配置、字間、改行など）については原則して原文通りとしたが、内容や組版の関係を勘案して必要な部分以外は詰めた。原文の目次に記された頁は本稿の頁との関係で紛らわしくなるので付けておらず、その代わりに本書の頁を付けた。また目次・内容の字体の大きさはできる限り統一した。

一、旧字体や常用外の漢字は原則して常用漢字に改め、常用漢字表にないものは正字を用い、読みづらい旧字体などはひらがなにした。但し、一部の固有名詞や特に必要と認めるものについては原文通りとし、また読みやすくするためにルビを付けた。

一、読みやすさを考慮して句読点・並列点を適宜加え、または原文のものを改めた。

一、かな遣いは現代かな遣いとし、名詞・擬音語・擬態語等のカタカナ遣いは原則として原文通りとしたが、読みやすくするためにひらがな遣いにした部分もある。また濁音を適宜補った。

一、原文（第二章）にはひらがなとカタカナで多くのルビは付されているが、煩雑にわたるため適宜削除した。なお、原文にルビがなく読みにくい漢字や読み誤りやすい漢字にはできる限りルビを付けた。

一、漢字の送りがなは現行の表記に従って適宜補うか削除するかした。

一、最も使用頻度の高い接頭辞の「御」については、大別して「お」と「ご」と読む部分があり、読みやすさを考慮してひらがなに改めた。

一、指示代名詞・副詞・接続詞などで使用頻度が高く、現在漢字表記しないのが通例のものはできる限りひらがなに改めた。

（例）云う→いう　如何→いかが　居る→いる　於て→おいて　居る→いる・おる
且つ→かつ　呉れ→くれ　此→この　事→こと　然し・併し→しかし
総て・凡て→すべて　其→その　只・唯→ただ　為→ため

一、同じ意味の部分で漢字とひらがなや漢字同士の不統一の場合は、次のようにひらがなか漢字に統一した。

就て・付て→ついて　序で→ついで　尚→なお　無く→なく

成る→なる　参る→まいる　先づ→まず　又・亦→また　迄→まで

若し→もし　以て→もって　貰う→もらう　様→よう

（例）有り難う→ありがとう　致します→いたします

御座います→ございます　とき→時

（例）聞く・聴く→聞く　戴く・頂く→戴く　受け・請け→受け

一、明らかな誤字・誤記・誤植・脱字は訂正した。

一、「壱」「弐」「参」「拾」などの数字の大字については漢数字に直した。「ぇ」「っ」「ゃ」「ゅ」「ょ」「ァ」「ッ」「ャ」「ュ」については、ポイントを下げて右寄せにした。

一、助動詞の活用形は不統一であるためできる限り統一した。

一、踊り字（ゝ・ゞ・ヽ・ヾ・〳〵・〴〵）は用いず、ひらがな・漢字に直した。但し、「々」はそのまま使用した。

一、ゴチック表示、圏点、傍点、傍線等の文字の装飾は一部を除き、原文の表記に従った。

一、右の凡例のなかで、史料（第二〜五章）の発行時期や内容の相違から全体を通して統一できなかった部分があるが、できる限り各章内での統一を図った。

はじめに

1 松坂屋の成立と発展

本書では、戦前の株式会社松坂屋において店員教育のために作成され、当時の全店員が活用してきた接客法に関する貴重な四つの史料を一つにまとめて紹介する。

伊藤次郎左衛門家を創業家とする松坂屋（以下、伊藤家・いとう呉服店ではなく松坂屋に統一する）は、現在の愛知県名古屋市を発祥の地とする呉服系百貨店である(1)。松坂屋は、江戸時代の慶長16年（1611）名古屋城築城にともない、清須から名古屋本町に移住し、呉服小間物問屋を創業した。その後は元文元年（1736）に呉服太物小売業へ転換し、現下までの400年以上にわたり商業経営に携わってきた。寛政10年（1798）には呉服店として尾張藩の町方役所の御勝手御用達に任命され、天保5年（1834）に尾張藩主から苗字帯刀が許された。そして、「三家衆」と称される名古屋筆頭の御用商人にまで上り詰めた東海地方きっての大商家である。明治維新を乗り越えた松坂屋は、明治14年（1881）の伊藤銀行と明治26年（1893）に伊藤貯蓄銀行を設立した。松坂屋は、これらの銀行と百貨店の両事業を基盤とし、戦前までに中部地方を代表する地方財閥にまで発展した。

松坂屋の百貨店経営は、明治43年（1910）2月に株式会社へ組織を変更し、「中京デパートメントストア」と銘打ってスタートした。松坂屋は、日本で二番目に近代的小売形態である百貨店への転換に成功した。この呉服店から百貨店への転換は、明治37年（1904）1月2日に「デパートメントストア宣言」を全国の主要新聞に発表した東京を本店とする三越に続くものであった。江戸時代の呉服店の歴史から辿れば、松坂屋は日本の百貨店のなかでは一番長い歴史を持つ老舗百貨店といえる。

呉服店から百貨店へ転換できた大きな理由には、初代取締役社長の伊藤祐民（のち15代伊藤次郎左衛門）と初代専務取締役の鬼頭幸七の二人の深い絆があった。この友情的な強い絆こそが、名古屋本店と上野支店の2店舗を同時に開店する原動力となった。松坂屋による2店舗の開店は特筆すべき出来事であった。三越では明治37年12月に大阪支店を閉鎖して東京本店1店舗のみの開店だったことや、現在までに2店舗をリンクして開店させた百貨店が見当たらないことからも高く評価できる。

その後、松坂屋では大正11年（1922）までに名古屋本店と上野支店の2店舗体制を確立した。この2店舗を拠点として松坂屋では、同12年（1923）3月に大阪支店、同13年（1924）12月に銀座支店を開店した。これに

寛政元年（1789）の新築開店以来災禍を知らぬ名古屋市の茶屋町本店：明治時代

名古屋市の茶屋町本店の座売り風景
：明治 37年（1904）

名古屋市の茶屋町本店の陳列式の売場
：明治 40年（1907）

より松坂屋は、大正後期までに三越に先行して東京・大阪・名古屋において近代的大型店舗による本支店4店舗体制を敷くことに成功した。松坂屋は、三大都市に大規模小売店舗を構えた日本で唯一の呉服系百貨店となった。そのうえ松坂屋が、昭和7年（1932）11月の静岡支店の開店によって本支店7店舗体制の経営展開を戦前まで推し進め、売上総利益と売場総面積では三越に次ぐ位置にまで発展していたことは意外と知られていない。

松坂屋が百貨店への転換後に発展した理由には、名古屋・東京（上野・銀座）・大阪の4店舗において生活と文化の両方に関わる催事を積極的に展開したことがあった。この催事展開は、戦後以降今日までの松坂屋を代表する標語である「生活と文化をむすぶマツザカヤ」に繋がるものであり、戦前において松坂屋の強力な営業方針として催事にあらわれていた。

名古屋本店最初の女性店員：大正元年（1912）

渡米実業団の一員としてアメリカへ渡った時の伊藤祐民：明治 42年（1909）8月

名古屋本店では、明治43年の創業時から3階の多目的ホールにて呉服類・生活用品に関する特売会および美術品関係の展覧会を兼ねた即売会を開催した。上野・大阪・銀座の3支店では、名古屋本店同様に店舗が大型化するにつれて最上階に多目的ホールを設けて文化催事を開催した。松坂屋では、大正末期までに開店した三大都市の4店舗の各階売場内において週・月ごとに催事を開催した。松坂屋では、商品催事と文化催事の両方を巧みに重ね合わせて展開することで、営業戦略の中核となった。また、4店舗では共通する大型の売出し催事との差別化を図った地域特有の催事を開催し、全国の商品を紹介する鮮やかな空間を作り出した。それが各店の目玉催事となり、これらは地域的特産物を販売する現在の物産展の原型を形成するに至った（図1）。

松坂屋の催事が成功した理由には、取扱商品が拡大するなかで、きめ細かな接客販売を行う店員の営業スタイルを重視したことがあった。店員全員が、次第にあらゆる商品を販売する接客法をマスターすることができたからである。接客法を習得した店員の営業活動が、松坂屋の呉服系百貨店としての大きな特色となった。店員は各店舗の催事展開から顧客の趣向を知ることができ、次から次へと新たな催事を企画し、そのなかで接客販売を繰り広げていった。松坂屋全店舗の生活と文化を結ぶ催事空間は、店員の接客販売によって常時賑わいをみせるまでになった。

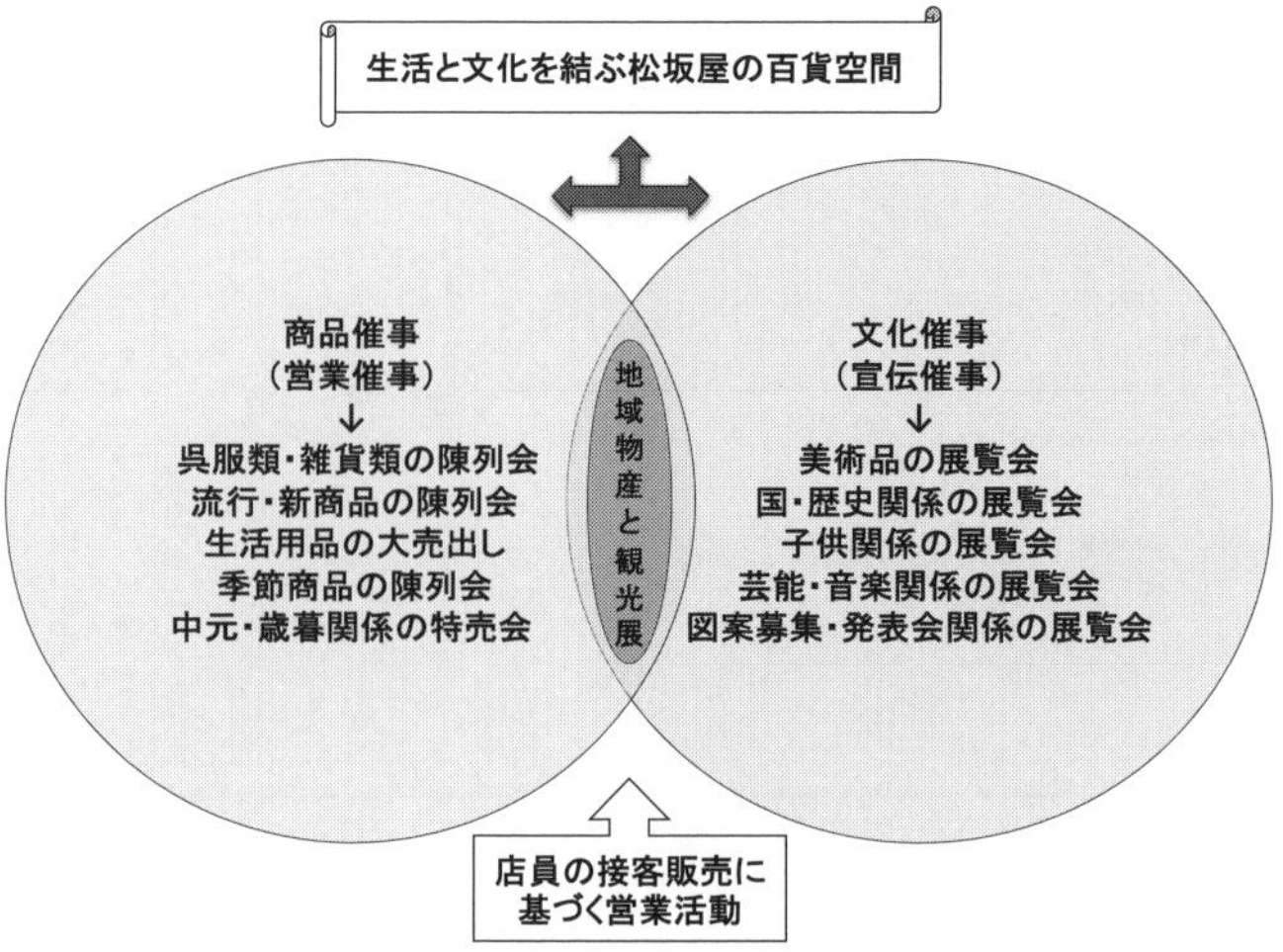

図1　松坂屋による生活と文化を結ぶ催事の展開

2　呉服系百貨店の接客法を取りあげる意義

戦前における松坂屋の成立と発展には、全店員の店舗内における熱心な営業活動があった。近年では、近代以降に百貨店経営の長い歴史を有する松坂屋をはじめ、日本の百貨店の歴史を探る研究が盛んになってきたものの、その対象のほとんどが呉服系百貨店が発信してきた文化的要素や経営者の貢献活動、経営業績に関わるものであった。

しかも、従来の研究では呉服系百貨店の流行商品に力を注いだ販売については強調されてきたが、これらの商品を販売する店員の営業方法に関しては全く深められてこなかった。

　戦前の呉服系百貨店における店員の営業方法では、店員が顧客に応対しながら商品を説明して販売する「対面販売＝接客販売＝接客法」（以下、本書ではこの三つの用語を同義語で使用する）が主流となっていた。接客販売は、今日でも百貨店業態の営業方法における最大の特色である。したがって、店員の接客法の視点から百貨店の歴史を問い直すことは重要である。

　江戸時代の商家の店員に関わる研究は多いものの、当時、顧客に対しての接客がどのように行われていたかについて触れられたものは少ない。江戸時代ではとくに近江商人の研究が盛んであり、近江商人は、大坂商人、伊勢商人とならび三大商人といわれている。この近江商人（卸商）の思想には、「三方よし（＝売り手よし、買い手よし、世間よし）」がある。これは売り手の都合だけで商売を進めるのではなく、買い手（小売商）である顧客が心の底から満足し、さらに商いを通じて地域社会の発展や福利の増進に貢献しなければならないとされた経営理念である。近江商人の各商家では店員心得のなかに顧客を重視した文言を明記していたことからも、顧客の立場に立った接客販売が行われていたのは間違いない[2]。

　戦前までの日本において百貨店を設立した創業者には近江商人出身の企業家も含まれ、このような思想が多くの百貨店の店員に受け継がれたことは容易に想像できる。従来の百貨店の歴史的研究では、店員の営業活動について着目されてこなかった。ましてや店員の接客販売については、管見の限り百貨店所蔵の史料か

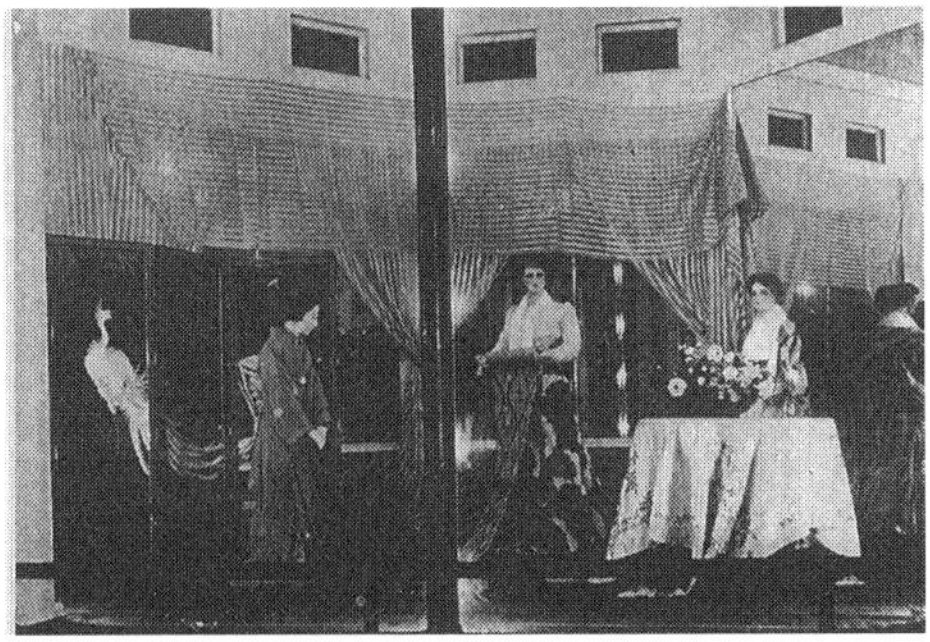

名古屋本店開設当時のショーウインドー：明治 43年（1910）3月

名古屋本店開設当時の3階クレハ倶楽部（ホール）
：明治43年（1910）3月

ら掘り下げられた研究は見当らない。しかし、店員の営業方法である接客販売の確立過程を解き明かすことは、商業史を語るうえで主要な課題である。そして、現代の商業・サービス業関係の営業方法の起源を考えるうえからも非情に意義がある。

百貨店の対面販売については、各百貨店が発行した社史において触れられたものはほぼ皆無である[3]。それだけ接客法に関する方法が内部に限られた極秘事項であった。なぜならば、接客法が各百貨店の店員教育に関わる肝要な部分であり、他の百貨店との差別化を図る営業方針に密接に関係していたからであった。戦前までの呉服系百貨店における接客法の成立は、近代的大規模小売業が発展する際の大きな原動力になったと考えられる。

もちろん、松坂屋において接客法を習得することが店員教育のすべてではなかったことは当然であった。この点は江口潔の指摘がある[4]。江口はそのなかで、「百貨店化をすすめる中で松坂屋では、主に二つの方向から店員教育改革に取り組んでいた。一方は、店務に直結した訓練である。従来は見よう見まねで身につけていた店務に関わる内容、例えば、接客法や包装などを教えていくこととなる。他方は学科の教育である」と述べている。江口は、学科の教育課程の変化を取りあげて考察したものの、接客法についてはこれ以外には言及しなかった。

したがって、松坂屋における接客法の実情とその確立過程を明らかにすることは、当時の日本における百貨店の対面販売の成立状況を理解するうえで重要であり、格好の事例であると考えられる。なぜなら松坂屋は、三越と同じく明治後期からの呉服系百貨店としての歴史を持ち、多店舗展開に成功し今日まで存続する老舗百貨店だからである。そして、これまで百貨店の接客法の史料について詳しく紹介されていなかったところに、本書で取りあげる最大の理由がある。しかも戦前において松坂屋が、店員教育のシステム化のなかで接客法を確立させたプロセスに松坂屋経営の発展要因が隠されているからである。かつ松坂屋の接客法が、戦前の百貨店業態において店員の営業方法が確立する際に大きな影響を与えたと考えられるからである。

注

（1）本書の松坂屋に関する解説については、巻末の参考文献に整理している松坂屋の社史とその関係文献、および拙著・拙稿を参照した。本書では、「伊藤家」「いとう呉服店」「松坂屋」を統一して「松坂屋」と表現するなど、引用部分の表現・内容については加筆修正している。また「社員」「従業員」という表現よりもなるべく「店員」の表現に統一した。本書の解説における資料・文献などの引用文については、句読点・並列点を適宜加え、旧字体、旧仮名遣い、カタカナ、誤字脱字、送り仮名、難字等を必要に応じて修正し、用語・表現を統一し読みやすくしている。

（2）近江商人については、渡辺守順『近江商人』（教育社、一九八〇年）二〇二～二〇三頁、末永國紀『近江商人 三方よし経営に学ぶ』（ミネルヴァ書房、二〇一一年）一一頁～三一頁にみえる。また、江戸時代の商人が信用を重んじたために顧客を大切にしたことは、宮本又次『近世商人意識の研究―家訓及店則と日本商人道―』（有斐閣、一九四一年）七五～七六頁のなかで触れられている。伊藤次郎左衞門家をはじめ名古屋の商人については、林董一『近世名古屋商人の研究』（名古屋大学出版会、一九九四年）一三九～一四〇頁で指摘されている。

（3）神奈川県横須賀市の呉服系百貨店であったさいか屋には、「合名会社雑賀屋呉服店々則（大正九年二月十五日制定 店員服務心得 第一～百三十九条）」がある。そのなかで、「第3章 客に対する時の心得」して第40～90条の長きにわたって接客販売について書かれている。『株式会社横須賀さいか屋社史』（一九六四年）を参照。東京の代表的な呉服系百貨店である白木屋では、大正10年（1921）に店員心得が作られていた。そのなかの小見出しの「接待店員」の11項目と「販売店員」の28項目は、白木屋の店員の接客販売に関わる内容であった。西野恵之介「余が入店一ヶ月にして白木屋呉服店員に与えたる店員心得は八十九箇条」（『実業之日本』第二十四巻第二十号、一九二一年）を参照。大正期では管見の限り、これ以外に百貨店の社史・社史類からは見当らない。

（4）江口潔「百貨店化にともなう職業的リテラシーの変容―両大戦間期における松坂屋の店員―」（『教育学研究』第八十二巻第一号、二〇一五年）。ただし江口は、三越と白木屋については「店員訓練」として接客販売を若干論じている。

第一章

松坂屋の店員心得と接客法の成立

松坂屋には、大正15年（1926）に発行した『店員の心得』がある(5)。実は、松坂屋において接客法が成立するうえで、『店員の心得』が深く関係していた。以下、松坂屋における両者の成立状況と関係についてみておこう。

『店員の心得』は、ある事件をきっかけに作成されていた。その事件とは松坂屋店員による松坂屋株券の返還訴訟問題であり、大正15年3月7日の『新愛知』と『名古屋新聞』の両新聞に掲載された。この事件は当時の松坂屋の店員制度に問題があり、店員の不満が爆発したものであったとされている。

松坂屋には、明治34年（1901）に定めた「掟書」43ヶ条にかわって、大正2年（1913）3月22日に制定した『店則』があった。この『店則』は一度も公表されたことがなく、かつ副本を作成することさえも禁じられていた。そのうえ、大正4年（1915）8月25日に発刊した松坂屋の社内報である『店報』が、大正9年（1920）11月30日の第60号を最後に途絶えたこともあって、店員に対しての統制が完全になくなっていた。

松坂屋では店員の守るべき事柄は非常に多く、常識以上のものもあって、会社創立当時の4倍にも達した多くの店員を昔からの慣習と常識だけで管理することは到底できなくなっていた。これら経営組織内の事情が、地元新聞に取りざたされた訴訟問題を引き起こし、その後の『店員の心得』を作成するに至った大きな理由になった。まさに、呉服系百貨店の大衆化が進みはじめ、松坂屋では4店舗体制となって店員の増大と同時に、松坂屋経営が発展過程へと転換していた時期であった。

そこで松坂屋では、店員として守るべきすべての事柄を取りまとめることになった。そのための会議が、大正15年（1926）6月16日から21日まで本社において開かれた。この『店員の心得』に関する会議には、大阪支店から松岡正礼、上野・銀座両支店から伊藤吉也（主事）、塚本鉢三郎（主事）、桑原益太郎（主事）、名古屋本店から菊地亮三郎、中川宗吉、本社から伊藤杉治郎、中川甚之助の8名が出席した。『店員の心得』の骨組が6月29日に完成し、謄写印刷をすることになった。前半を竹中治助、後半を南沢利勝が担当し、原稿は桑原がまとめた。

会議に出席したメンバーについては、大正5年（1916）の時点で伊藤杉治郎が名古屋本店重役（最高位の役職は取締役）、伊藤吉也が上野支店重役、塚本が上野支店重役心得（同じく常務取締役）で、松岡は昭和3年（1928）では大阪支店の商品部長代理（同じく専務取締役）であった。『店員の心得』の「まとめ役」であった桑原は、昭和9年（1934）では取締役大阪支店長兼営業部長へと昇進していた人物であった。菊地と中川宗吉は、本書で紹介する第二章の『接客法』と第三章の『簡単な売場接客景』を作成した教育係の担当であった。

既述の出席メンバーのなかで伊藤杉治郎については、昭和32年（1957）の社内報『セールスタイムズ』（名古屋店版）のなかで紹介している。彼は、『店員の心得』が作成された大正15年（1926）において、社長伊藤祐民（15代伊藤次郎左衛門）、専務取締役鬼頭幸七やそのほかの取締役などの重役陣の下で、調査課長として本社業務を統括していた人物であったと高く評価されている。また、中川甚之助は調査課主任で、伊藤杉治郎の部下であったことがわかる。『店員の心得』の作成に携わったメンバーを配属先や職務から整理すると、8名は松坂屋本社（名古屋本店）の調査課と教育係、さらに上野・銀座・大阪の3支店における営業担当の幹部社員であった。彼らが名古屋本店に集結し短期間で作成したことになる。

先述の『店則』の概要および『店則』と『店員の心得』との関係については、前掲『セールスタイムズ』の「店則と店員心得」と題した項目のなかで次のように記される。まず、第88条で有名な『店則』というのは大正2年（1913）頃の制定で、その最後に店則は正副2通を作成し、正本を本社に、副本を東京営業部に備え付け、複本を作成したり、本社以外に持ち出すことを禁ずると書いてあったと、『店則』の存在とその機密性を説明する。

続いて、全文が102ヶ条からなる『店則』の内容の大部分は、その頃すでに給与規程や旅費規程となって消

表1　大正2年『店則』の章構成

第1章	総　則	1～ 8条
第2章	階　級	9～12条
第3章	職　制	13～14条
第4章	任　用	15～22条
第5章	服　務	23～37条
第6章	会　計	38～48条
第7章	給　与	49～74条
第8章	身元保証	75～78条
第9章	賞　罰	79～96条
第10章	雑　則	97～102条

出所）竹中治助編『新版 店史概要 松坂屋』（株式会社松坂屋、1964年）108～109頁より作成。

減し、いわゆる第88条を中心とする賞罰規程などが残っているに過ぎなかった。残っていた部分については、桑原益太郎が最終的にまとめ役で完成させた『店員の心得』に置き替えられ、『店員の心得』はあくまで心得であって規則ではないため、『店則』は終戦後に新たな規則が出るまでそのまま使用されたとある。ここから、その後の『店則』の役割と『店員の心得』との関係がわかる。なお『店則』は、前掲『セールスタイムズ』のなかで現在の就業規則にあたると書かれている。

では『店則』と『店員の心得』とは、具体的にはどのような内容であったのか。表1には『店則』の章構成、表2には『店員の心得』の章・項目別構成を作成した。両表によると『店則』は１０２ヶ条であったのに対し、『店員の心得』は４２３項目で、後者が３２１項目多かったことがわかる。『店則』は現在確認することができず、細部にわたって比べられない。両表を一見した限りでは、『店員の心得』に第4章以降が新たに増加し、その章タイトルは順番に陳列場、接客、商品、事務とある。

この点から『店員の心得』が、大別して第1~3章の店員の一般・勤務心得、規程事項などの服務規程に該当する部分と、第4~7章の接客販売、商品の事務対応など営業方法に関わる実務的な内容の二つから構成されていた。第4章以降は大正12年（１９２３）に作成された本書後述の第二章の『接客法』の内容に一致するか、近い内容が書かれている。松坂屋の社史には、接客に関連する表2の第5章（1）客扱い上についての35項目は「当店販売術の要点であって永久不変のもの」と高い評価がみえる。

表2　大正15年『店員の心得』の章・項目別構成

第1章　一般心得　1～69項
(1)店員の本分[1～10項]、(2)店員の体面[11～21項]、(3)店員相互[22～30項]、(4)店員の風紀[31～35項]、(5)礼儀[36～43項]、(6)容儀(1.服装[44～54項]、2.装身具[55～58項]、3.頭髪及び化粧[59～63項])、(7)報告、提案及び相談[64～69項]
第2章　勤務心得　70～142項
(1)出勤及び退出[70～77項]、(2)時間外勤務[78～79項]、(3)店員の出入[80～87項]、(4)執務[88～97項]、(5)店員徽章[98～99項]、(6)私用[100～108項]、(7)食事[109～114項]、(8)喫煙[115～117項]、(9)備品消耗品の注意[118～120項]、(10)火気の注意[121～129項]、(11)非常時の処置[130～138項]、(12)病傷の手当と店員の保健[139～142項]
第3章　規程事項　143～208項
(1)休暇[143～150項]、(2)欠勤[151～157項]、(3)当直[158～161項]、(4)入退営[162～164項]、(5)願及び届[165～168項]、(6)印章及び名刺[169～172項]、(7)給与[173～178項]、(8)身元保証金[179～182項]、(9)店員貯金[183～186項]、(10)預金証券[187～190項]、(11)共済会[191～193項]、(12)店友会[194～197項]、(13)店族購買[198～208項]
第4章　陳列場　209～236項
(1)態度及び注意事項[209～215項]、(2)お客様の質問[216～221項]、(3)清潔整頓[222～227項]、(4)迷い児[228項]、(5)遺失品[229～232項]、(6)二十五匁(木の)[233～236項]
第5章　接　客　237～315項
(1)客扱い上について[237～271項]、(2)先地品取扱い[272～276項]、(3)誂え物[277～291項]、(4)外売り[292～297項]、(5)電話[298～309項]、(6)お客様のお小言[310～315項]
第6章　商　品　316～346項
(1)商品の知識[316～320項]、(2)売価と値札[321～325項]、(3)取扱いと整理[326～328項]、(4)品切れ注意[329～331項]、(5)商品のお取替えについて[332～335項]、(6)度量衡の注意[336～342項]、(7)市価調査について[343～346項]
第7章　事　務　347～423項
(1)売上帳合と手続き[347～359項]、(2)帳簿伝票類の取扱い[360～369項]、(3)特別関係者への販売[370～371項]、(4)見積書提出について[372～373項]、(5)会計事務の正確[374～380項]、(6)小切手類の注意[381～386項]、(7)商品券[387～392項]、(8)お買上品の包装[393～399項]、(9)進物品[400～403項]、(10)お買上品の配達[404～416項]、(11)お買上品の発送[417～419項]、(12)地方よりのご注文[420～423項]

出所)大正15年10月『店員の心得』(株式会社大丸松坂屋百貨店所蔵)および竹中編前掲『店史概要』225～226頁より作成。

大阪支店新店舗開店当日（店頭）の混雑
：大正 12年（1923）3月 1日

『店則』と『店員の心得』の関係については前掲『セールスタイムズ』に以下のようにある。『店員の心得』には男女店員間の結婚は禁じられていると明確にある。それに対し、『店則』の条文上には「男女店員間に醜関係を有し、または醜聞ある者」と書かれているだけで、明確に結婚の禁止条項はなかったと指摘されている。このように、『店員の心得』の作成時に『店則』の服務規程について見直しを行い、内容を発展させた項目が含まれていたと思われる。『店員の心得』とは、『店則』の改正内容、および営業全般に関わる接客販売と事務手続きの内容が追加されたものであったといえよう。そう考えると、菊地亮三郎と中川宗吉の教育係が『店員の心得』の作成に参画したのもうなずける。

『店則』から『店員の心得』へと服務規程が発展した背景には、大正5年（1916）12月1日に上野支店に対する信条の布達から同9年（1920）までに名古屋・上野両店の売場内において商品部門管理制の一層の充実を図ったことがあった。この点については、松坂屋の社史以外では社内報の『店報』からも詳しく読み取れる。

加えて、大正2年（1913）の『店則』から同15年（1926）の『店員の心得』へと発展する過程で、大正4年（1915）から同9年（1920）までに発刊された『店報』全60号が極めて有意義なステップ的役割を果たしていた。理由として『店報』には、名古屋本店と上野支店で新たに決まった規程や営業方法、『店則』とその他の規程などの改正記事が載せられ、両店の全店員に行き渡るように明記されていたからである。

『店報』は店員養成のための情報を逐一掲載する一方で、全店員を統制するため、改正・新規の規則を徹底して行き渡らせる重要な機能を担っていた。『店則』の賞罰規程などが残っているに過ぎないと前記で記したが、実際に『店報』では『店則』第88・89・90条の賞罰規程を受けた店員の記事が非常に目立っていた。

以上のように『店員の心得』には、大正初期の『店則』から出発し、その改正と新規の服務規程を中心に掲載した『店報』の段階と、営業の実務関係を掲載した第二章の『接客法』の段階という二つの服務規程の発展段階が組み込まれていた。この二つの過程をへながら、合理的に改変・充実しつつ両方の服務規程が融合されたものであった。『店員の心得』は、いわば松坂屋における経営の近代化が進むにつれて完成されたものであった。

ところが、松坂屋において大正期は店員養成・統制に関わる規則と営業方法の発展だけがみられたわけではなかった。繰り返すが、松坂屋では第二章の『接客法』を刊行した大正12年（1923）に大阪支店、翌13年に銀座支店を開設していた。なおかつ同時期に名古屋本店では新店舗の建設、関東大震災で被害を受けた上野支店でも再建が始動し、近代的大型店舗を有する4店舗体制へ向けて大きく動き出していた。さらに、4店舗の本支店による新体制スタート後の大正14年（1925）8月には、各部門に部門主任のほか仕入主任と、売場主任を新たに置いて内部組織を確

名古屋本店新店舗の雑貨売場
：大正 14年（1925）5月 1日

上野支店の御礼大売出し：大正 15年（1926）

大阪支店で評判になった女性店員の規定縞：昭和2年（1927）

松坂屋の配達自動車：大正6年（1917）6月

立した。『接客法』が含まれる『店員の心得』を作成した時期と同じ大正15年（１９２６）7月1日には、「私立松坂屋青年訓練所」を設置し、この時期に店員養成・統制に一段と力を入れた。これらの背景には、上述の4店舗完成による急激な店員の増加があった。

ここまでの『店員の心得』の内容と制定までの経緯の考察から、『店員の心得』とは店員の服務規程がわかるだけでなく、その発展段階を理解できる史料でもあった。すなわち、『店員の心得』は本支店形成による店舗拡大をみせながら、経営・営業全体すべてが連動し、呉服店から百貨店へ転換していった松坂屋における内部組織の近代化の状況を把握することができる史料ともいえよう。

では、大正期における松坂屋の経営の近代化の最終段階として作成された『接客法』を含む『店員の心得』は、近世では尾張藩御用達、近代では地方財閥として位置づけられる伊藤次郎左衛門家の３００年間の伝統的系譜とはどのような接点があるのであろうか。

江戸時代の松坂屋には、元文元年（１７３６）の「掟書」６ヶ条がある。これは呉服小間物問屋から呉服（絹織物）太物（木綿、麻織物）小売業へ転換する際に、店員の服務規程というべき6つの掟を定めたものである。当時の接客についてみれば、この第2条には、お客様が松坂屋の店先に来られたときはすぐに挨拶をしなければならないが、それは身分の高低に限らず丁寧に必ず挨拶をする。そして、買い物の多少に限らず分け隔てなく、かつお客様へのお茶、煙草などに気を付けて接客することとある。例えば、「上野店内見取り図」にはその様子が描かれている。ここに、松坂屋が小売業を開始したときから、顧客に対する応対方法＝親切第一と奉仕第一の心得がしっかりと定められていた(6)。当時から松坂屋では呉服類の高級品を丁寧に取り扱い、その品の良さを知って顧客に合うかどうかを見定めて販売するために応対していたことがわかる。

松坂屋では明治34年（1901）に元文の「掟書」を改定した。この明治の43ヶ条の「掟書」には、接客、品揃え、仕入、引合、出納、帳簿、販売、経理等に関する規定のほか、店員心得、教育、雇用、職責などの人事全般に亘った服務規程もみられた。

名古屋本店にてエレベーター新設
：大正 7年（1918）年 12月 31日

とくに第3条から第13条までは、お客様やお得意様の用語が含まれ、接客に関わる内容で占められている。第3条は、お客様が松坂屋の店先に来られたときは丁寧に挨拶をしたのち、買い物のいずれによらず、注文を詳しくお聞きし品物をご覧にいれて応対する。お客様が商品を決めたら、そのほかの品物が必要かどうかの確認をし、たとえそれが少額の場合であったとしても必ず丁寧に取り扱うこととある。さらに、第7条にはお客様に対し、無作法な態度が一切ないように言葉遣いに気を付けることとある。

以上のことから、松坂屋の社史において「昔の掟書

銀座支店開店当日の帯売場
：大正 13年（1924） 12月 1日

銀座支店開店当日の店内：大正 13年（1924） 12月 1日

の現代版」と評価された大正15年の『店員の心得』は、元文と明治の「掟書」から大正2年（1913）の『店則』の102ヶ条をへて、大正12年（1923）の『接客法』を組み合わせて発展したことがわかる。『店員の心得』は、店員として心得なければならないすべてを網羅したもので、その中核は顧客への接客法と店員の服務規程からなる423項目という江戸時代から積み上げられたものであった。したがって松坂屋の『店員の心得』とは、大都市呉服系百貨店として成立した近代的大規模小売業の服務規程の誕生であったといえよう。『店員の心得』は、大正15年11月1日から各店の全店員に貸し渡して熟読させることにし、昭和13年（1938）2月から同年9月にかけて改訂され使用された。

松坂屋が大正後期に4店舗体制の確立を可能とした理由には、店員の大量雇用を開始したことに対応し蓄積されてきた店員教育・養成のシステムを、『店員の心得』として見事に再構成し一冊として発行したことがあった。『店員の心得』は、商品部門管理制を基本とした近代的大規模小売業の経営組織へと脱皮させるうえで不可欠な礎石となった。『店員の心得』は、松坂屋4店舗の数千人を超える店員の規則正しい営業活動の基本的体系が記されていた。そして、松坂屋が呉服系百貨店として国内最初の多店舗体制の催事を主軸とした営業を展開するなかで、顧客への誠意のこもった接客販売は大きな柱となっていった。

松坂屋は大正13年（1924）までに4店舗体制を確立し、そのうえで翌14年（1925）に呉服店を商号から外し松坂屋へと変更し、3都市において大都市呉服系百貨店として日本で最初に成立した。その後、昭和7年（1932）までに松坂屋が7店舗にて店員による営業および催事を同時に展開させるまでに発展した。かつ『店員の心得』は、松坂屋のみならず戦前期日本百貨店業の成立・発展状況を経営組織内から示している重要な服務規程であった。しかも、松坂屋の『店員の心得』では、接客法に関係する規程が半分ほど占められており、大正期の店員養成のシステム化のなかで接客法が成立する過程が含まれていた。

以上、尾張藩随一の商人となった松坂屋が江戸時代に編み出した接客法は、明治後期に百貨店としてスタートしたのちにも確実に受け継がれ、さらに大正・昭和初期に『店員の心得』と催事を中核とした営業展開のなかで成立していった。

注

（5）この部分は、末田智樹「松坂屋『店員の心得』（史料紹介）にみる職務の発展と百貨店化」（『中部大学人文学部研究論集』第三十八号、二〇一七年）を基本に作成している。『店員の心得』の全項目と内容に出てくる史料・参考文献については、この拙稿を参照のこと。

（6）本書では、松坂屋において商品を購入する全「お客様」に対する意味合いを含めて「顧客」と表現している。本書の解説では、「顧客」と「お客様」を同義語で使用している。「上野店店内見取り図」については、名古屋市博物館編『名古屋の商人　伊藤次郎左衛門　呉服屋からデパートへ』（名古屋市博物館、二〇〇三年、三四～三五頁）を参照。

第二章

接客法

【解題】

第二章では『接客法』を掲載する。

本章は、松坂屋（株式会社いとう呉服店）が大正12年（1923）に発行した接客法に関する最初の店員教育用のテキストである。したがって、本書で紹介する四つの史料のなかでは発行時期が一番古い。なお四つの史料は、株式会社大丸松坂屋百貨店に所蔵されている(1)。

『接客法』の作成の背景については、松坂屋の創業者で初代取締役社長の伊藤祐民（15代伊藤次郎左衛門）自らが呉服店から百貨店への転換のために店員教育に熱心に力を注いでいたことがあった。社長祐民は、明治42年（1909）に教育用の冊子『初級教育・算術教科書』を上巻として作らせた。そのち大正11年（1922）には、下巻として『裁ち方教科書』を発行し徹底した店員養成を図った。これらのみならず実務教育として力を入れ作成させたのが、翌12年（1923）に発行した『接客法』であった。

祐民が教育係の中川宗吉に『接客法』を作成させたことをはじめ、その主な内容については『十五代伊藤次郎左衛門祐民追想録』に次のように書かれている。


（前略）『接客法』という小冊子を作って、実務教育に力を入れたりした。この『接客法』という冊子は、当時、市販の販売術に関する本、つまりいまでいう販売のハウツーものの多くが、小売店の経営、陳列、販売などの理論に片寄っていたのとは違い、実地に重点を置いた、いますぐ役に立つ虎の巻であった。その内容は、客を迎えたときのあいさつ、時候のあいさつ、商品の見せ方、言葉づかい、身だしなみ、判断と機転、客の心理などを豊富な実例をもって示し、実際に反復練習できるように書かれていた。大正12年（1923）6月、当時名古屋市内部主任で、18年の実務経験を積んだベテランの中川宗吉に作らせたテキストである。

『接客法』は、松坂屋が百貨店へ転換する前の明治37年（1905）頃から現場で培ってきた店員のエキスパートに作らせたものであり、明治・大正期の接客販売に関する秘伝が書き記された店員教育用のテキストであった。内容の特徴は目次を一覧すればわかる。松坂屋における大正期までの接客法の到達段階と、接客販売の充実度合いを窺い知ることができる。大別すると、（1）接客の三要点、（2）販売心得十五則、（3）接客の用語、（4）販売用語から構成されており、以下の4点に整理できよう。

名古屋本店の呉服売場：昭和3年（1928）

（1）については、目次の第一の「接客の三要点」が該当する。「接客の三要点」では、「風采と態度」「言葉遣い」「判断と機転」の三つがコンパクトに載せられている。まず、この三つの要素を充分に身につけ、精錬された一定の接客法が松坂屋の店舗内で発揮することができたならば、顧客に快感と満足を必ず与えることができるとある。そのうえ、松坂屋店内には自然と爽快な気分が充満して、店員による販売能率の増進が期待できるとまで記される。

続けて、3要素を具体的に説明している。「風采と態度」では、店員の身だしなみとしての顔や手の手入れ、服装と態度の状態がこと細かに書かれている。顔の部分では、店員の口元の締まりから歯磨き、口臭、目付き、頭髪、顔色の状態、さらには爪先の手入れはもちろん、手首の活用に販売術のテクニックが大きく関わっていると記される。態度では、店員は常に緊張した心持ちを忘れず、愉快な態度で接し、

表3　販売心得十五則の小見出し

①笑顔と愛想	⑥販売術錬磨の機会	⑪陳列場における態度 その1
②態度	⑦自由観覧の本旨	⑫陳列場における態度 その2
③言葉遣い	⑧商品をご覧に入れる心得	⑬陳列場における態度 その3
④機転	⑨華客の意志尊重	⑭陳列場における態度 その4
⑤商品説明上について	⑩心易き方及び得意先についての扱い方	⑮店員上下の心掛け

自然体の雰囲気を顧客に与えることが大切であるとされる。店員がこれだけの印象を同時に醸し出すことが求められ、冒頭から接客販売の難しさがわかる。

「言葉遣い」では、常に「明晰・円滑・快調」の三つが重要な要素であり、明晰ははっきりとにごらず、円滑はすらすらとなめらかに、快調は調子よく感じよくとある。店員が、これらを習得するためには、「いらっしゃいまし。毎度ありがとう存じます」と、顧客をイメージしつつ大声で繰り返し練習することが大切であると書かれている。言葉遣いでは、後述する松坂屋の基本の標準語を頭に入れて、どんな状況になってもうまく応用し、洗練することが大事であると記される。

「判断と機転」では、「観察力」と「自信力」の内容が、現代においてもとても参考になることは間違いないであろう。観察力では、店員はどのような顧客へも即座に応対できるように多くの経験を積み、下見客や難しい顧客に対しても上手に応対をしなければならないと書かれている。そして、店員が顧客へ自信をもって商品を勧めるためには、先輩の店員から教えを受けて、かつ自ら商品の研究を心掛けて自信力を養うことが大切とある。しかも、店員自らが機転を利かせて好感を与えることが接客する上で最も重要なことと記される。

このようにみてくると、店員は基本を確実に身につけたうえで、当

銀座支店の江戸時代納涼会：大正 14年（1925）

大阪支店の最新をほこるショーウインドー：昭和 9年（1934） 10月 1日

意即妙に応じることが求められている。そのためには各店員が経験を積み重ね、あらゆることに対して研究心を持って臨むことが大切であった。

（2）については、目次の第二の「販売心得十五則」が該当する。

前ページの表3に示したように、15の小見出しと内容を販売の心得としていたことから、松坂屋が目指していた大正後期の接客販売の実情とレベルの高さがわかる。

①から④は目次の第一の「接客の三要点」に該当する。店員が、笑顔をもって愛想よくかつ親切な態度で接することが書かれている。そして店員が熱心に、真心のこもった言葉遣いを心掛け、時によっては店員各自が機転を利かせて応対することが重要であると繰り返されている。

⑤から⑩には、顧客が百貨店の本旨である自由観覧を願い、店員は顧客の意思を尊重し、押し売りがましき態度を慎しまなければならないと、まず記される。たとえ常得意であっても、店員は礼儀と冷静な応対を忘れてはならない。顧客への応対は販売錬磨術の最もよい機会と捉え、店員は常に工夫して前向きな姿勢で臨むことが不可欠であった。

⑪から⑭は陳列場における店員の態度が具体的に書かれ、これを読んだ店員がすぐさま理解できるように工夫されている。最後の⑮には顧客への応対のみならず、店員間の円満を図り、各自の職務を全うすることとある。店員は常時、何事にも責任感を持って取り組むことが肝要であった。

以上、（1）（2）は店員が接客を行ううえで重要なポイントであった。それに、大切な点から簡潔にまとめられていたのは、店員が活用しやすい形にしていたためであろう。

（3）については、目次の第三の「接客の用語」が該当する。

上野支店の特製羽子板陳列会
：大正15年（1926）

「接客の用語」には、「普通語」と松坂屋店内での「当店常用語」が存在していたことがわかる。これらをみても当時の百貨店の接客における営業方法の特異性を感じさせる。次に「敬称語」と「電話用語」が書かれ、電話応答では「親切」「丁寧」「明断」を基本としていたことがわかる。「電話用語」は、店員が電話係を経ずに直接電話を受けた状況からはじまっている。そのあとの電話係を通じて売場へ受けた時や店員が指名された場合、さらに不在の店員に掛かってきた時などをみても、大正後期の電話対応において、ありとあらゆる状況が想定されていたことには驚く。

そのうえ出入口、受付、エレベーター、品渡場、休憩室、食堂、配達に至るまでの接客に関する場面と状況に沿った応対用語が詳細に書かれている。しかも、それぞれに注意点が抜かりなく書き記されている。店員が、ただ単に接客に関する用語を覚えて使用すればよいというものではなかった。この注意事項は現代においても役に立つものばかりで、ぜひとも一読してもらいたい。読者が接客販売の経験者なら、なおさら用語を発している店員の情景が目に浮かぶのではなかろうか。とくに、帰り際のお客様に対しては自由を絶対に尊重し、混雑の場合でもあまり干渉や注意をして悪感を与えないように書かれている。店員が顧客の様子を観察して徹底的に応対することが松坂屋の対面販売であった。

（4）については、目次の第四の「販売用語」が該当する。「販売用語」の内容においてでも、松坂屋が確立を目指して重視した接客法がいかに大切であったかが、これでもかと感じることができる。顧客に対する最初の出迎えの表現、時候や慶弔安否、ご機嫌伺い、ご希望伺い、商品を勧める場合など、当時想定できるかぎりの接客時の用語が具体的に整理されている。

銀座支店の開店当日店頭（夜景）：大正 13年（1924） 12月 1日

顧客に対する冒頭語が「いらっしゃいまし。毎度ありがとう存じます」と記され、その下に、元気よくお迎えすることが書かれている。時候の挨拶では、「よいお天気でございます」「毎日天気続きで結構でございます」のほかに12種類がみえる。挨拶表現の種類の豊富さはいうまでもないが、これは基本の挨拶であり、実はここから先のステップとして店員に応用力が求められたのであろう。

ここで子細に事例があげられているのが、店員が商品を勧める場合である。実用向きを好む顧客からはじまり、安価な商品を好む顧客や良い商品を勧める場合、体裁の良い商品を勧める時、顧客が迷われた時、頼まれものを求める顧客など、当時の松坂屋が備えていた応対には目を見張るものがある。

表4　予想される顧客からの苦情の原因

① 言葉遣いの不遜などから感情を害するとき
② 接客待遇上の失態
③ ご注文品の忘却、お届け物の遅延
④ 誂え物の期日遅延または忘却など
⑤ 商品および金銭の受け渡し間違い
⑥ 誂え物（仕立て物、染め物）の出来あがり過失
⑦ 商品破損またはシミ、汚れなど
⑧ 商品の品質粗悪、尺不足など

顧客が店員に対して松坂屋の値段について他店と比較して尋ねたときは、親切さを忘れず穏やかな表情で円滑に答え、値引きを要求されても「負かりませぬ」のような挨拶は、最も注意が必要な返答であると書かれている。店員は顧客に対して同業者の商品への批判を避けて、自らの商品が品切れで断る場合であってもきちんと商品を調べたうえで応対しなければならなかった。店員が、顧客の期待をしっかりと理解して代用品を勧めることも明記されている。このような顧客との質問の応答とその説明や、商品の品切れ・取り替えの応対、誂え物・進物・届け物を受ける場合についても大変詳しい。

そのうえ、いうまでもなく苦情を受けた場合の事例に至っても、予想されるすべてのことが記載されている。とくに、クレームへの応対については現在の商業・サービス業の多くの場面でも通じる内容が含まれており参考になる。もし、これらを経験したことのある読者が読まれ、老舗百貨店の全店員が一生懸命に培ってきた接客法で応対していることを誇りにしてもらえれば、これからもクレームへの応は何ら苦にならないであろう。松坂屋では最初から苦情を受けるよりも、それらを未然に防ぐことの大切さを重視していたことは高く評価したい（表4）。

これらの苦情に対し、店員が臨機応変に対応し無事に解決するためには、第一にどのような事情があっても絶対に誠意をもって応対することとある。第二には苦情の原因を確かめ、その事情を明らかにして公明な判断を下すこと。第三には謹慎の態度をもって顧客の感情を和らげたのち謝意を表すこと。第四には顧客に悪かった点を潔く謝罪して顧客の気持ちを収めることとあり、店員は苦情による失態を決して曖昧にしてはいけなかった。最終的には円満に解決することが最大の要件であると述べられている。そのうえ、この解決方法が顧客に気に入られ、松坂屋をより一層永続して贔屓してくれた例もみられた。

販売用語の顧客への応対の最後は、店内の陳列場にて接客するための多くの事例が記されている。ここから松坂屋の店内が大変繁盛していた様子が読み取れ、また呉服店から転換した松坂屋の百貨店経営としての到達段階が浮かび上がる内容でもある。現在、『接客法』が発行された時期は呉服系百貨店の大衆化が進行しはじめた頃といわれ、百貨店による安価な商品の大量販売のイメージが、近年の百貨店史研究のなかで占めるようになってきた。しかしながら、松坂屋では現在の総合スーパーのセルフサービス方式の営業方法とは全く異なっていた。

上野支店のマネキンガール：昭和７年（1932）

以上のように大正12年（１９２３）の時点で、これだけの詳しい接客法がまとめられ、松坂屋における顧客との応対の事例が豊富に掲載されていた。しかも、本史料の最後には内輪同志の用語までも書かれ、まさに松坂屋の店員が『接客法』を携帯できて把握しやすいようになっていた。そして、大正後期の松坂屋の店員組織の一面が知れる史料でもある。顧客への接客販売のテキスト作りが、大正15年（１９２６）作成の『店員の心得』よりも先行して行われていた。大正後期の松坂屋において顧客への応対をいかに重視していたかがわかる稀有な史料である。

注

（1）本書の四つの史料に関する解題部分は、末田智樹「大正期いとう呉服店（松坂屋）の接客法に関する史料紹介」（『中部大学人文学部研究論集』第三十六号、二〇一六年）、同「松坂屋店員の実務教育資料『簡単な売場接客景』の紹介と若干の考察」（『中部大学人文学部研究論集』第三十七号、二〇一七年）を基本に作成している。

史料

接客法

いとう呉服店 教育科

接客法　目次

接客法

第一　接客の三要素

接客上について最も注意せねばならぬことは、「風采《ふうさい》と態度」「言葉遣い」「判断と機転」の三要素である。この要素を充分に修養し、会得して活用しなければならない。そうして精練された一定の接客法が、当店の至る所に発揮せられたならば、お客様には快感と満足とを与え、店内には自然と清快な気分が漲《みなぎ》って、一層販売能率の増進を期することができる。

今その三要素について大略を記述しよう。

一　風采と態度

(1)　風采

A、顔面（口元—目付—頭髪—容色）

口元は、—口の締りに注意し—常に歯を磨き—口中の悪臭を除くことを怠らぬよう。

目付は、—涼味《すずしみ》あり愛嬌あること。

頭髪は、—常に手入れし清爽《さっぱり》と理髪し—鬱陶《うっとう》しく、また奇抜でないこと。

容色は、—運動摂生に注意し常に艶々《つやつや》しい愉快な表情を保つこと。（髭を伸ばし無性なる汚面《かお》は禁物で

ある)

B、手の働き

手首は、―商品の取り扱い―算盤《そろばん》の運法―金銭の受け渡し等―すべて敏活なる働きをなすこと。販売術の妙《みょう》は(玄人《くろうと》か素人かの判別は)手首の活用にある。平素手隙の時は商品の整頓や部内の清潔等に―この手首の働きを怠らないように心掛けること。

指先は、―常に清潔に洗い―つめは絶えず切り美しく―お客様に好感を与え、また商品の汚損を防ぐこと。

C、服装

服装は、―和洋服ともすべて規定に基き、これに背《そむ》かないように注意し、しかも質素清潔に、清爽《さっぱり》とした服装を整えねばならぬ。また、貴金属品等をケバケバしく身に飾り付けるごときは絶対に禁物である。

(2) 態度

態度は、―腰を低うし、常に華客《かかく》に尊敬の念を払い、緊張した心持ちをもって愉快な態度で応接し、華客に自然の可懐《なつかし》みを与えねばならぬ。

それには、常に心を平静に保って、尊大振らず、卑屈に流れず、監視的でなく、といって華客に対し自由尊重のあまり一向冷淡の風でもいけない。また、華客から気に障るようなことをいわれても、決してそれを態度や表情に表わさぬだけの修養がなくてはならぬ。

態度については、以下各項に渉《わた》ってそれぞれ注意が詳しく記してある。ことに陳列場内において「懐《ふとこ》ろ手、組手、ポケットに手に入れたるまま、手を帯に挟み台に寄り捻《ねじ》けたる風、縮みたる容姿、腰掛けたるまま、扇子使い、妻揚子使いのまま」等の失礼なる応答は絶対に禁物である。

二　言葉遣い

一、明晰《めいせき》　ハッキリとニゴラズに。
二、円滑　スラスラとナメラカに。
三、快調　調子よく感じよく。

まず初めの練習法としては、「**いらっしゃいまし。毎度ありがとう存じます**」。この言葉を大声でお客様に申し上げる心持ちで何回となく練習することである。

しかるうち、自然にはっきりすらすらと調子よく、腹の底から発音して、またお客様に接する場合にも自然、言葉遣いの無駄が取れてくるのである。

言葉遣いは、当店の標準語が以下詳しく述べてあるから、これを充分頭に入れて、どんな場合にでも自由に応用し、かつ洗練せなければならぬ。

三　判断と機転

⑴　判断

A、観察力

お客様からご用命を受けた場合には、即座にご年輩、お好み、お値頃等を考えてお気に入る品物を提供するだけの経験が必要である。また、下見客や難しい華客に対しても上手に商いをして、自分を真に了解された得意先を作るよう、販売術の熟練を積まねばならぬ。

これは別項「華客の心理」について説明したから、これを反覆工夫してその実験を重ぬべきである。

B、自信力

各自受け持ちの商品については、常に上席店員から教えを受けて、なお自分も熱心に研究して、華客にお説明をしたりお答えのできるように、自信力を養い置き、華客に不安の念を起こさしめないようにすると同時に店務《てんむ》の取り扱い手続等にも精通して、間誤《まご》付かないようにせねばならぬ。

(2) 機転

華客のお言葉なり素振りなり、あるいは出来事によって華客の心持ちや感情を見抜いて、それに応じて機転を利かせ好感を与えることは接客上最も大切なことである。これはやはり各自の経験と研究により才能を働かさねばならぬ。

第二　販売心得十五則

(一) 笑顔と愛想

お客様に対しては、いつも笑顔をもって愛想よく応接せよ。

(二) 態度

販売員は態《わざ》とらしい軽薄な態度より親切といった態度の方が、お客様に深い安心と強い印象を与えるものである。

（三）　言葉遣い
言葉遣いは、常に心の底から熱心に、かつ快活に真心の現れるように努めねばならぬ。

（四）　機転
時によって機転を利さなければならない。親切、愛嬌があっても機転の利かなかったために、お客様のご気嫌を害することがある。その辺は各々の注意による。

（五）　商品説明上について
お客様の仰せらるることは謹んで承り、当方から説明申し上げる場合は最も通俗的に、愉快な気分をもって応対せねばならぬ。

（六）　販売術練磨の機会
自分は口が重い、または気が利かぬと悲観するには及ばぬ。お客様に接した時は販売術練磨の最も好い機会と考え、常に自ら工夫して熱心ことに当ったならば自然と上達するものである。

（七）　自由観覧の本旨
ご来客に対しては、ご自由に観覧を願うは百貨店の本旨である。ゆえに軽々しゅう言葉を掛け、また尾行的にお買い上げを迫るような行為は避くべきである。

（八）　商品をご覧に入れる心得
商品はお気に入るまで、なるべく豊富にご覧に入れ、売ることにあせり、無理勧め、押し売りがましき態度は慎しまねばならぬ。

（九）　華客の意志尊重
お客様に仮《たと》えご無理なことがあっても、決して言葉・態度を乱すことなく、甘んじてこれを受け、また、ことによって徐《おもむ》ろにその了解を求めねばならぬ。

（一〇）心易き方及び得意先についての扱い方

心易いお客様であっても友達扱いのゾンザイな言葉は禁物である。また、常得意様に対しても見苦いまでにチヤホヤするのは、ほかのお客様の感情を害することがある。

（一一）陳列場における態度　その一

お客様の風采を凝視したり、横目を使ったりするのははなはだ宜しくない。また、長い時間手数の掛かるお買物や、たびたび心変わりのお客様（俗にロクのお成）に対しても、決して不快な顔色や態度に表すようなことは最も注意せねばならぬ。

（一二）陳列場における態度　その二

店員が打ち寄って私語を交えたり、大笑をしたり、また一人のお客様を眺めつめていることは、不体裁で、また失礼なことである。お客様は自分が笑われているように気を廻される。

（一三）陳列場における態度　その三

お客様用の設備を濫用しないこと。ことに休憩室、食堂、便所、スチーム、火鉢、扇風機、客用椅子等へは私用で立ち寄らぬがよい。

（一四）陳列場における態度　その四

ご来客の待遇は、お相手をする販売員一人に任せず、その売場全員は勿論陳列場係員、内務員すべて陳列場内にあるものが、気を揃えて敬意と愛嬌をもって迎え、「我れ関せず」といったような冷淡な態度があってはならない。

陳列場内においては、どんな係員でも、お客様のご用命は謹んで承り、親切を尽くしご満足を図らねばならぬ。

（一五）店員上下の心掛け

店員間の円満を図ること。上下新旧の区別なく相《あい》親しみ、常に上は下を愛撫指導し、下は尊敬の念をもって上に従い、円満に各々《おのおの》の与えられた職務の責任を全うすべきである。

第三　接客の用語

一　当店常用語—敬称語

（上段普通語	— 下段当店用語）
着物	お召しもの
当店	手前ども
入口	おはいり口
先地《さきじ》品	ご持参品
品切れ	おあいにく
見分品	お見分け品
何所《いずれ》のお方	どちらさまで
派出	おはで
頃合の物	お恰好の物

（上段普通語	— 下段当店用語）
下駄《げた》・草履《ぞうり》	おはきもの
自分	わたくし
出口	おかえり口
返答	はい、へい
見せる	ご覧下さい
見忘れ	お見それ
地味	おじみ
うつりよい	お似合、おうつり
丈夫な	お為によろしい

安い　　　お値打ち　　　聞く　　　承ります
価格　　　お値段　　　年齢　　　おとし頃
色目　　　色合い　　　苦情物　　　事故品
戻入品　　　受取品　　　取替品　　　お取替品

（敬称語）

あなた様、どなた様、旦那様、ご主人様、奥様、ご新造様（旧家向き）、おかみさん（花柳向き）、ご隠居様、お嬢様、坊ちゃん、お子様、お連れ様。

二　電話用語

1、電話係を経ずに直接電話を受けた時
いとう呉服店でございます。どちら様でいらっしゃいますか。少々お待ちを願います。
2、電話係を通じて売場へ受けた時
お待たせいたしました。何番売場でございます。どちら様でいらっしゃいますか。毎度ありがとう存じます。
3、店員指名の時
左様でございますか。ただ今代わりますから少々お待ち下さいませ。
どうもお待たせいたしました。私は某《なにがし》でございます。
4、不在の店員に掛かった時

ただ今某は生憎《あいにく》出抜けておりませんが、(ただ今ちょっと見当りませんが)手前は何番の某と申しますが、ご用を承って置きまして、帰り次第申し伝えましてはいかがでございましょうか。

5、声の遠い場合

お声が遠うございまして、聞き取り悪《にく》うございますので電話を代わりますから、少々お待ちを願います。

6、混線の場合、

お話が混線いたしますので局へ注意をいたしますから、失礼でございますが、少々お待ちを願います。

注(電話機を代え交換台へその旨を通知すること)

7、もし係の売場違いの場合

手前は何番売場でございます。電話係が間違えまして失礼をいたしました。その方へお継ぎいたしますから少々お待ちを願います。

8、もしほか様と番号違いの場合

いとう呉服店でございます。違っておるようでございますが、どうもお気の毒様でございました。

▼電話応答の注意

(イ)電話ご注文あるいはご照会に対して、いい加減のことをいったり、承ったことを忘れてしまったりして、その無責任な応対のため感情を害することが往々あるから、電話応接にはことさら注意し、文明の利機の能率を向上させねばならぬ。

(ロ)電話応接は面に向かって居ないからとて、横柄な言葉遣いや荒々しい言葉を用いることは禁物である。言葉遣いには最も注意をして、**「親切」「丁寧」「明晰」**に感じよくお話をせねばならぬ。

(ハ)ベルが鳴ったら直に電話口へ出ること。

(ニ)送話の際は口を送話機に接近して、中声《ちゅうごえ》でお話すること。
(ホ)受話器は軽く耳に接近さすること。
(へ)お話は落ち着いて間違いのないように承り、ことに住所・姓名には注意を払わねばならぬ。(場合によってはその文字を承っておく必要がある)
(ト)電話の用事は存外忘れ易いものであるから、承った用件その他住所・姓名は早速(受話後直ちに)これを受話通知票に書いておかねばならぬ。
(チ)お届け物催促、誂え物請求等に対して一時逃れのことを申してはならぬ。その場の体裁、誤魔《ごま》かしが暴露して、かえって当店の信用を堕《おと》すような重大事になる。
(リ)電話口へ出る者は努めて事に通じた要領を得るものが出るようにしなければならない。
(ヌ)電話が済んで切る時は、先様が切られてから受話機を掛け、切らなければならない。
(ル)陳列場にあって親しい間柄の人との応答にも、粗野の言葉を用いないようにせねばならぬ。
(ヲ)陳列場にあって取引先等への電話は絶対に禁ぜねばならぬ。
(ワ)店員間の電話の取り次ぎにも「誰さんお電話でございます」と丁寧な言葉を用いなければならない。
(カ)言葉の注意
(語尾)ナモは不可《いけ》ない、ネーを用いよ。
(返語)はあーは不可ない、はい、へい、を用いよ。

三　お入口用語

1、お履物お預りの時

いらっしゃいませ。

イ、(間誤《まご》付いておられる方に)

どうぞお上がり下さいませ。

ロ、(馴れないお方に)

お履物の合札でございます。

ハ、(ご連中の時)

何人様でございますか。

2、お傘お預りの時

お傘はこちらでお預りいたします。

3、お靴の方へ

お靴のお方はこちらへ、どうぞ。

お靴のお方はあちらの「カバー」でお上がりを願います。

4、鼻緒の切れた方に

それはお気の毒様でございます。どうぞお上がり下さいませ。

直しましてお帰り口へお廻して置きますから。

▼お入口の注意

（イ）お履物や傘は汚れぬよう注意して、順序正しく取り扱え。
（ロ）お客様が一時に多数の場合は、なるべく心を落ち着けて、手荒くかつ言葉荒くならぬように注意せよ。

四　表受付用語

1、どなた様にも
いらっしゃいませ。（軽く頭を下げ敬意を表すること）
2、お手荷物持参のお方に
お手荷物をお預りいたします。
3、お取替品お持ち込みに対してお預りの了解を得る時
お取り替えものでしたら（お仕立物でしたら）お品は一旦お預りいたしまして、この札を売場の方へお出し下さいますと、売場の者が取りにまいりましてお承りいたします。（お取り替えいたします、お仕立てをいたします）
4、易損品お尋ねする時
お荷物は壊れ易い品ではございませんか。
5、端折りのお方へ
恐れ入りますが、端折をお下げ下さいませ。
6、喫煙中のお方へ

恐れ入りますが、お煙草は休憩室（煙草盆、火鉢の傍）でお願い申します。

7、帰り口をご存じなく来られた場合

お帰り口は「突き当たって左へ」お越しを願います。お買い上げ品もお手荷物もあちらへ廻してございます。

8、面会人お尋ねの時

ご面会は二階の休憩室でお取り次ぎをいたしますから、恐れ入りますが、どうぞそちらへお越し下さいませ。

9、売場または商品所在をお尋ねの場合

何番売場何品は何階のどの辺に（目標になる物を指して）ございますから、どうぞそちらでお願いいたします。

注（この場合、手の掌を上向けて、その方向を指すこと。指差しは不可《いけ》ない）

▼表受付の注意

（イ）お客様がまず第一に感ぜられるのは入口である。その係の応待振りいかんによってご来客の感情を左右するものであるから、愛嬌よく充分快感を与えるように努めねばならない。

（ロ）お荷物・ご携帯品は丁寧に取り扱い、強《し》いてお預り申し上げ感情を害《そこ》なわぬように注意せよ。

（ハ）破損し易いご携帯品は置場に注意し、こわれ物注意の札を付け、損傷せぬよう充分に注意を加えねばならぬ。

五　エレベーター用語

1、昇る時

イ、（入口にて混雑の時）

ご順に願います。

ロ、（運転せんとする時）

上へまいります。

ハ、（お客様が多くて乗り切れぬ時）

すぐまいりますから少々お待ちを願います。

ニ、（二階通過前に）

次は二階でございます。お降りの方はお知らせを願います。お声が掛かりませんと通過いたします。

ホ、（二階へ降りる方のある時）

二階でございます。

ヘ、（三階到着前に）

次は三階でございます。

ト、（到着お降りの時）

三階でございます。ありがとう存じます。

2、降りる時

イ、（入口にて混雑の時）

ご順に願います。

ロ、(運転せんとする時)

下へまいります。

ハ、(後は昇る時と同様に)

ニ、(到着お降りの時)

一階でございます。ありがとう存じます。

▼エレベーター取扱上の注意

(イ)戸の開閉は静かにすること。閉じ終ってのち静かに運転すること。

(ロ)老人及び子供の乗り降りには、ことに注意を払い万事親切にして、ことに混雑の場合には怪我のないように心掛けねばならぬ。

(ハ)機械については朝夕厳密に検査をして、使用中故障の起らぬように充分注意をせねばならぬ。

(ニ)言葉遣いはことにはっきりと快調子で、文明の利機にふさわしゅう使うのがよろしい。

六　品渡場用語

1、(合札受領書お名前を引き合して)

お名前様は?

2、(お渡しすると同時に謝意を表して)

ありがとう存じます。

3、手間取った場合
お待たせいたしました。
お待ちどう様、ありがとう存じます。

4、棚になかった場合（あるいは進物品）
お品物は何でございましたか。
ただ今お調べいたしますから少々お待ちを願います。
ただ今お包みしておりますから少々お待ちを願います。
何番の売場でございましたか。お調べいたしますから少々お待ちを願います。
お待たせいたしまして相済《あい》みませんでした。ありがとう存じました。

5、風呂敷をお持ちなく紙包みの場合
ご一緒にお包みいたしましょうか。

6、風呂敷をお持ちの場合、老人またはお子様お連れの方へ
お包みをいたしましょう。（風呂敷を拝借して）

7、手荷物お渡しの場合
お荷物はどんなのでございましたか。（風呂敷、鞄、袋等荷物の種類を伺うこと）
お待たせいたしました。
ありがとう存じました。
お待ちどうさま。ありがとう存じました。

▼品渡場の注意
(イ)この係はお客様をお待たせしないということが第一要件であるから、最も機敏にかつ親切丁寧に心持ちよく帰らるるよう、取り扱い振りに注意せねばならぬ。
(ロ)お待ちのお方には、格別愛想よくしてお退屈のないようにし、お帰りの節は「お待たせいたしました。ありがとう存じます。」と丁寧に挨拶をして送り出すことが肝要である。
(ハ)お客様違いや番号違いをして渡し間違いのないよう、充分に注意をせねばならぬ。
(ニ)ご携帯品お渡しは迅速にかつ間違いないよう、充分に気を付くべきである。
(ホ)破損し易い預り品は特に置場に注意し損傷せぬよう、充分に注意を加へねばならぬ。
▼お買い上げ品包装上の注意
(イ)お買い上げ品の包み方は、体裁よくご携帯に便なるように努めよ。
(ロ)包装の場合は、商品の破損または汚れ等がないかを、よく検《たしか》めた上、包装をせねばならぬ。
(ハ)お買い上げの包み方は、手早くすることに熟練せよ。
(ニ)皺《しわ》になった包装紙や古いテープ等の二度使いは、お客様の感情を害《そこ》ねるから注意せねばならぬ。
(ホ)進物包みになった品を包装する場合は、値札、受領書及び仮記などを包みの外へ出して手落ちのないようにせねばならぬ。

七　お帰り口用語

1、履物を揃えて出し

お待たせいたしました。

2、傘渡場をお尋ねの方には
お傘はあちらで願います。

3、お靴のお方には
お靴のお方はあちらで願います。

4、鼻緒の切れた方に
それはお気の毒様でございます。ただ今お直しいたしますから少々お待ち下さいませ。

5、お忘れ物・紛失物
お調べいたしますから少々お待ち下さいませ。

6、判明したる場合
これでございますか。それは結構でございました。どうかお待ち下さいませ。

7、届け出でのなかった時
まだ届け出でがございませんのでお気の毒様でございますが、わかり次第お知らせをいたしましては、いかがでございましょう。それではお所とお名前を承って置きます。

▼お帰り口の注意

（イ）お客様はその場限りのものでなく、永遠のお引き立てを願うのであるから、常に満足して帰らるるよう**「親切」「丁寧」「愛嬌よく」**、苟《かりそめ》にも不快の念を与えるようなことがあってはならぬ。この係は最後の印象を与える大事な関門である。

（ロ）混雑の場合は、お履物の扱いが粗雑になり易いものであるから、この取り扱いに充分注意をせよ。

（ハ）一旦合札をお借りするものであるから、お客様を間違えぬよう見覚することが大事である。
（ニ）お靴のお方はカバーをお脱せ申した時、刷毛または布類をもって土ほこりを拭き取るようせねばならぬ。
（ホ）お履物は汚さぬよう注意をし、晴雨にはかかわらず、これを拭き取ってお渡せねばならぬ。
（ヘ）一時に多数のお客様の場合は、なるべく心を落ち着けて手荒くかつ言葉荒くならぬように注意が肝要である。
（ト）お年寄りとお子様には、特に注意して万事親切にし、ことに混雑の場合は怪我等のないよう心掛けたいものである。
（チ）お客様の自由を絶対に尊重して、ことに混雑の場合に際してもあまり干渉や注意呼りをして悪感を与えぬよう注意せねばならぬ。

「金　言」

仇に思うな　　お客の足を

店に運んだ　　お履きもの

八　休憩室及び食堂用語

（休　憩　室）

1、呈茶の時、どうぞ。

2、面会人取り次ぎの時

伺ってまいりますから少々お待ちを願います。
お待たせいたしました。ただ今まいられますから少々お待ちを願います。
ただ今お生憎外出しておりますので、誠にお気の毒でございました。
今日はまだ出勤をいたしませんので、誠にお気の毒でございました。

▼面会人取り次ぎの注意

（まいられ、まいり）（おられ、おり）（いたされ、いたし）の使い分けは、お客様がお買物等のご用があって店員をお呼び出しの時は、まいり、おり、いたしを用い、その他一般の面会はられを用いるように注意せよ。

（食　堂）

1、ご注文を受けた時
はい、少々お待ち下さいませ。

2、ご注文を運んだ時
お待たせいたしました。

3、朝の間のご注文のできぬ時
相済《あい》みませんが、何々はいつ頃まででき兼ますが、どうも相済みません。

4、午後の売り切れの時
生憎《あいにく》何々は売り切れでございますが、どうも相済みません。

5、お勘定の時
何円何拾銭、頂戴いたします。

6、現金を受け取り剰銭《つりせん》のある時

何円、頂戴いたしました。ただ今お剰《つ》りを持ってまいります。

7、剰銭《つりせん》を差し出す時

お待たせいたしました。何円何拾銭お返しいたします。ありがとう存じます。

8、剰銭のない時

何円何拾銭、頂戴いたします。毎度ありがとう存じます。

▼休憩室及び食堂の注意

(イ)休憩室でお茶や、食堂でご注文品を差し出す時には、頭を少し下げて目礼をして、お盆は高からず低からず、適度の所へ差し出すようにし、この時腰はかがまぬ方がよろしい。

(ロ)面会人のお取り次ぎをする時は、ご先方のお名前を承り、または名刺を戴き面会者がおるともおらぬともはっきり答えず「伺ってまいります」といって、取り次ぎをせねばならぬ。

(ハ)時折り誰れはどの係だの、何係はどこだと、多く店の内輪のことを聞かれた場合には、「私は一向存じませぬ」と答えてはっきりお話せぬ方がよろしい。しかし売場の事などお尋ねの時は、自分の知っている限りご説明申し上げるのであるが、詳しいことは係長さんへお伝えしてご面会を願うようにすべきである。

九　デリバリー用語

1、最初の挨拶

ご免下さいませ。いとう呉服店でございます。毎度ありがとう存じます。

2、用向の例語

お品物を持参いたしました。

某様《なにがし》からご依頼のお品を持参いたしました。

ご不用のお品物を戴きにまいりました。

お品物の代金を戴きにまいりました。

お品物のお取り替えにまいりました。

3、遅れた場合

どうも遅くなりまして相済《あい》みません。お品物を持参いたしました。恐れ入りますが、一度お検《あらた》めを願います。(いずれの場合にも付言すること)

4、商品券持参の場合

商品券を持参いたしました。恐れ入りますが、一度お改めを願います。何円頂戴いたします。

5、お誂え物持参の上、残金請求の時

お誂え物を持参いたしました。恐れ入りますが、お勘定を戴きます。

6、代金引換にて代金の戴けなかった場合

私は使いの者でございますから、一旦店へ帰りましてその由を申し伝えまして、もう一度持参いたしてまいります。誠にご迷惑で相済《あい》みませんが、どうぞ宜しくお願い申します。(電話があれば一応店へ照会した上、取り計いをせねばならぬ。この場合には前後の事情をよく判断して機宜《きぎ》の処置を取りなさい)

7、いずれの場合にもお認めを戴くこと

ご面倒でございますが、お認めを願います。

▼デリバリーの注意

(イ)配達品は最も丁寧にかつ機敏に取り扱い、配達先の順序を考えて道順に無駄のないよう注意せよ。

(ロ)自転車の門内へ乗り入れ、門内から乗り出しは失礼であるから、必ず門前で乗降せねばならぬ。

(ハ)配達先へ参上した時はなるべく勝手口から案内を乞《こ》い、もし玄関口からせねばならぬ時は(謙譲なる態度)で取り次ぎを乞《こ》わねばならぬ。

(ニ)取り次ぎを受けた時は(辞《ことば》を低う)挨拶をして、持参した品物は丁寧に差し出さねばならぬ。

(ホ)配達品のお届け覚票には、先様の認印を必ず戴いて参らねばならぬ。

(ヘ)配達先で商品その他についてお尋ねを受けた時は、その場でお答えのできぬことは帰店の上、届け物係へ通じて係からご返答を申し上げるようせねばならぬ。

(ト)配達先でご注文及び依頼を受けた時は、すぐ手帳に筆記して帰店の上、係へ通告の手続きをせねばならぬ。(忘却《わすれ》たり放って置き等の無責任のことがあってはならぬ)

(チ)配達途中で万一、墜落・衝突その他の故障でお届け品を破損・汚損等をせしめた時は、必ず一旦持ち帰って係へ始末を届け出て、相当の処置を取らねばならぬ。罪を蔽《おお》わんがため、そのまま配達するようなことは絶対あってはならぬ。

(リ)特に至急を要せらるるものは勿論ご用途の上からでも、ご帰宅前に送り届いていたならば、先様のご満足は格別でその機敏を賞揚せらるるものであるから、華客本位の当店のごときはことにこの意を解して、迅速に配達することに心掛けねばならぬ。

（ヌ）往々世の不正漢のために詐欺被害を被る場合が尠《すくな》くない。ことに配達用務はこの危険が伴うから、常にこの注意をせねばならぬ。

被害を被り易い場合

イ、商品券詐欺　ロ、変造小為替、不渡小切手

ハ、得意先名義悪用　ニ、電話悪用

ホ、病院患者名義悪用　ヘ、旅館の悪用

ト、路上の受け渡し　チ、自転車積載荷物盗難

（ル）速力及び荷物の程度「県令制限」を心得置き、これを犯さないように注意せよ。

イ、自転車速力
- 市街　十二哩《まいる》以内
- 市外　十六哩以内
- 夜間　八哩以内

ロ、荷物寸法　（すべて曲尺《かねじゃく》による）

二輪車
- 縦　一尺五寸以内
- 横　一尺三寸以内
- 重量　五貫目以内
- 高さ　地上四尺以内

三輪車
- 縦　三尺以内
- 横　二尺五寸以内
- 高さ　地上四尺以内

第四　販売用語

一　華客に対する冒頭語

いらっしゃいませ。毎度ありがとう存じます。（元気よくお迎えすること）

二　時候の挨拶

よいお天気でございます。
毎日お天気続きで結構でございます。
お生憎《あいにく》なお天気になりました。
よく降りまして鬱陶《うっとう》しゅうございます。
不順なことで困ります。
よい時候《じこう》になりました。
大変お暑くなりました。
大層涼しくなりました。
大変お寒くなりました。
毎日厳しい暑さでございます。
毎日厳しい寒さでございます。

追々押し迫ってまいりました。
明けましておめでたく存じます。
結構なお正月でございます。

三　慶弔安否の挨拶

▼慶事挨拶

1、婚礼成立の挨拶に伺いたる時
（時候の挨拶後に）承りますれば、○○様にはお定《きま》りになりましたそうで誠におめでたく存じます。

2、結納品飾り付けの場合
いとう呉服店でございますが、今日はお飾り付けにまいりました。

3、挙式当日の挨拶
今日はお日柄につきまして、おめでたく存じます。

4、当店より慶事進物品持参の場合
今度はこの上もないご慶事で誠におめでとうございます。お祝のお印までにお納めを願います。

5、婚礼後の挨拶
この頃は、ご慶事もお滞りなくお済みになりまして、おめでとうございます。

▼出産の挨拶

承りますれば、ご出産でおめでとうございます。

▼病気見舞い

1、軽微の場合

承りますれば、○○様がご不快だそうでございますが、いかがでございますか。

承りますれば、○○様にはご病気だそうでございますが、いかがでございますか。

2、見舞い品持参の場合

（軽微の挨拶後に）お見舞いの印《しるし》までに、お納めを願います。

3、全快の挨拶

（ご本人様に対し）ご全快でおめでとうございます。

（ご家族様に対し）○○様、ご全快でおめでとう存じます。

▼不幸の挨拶

承りますれば、○○様には遂にお亡なりになりましたそうで、誠にご愁傷様でございます。

（香奠持参の場合）

お悔みの印までに、ご霊前へお供えを願います。

▼ご機嫌伺いの挨拶

その後はご無沙汰をいたしておりますが、皆様ご機嫌よろしゅうございますか。（皆様お変わりございませんか）

▼近火見舞

（イ）駆け付けた場合

ご近火でご心配でございます。

（ロ）見舞い品持参の場合

お見舞いの印までにお納めを願います。

（ハ）後日の場合

この頃はご近火でご心配でございました。別にお障りもございませんでしたか。

四　お馴染みのお方様へ

どうぞお掛け下さいませ。

お暑いところをよくお出で下さいました。皆様にはお変わりございませんか。

お寒いところよくお越し下さいました。皆様にはお変わりございませんか。

（華客よりお馴染み風に出られた時）

どうもお見外《みそ》れいたしまして失礼いたしました。毎度ありがとう存じます。

五　ご用を承る時

何かお承りいたします。

はい、ただ今ご覧に入れます。

六　ご希望を伺う時

あなた様のお召し物でございますか。

ご婦人向きでございますか。（殿方向きで、お男子向きで）

お坊ちゃん向きでございますか。（お嬢様で）

お年頃はおいくつ位でいらっしゃいますか。

お使い道はいかがでございますか。

何へお使いでございますか。

（進物品に対して値頃を伺う時）

お値頃はご予定がございましょうか。

お値頃はお望みがございましょうか。

お待たせいたしました。この辺のお品ではいかがでございましょうか。

七　品物をご覧に入れる時

最初にご希望を伺う時には、お使い道、男女、ご年齢等を単純に承って、それに応じた適当なる見立てをせねばならぬ。初めから込み入ったお尋ねを（縞柄、品質等について）あるいは露骨にお値段等をお尋ねすることは余程注意せねばなりませぬ。ことに商品に対して一向ご承知なき方からお見立てのご依頼を受けた時などには、至極《しご》く軽くご希望を伺って、初めから込み入ったお尋ねをせずに早速お見立てをご覧に入れ、それから順次ご説明することが肝要であります。

八　お勧めする場合

1、実用向きをお好みのお方へ
お為《ため》にはこの方がよろしゅうございます。
これは少々お値段が張りますが、後々のお為にはかえってお徳用かと存じます。
このお品は本場でございますから、大変お持ちがよろしゅうございます。
お値段の割合に大変なお為向きでございます。

2、値安のものをお好みのお方へ
この品はお値段の割合にお丈夫でございます。
割合にお値打ちが見えますかと存じます。
一見**「本場」**と変わりがないように見えます。
この品はご経済向きでございます。

▼安値のものをご注文の際の注意
華客が値段の安いものをお尋ねになった場合「そんな安いものはございませぬ」というがごとき素振りがあってはならぬ。これは非常に悪感を与えるからご希望の値頃品のない場合でも、ことさら丁寧にお断り申し上げねばならぬ。

3、良い品をお勧めせんとする時

少々お値段は張りましても、良いものは飽きがまいりませぬ。結局お徳用でございます。

この品はちょっとみました処、体裁よく見えますが、お飽きの来んことは此方《こちら》かと存じます。

やはりお為を考えてみますと、結局良い品を永くお使いになる方がお徳用かと存じます。

こうしてお比べになりましても交ったのは手ざわりが悪うございますが、この方は少々張ります代わりやわらかでお召し心地がずっとおよろしゅうございます。

こうしてお比べになりますと、純毛の方は少々お値段が張りますが、その代わり温かで肌さわりもよろしゅうございます。

少々の違いでございましたら、よろしい品物をお求め遊ばした方が結局お徳用でございます。

▼良い品をお勧めせんとする時の注意

良い品物を求め得らるるお方には、なるべく品質の良い品をお勧めして置くようにせなければならぬ。

良い物は永く満足してご使用になるから、従って当店の信用を益々高めるし、もし一値段の安い品質の良くない物を願って置くと、その時は安かったと快い感じを得られるが、後でその時の心持ちを忘れれて品質の悪い事ばかりが心に残り、その品を見る度毎《たびごと》に不満を抱かれる。従って当店の信用に関する訳であるから、暗に良い品物の徳用を認め得らるるように仕向けねばならぬ。

最初にそのお客様が実用好みか、安価好みかのご嗜好を良くお見分けした上、極めて円滑にいわなくてはならぬ。

4、体裁の良い品をお勧めする時
大変体裁がよくお値打ちが見えますかと存じます。

ご案内の通り何々などのようにお為《ため》向きではございませんが、お体裁がよくお値打ちもありますから、皆様に大変お受けがよろしゅうございます。

5、ご進物として大変お体裁がよろしいように存じます。

お客様が迷いを生ぜられた時

どちらもお格好な品でございますが、お仕立ていたしますと、この方がずっと引き立ってまいりますかと存じます。

これに遊ばしてはいかがでございましょう。

売り切れますとすぐまいらないかも知れません。

今の内にどうぞお求めを願います。

もしお気に入りませんでしたら、お取り替えいたします。

もし寸法が合ひませんでしたら、お取り替えいたしますが、時期の物でございますから、なるべくお早くお待ちを願います。

6、頼まれ物をお求めの時

これならばお格好かと存じますが、もしお気に召しませんようでしたら、お取り替えいたしますからご遠慮なくお持ち下さいませ。

▼頼まれ物をお求めの時の注意

ほか様よりのご依頼品またはご家族の物を見計い購求《こうきゅう》せられる時は、お客様の身方相談役となって、誠意をもって安心を与えるようのお話しをせねばならぬ。

7、売れ行きのよい品をお勧めする時

この類《たぐ》いの品は非常に少なくございます。

大層売れ行きがよろしいので、品切れ勝でございます。
この体の品は皆様に大変お受けがよろしゅうございます。
後は早速にまいらないかも知れませんので、今の内にどうぞお求めを願います。

8、お買い上げ品に関連した品物をお勧めせんとする時

(表地の場合)

おついでにお裏地はいかがでございましょうか。
肩当《かたあて》、襟裏《えりうら》はおついでにいかがでございましょうか。
お仕立ての方はいかがでございましょうか。
おついでにカラーはいかがでございましょうか。
ただ今ネクタイの新荷がまいりましたが、いかがでございましょう。
何かおついでにいかがでございますか。

▼お買い上げ品に関連した品物をお勧めせんとする時の注意

ご用品に関係のある物を考えてご注意を与えることは最も必要なことである、不意にお気が付いて思わぬ商いができ、お客様にも親切となるのである。

9、流行品を紹介せんとする時

これは今年の流行品でございます。
ただ今の流行で一般のお受けも、大変よろしゅうございます。
これが今年流行の色合でございます。
大体に色目が「あかるく、濃く」なってまいりました。「落ち着いて」まいりました。

重に〇〇〇の模様が流行になりました。

大変感じの「軟かい、重い、落ち着いた」ものが流行してまいりました。

主に〇〇風のものが流行になりました。

この品は極く新しい型で、一般にお受けがよろしゅうございます。

生地《きじ》といい染めといい、手前共の自慢でございます。

これは流行と申す訳でございませんが、こういう品は、はやりすたりがないものでございますから、永くお召し遊ばすにはお徳用かと存じます。

九　ご質問の応答及び説明

1、程度のご相談に対して
この辺がお格好に存じます。

少々お派出《はで》のように存じます。

少々お地味かと存じます。

大変お上品のように存じます。

渋《しぶ》向きとしてはこの方かと存じます。

粋《いき》向きとしてはこちらが、よろしいかと存じます。

誠によくお似合いのように存じます。

この方はいかがでございましょう。

▼程度のご相談に対しての注意

あれもよろしいこれもよろしいは、お客様に迷いを生じさせ不安の念を起されるから、お好みを察して向きそうなのを、よく斟酌して、確かなお勧めをせねばならぬ。

この場合全くお客様の心となって、誠意あるお答えすることが肝要である。

2、取り合わせのご相談に対して

大変引き立ちがよろしいかと存じます。

この方が調和するように存じます。

この方が感じがよろしいように存じます。

この表には大層おうつりがよろしゅうございます。

3、染色の如何《いかん》のお尋ねに対して

手前共の保証の品でございます。

決して剝《は》げるようなことはございませぬ。

これは（本場久留米《くるめ》、薩摩かすり、大和かすり）でご案内の通りお染めは確かでございます。

これは〇〇織かすりでございますから、見場はよくないように見えますが、お染めは確かでございます。

これはご案内の染めかすりで、割合によく見えましてお染めも確かでございます。

（剝《は》げる憂《うれ》いのあるもの）

この類のお品は、多少の変わりはございます。

4、丈尺《じょうしゃく》のお尋ねに対して

「三丈、二丈九尺、二丈八尺」 以上は確かにございます。

充分調べてございますが、もし短尺《たんしゃく》でございましたらお取り替えをいたします。

5、混りのお尋ねに対して

これは絹ばかりでございます。

この方は少々混りがございます。

これは絹毛交織《けんもうまぜおり》でお皺《しわ》が寄りませんから、大変お受けがよろしゅうございます。

6、値段のお尋ねに対して

A、(他店と比較して高価だといわれた場合)

手前共は、お値段につきましては絶えず東西の物価を調査いたしまして、ほか様より決してお高くないはずでございますが、なお充分注意をいたします。

手前共の取り扱い品は、品質につきましては充分吟味をいたしておりますが、なお一度よく取り調べいたします。どうも恐れ入りましてございます。

B、(値段がナゼ安いとお尋ねになった時)

精々薄利でお願いいたしておりますから、どうぞご安心の上、お願い申します。

手前共では産地直接の現金仕入をいたしまして、なお東京、大阪と三店共同取引をいたしますから、当然お安くお願いすることができるのでございます。

▼値段のお尋ねについての注意

この場合は顧客のご厚意を充分に感謝して、徐《おもむ》ろに弁明するのである、傲慢《ごうまん》な態度や気に障《さわ》るという様子が絶対にあってはならぬ。

なお他店の同一品を比較してご質問のあった場合なども、その商品の品質について確信ある場合は、親切にご説明申し上げ、また不明の場合にはその厚意を謝し「一度よく取り調べをいたします」と穏やかに、かつ円滑に申し上げることが肝要である。

7、

値引のお尋ねに対して

他店に比して高価なることを聞き取ったる場合には、直ちに上長へその旨を通報しなければならぬ。

手前共は、正札で皆様からご信用を戴いておりますので、一切正札にお願いいたしております。

恐れ入りますが、どうぞこのお値段でお願いいたします。

手前共は良い品物を、お安く正札でお願いいたしております。

手前共は、お客様本位の良品廉価主義でございまして、決してお高くないように努めております。

（再度弁解を要する場合）

万一同じ品で他店様《ほかさま》よりお高い物がございましたら、誠に恐れ入りますが、ご遠慮なくご注意をお願いいたしとう存じます。

なお、当地は勿論東西の物価調査をいたしまして、他店様より少々でもお安くお願いするように、専心注意いたしておりますから、その点にはどうぞご懸念《けねん》なくご用をお願い申します。

▼値引を要求せられたる時の注意

この場合は決して失礼な言葉や、無愛想な態度または冷笑的の説明をしてはならぬ。

ただ「負かりませぬ」のごとき挨拶は最も注意せねばならぬことで、その辺の呼吸は余程上手に弁明せねばならない。

▼商品使用上の説明についての注意

お尋ねの方がその商品にご経験が有るか否かをすぐ判断しなければならぬ。多少なりとも経験のあるお方と見受けたらその質問に応じて、その要点だけ明瞭に説明すればよろしい。あまりくどくどしく説明するのはお客様の感情を害するから注意せねばならぬ。

さらに経験のないお方と判断したならば、充分に一から十までその保存法に至るまでも親切に説明を加えて置かなければならぬ。

▼華客のお見立て品に対する注意

先に見立てお勧めいたした柄が良いと思っても、お客様が見立てられた品は程よく褒めて置かなければならぬ。「それもなかなか良い柄でございます」と、お好みを一層よく申し上げてお求め願うようにい い加えるのである。

自分の意見を頑固に主張して、自分が良いと思う品を無理に勧めてはならぬ。どこまでもお客様本位にお客の心となってお勧めせなくてはならない。

しかしあまり不調和の場合や、お好みが特に不為《ふため》の場合には頭から貶《けな》さぬように、徐《おもむ》ろに親切にもって説明を申し上ぐべきである。

▼同業者の批評に対する注意

華客から他店の品物を見せられた場合は、決して貶さぬよう「確心あるもののほかは」程よく褒めてあまり深く立ち入らず、値段などははっきりと申し上げぬ方が宜しい。

他《た》の同業者に対しての批評も同様で、悪いことは決して申し上げぬよう注意し、当たり障りのないように心掛けねばならぬ。

一〇　品切れ、取り替えまたはお買物のなき場合

1、品切れの時

（普段取り扱い商品の品切れの場合）

生憎《あいにく》ただ今品切れになりましたが、こういうお品ではいかがでございましょうか。

（全く扱っていない商品の場合）

生憎手前共では、扱っておりませんので誠にお気の毒様でございます。

（品物が確かに来る予定の時）

ただ今、ちょっとお生憎にいたしておりますが、「来月の初め頃には」まいるはずでございます。お急ぎでなければその節お見立てを願ってはいかがでございましょう。

ただ今、仕立て上がりの品はお生憎でございますが、早速お仕立ていたしましてはいかがでございますか。

▼品切れの時の注意

品切れをお断りする前に当たり、よく商品を調査することが必要である。お客様はすべて期待してお出でになるのであるから、品切れの時は非常に落胆されるのみならず、これがため他店に販売力を移すことになる。品切れの一言が最も害になるから、よく注意をすることが必要である。

2、代用品をお勧めする時

こういう品がまいっておりますがいかがでございましょう。どうぞご覧下さいませ。

この品も非常に評判がよくて皆様もお持ちになります。

〇〇も良い品物でございますが、この品も〇〇に劣らない良い品でございます。
〇〇は、、、が特長でございますが、この品もその点は保証のできる品でございます。

▼代用品をお勧めする時の注意

被仰《おっしゃ》る品が生憎品切れかまたは持ち合わせのない場合は、「何かそれに近い物はないか、すぐ帰るのも変んだなぞと躊躇しておらるるものである」。この際機敏に代用品を出し照会したならば、必ず一つ見てみようと思われるものである。

また、お気に召さなくとも満足して行かれるものゆえ、必ず何か近い物を丁寧にご照会せなくてはならぬ。また、ご要求よりも以上に良いとお気に召す場合もある。しかし強《し》いて代用品をお勧めすることはよくない。お気に召した品がなくお立帰りの場合は、よくお詫びの挨拶をして快くお立ち去りができ易くせねばならぬ。

3、お買い上げのない時

誠にお気の毒様でございました。またどうぞお願い申します。

折角でございましたのに、誠にお気の毒様でした。

▼お買い上げのない時の注意

お気に召したものがない時は、相済《あい》まぬことを同情してお立ち去り易く仕向けねばならない。決して面倒を掛けられたというような態度表情をしてはならない。快く送り出すのである。

4、下見の華客を愛想よく待遇する用語

ご覧を願っておきますれば、お後《あと》のご参考になりますから。

未だほかにも色々ございますから、ぜひまたお越しを願います。

5、お取り替えまたは戻し入れの時

左様でございましたか。それはお気の毒をいたしました。お取り替えいたします。「頂戴いたします」。

お柄ばかりは全くお好きずきがございますので、どんなのをお好みでいらっしゃいますか。

何かお格好なのをお見立ていたしましょう。「お選び下さいませ」。

▼お取り替えまたは戻し入れの時の注意

お取り替えまたは戻し入れ品は、特別品のほかは最も快く受け取らなければならぬ。お客様はその品が不満足であるから取り替えに来られるのであるから、こういう場合お客様も心苦しく気悪《きあ》しく心配しておられるゆえに、心良く受け取り安心をして戴かなくてはならない。

但し一通りはその品を検《しら》べて受取る必要がある。

当店の信用を永久に継ぐための犠牲だと心得、寧《むし》ろ之を機会として引き続きご贔負《ひいき》を願うよう、将来に目を付けねばならないのである。

特種の品（季節品、汚損品、進物品の値札のない品）を取り替えする時は、まず所属主任に諮《はか》らなければならぬ。

6、先地証明をする時

お入口でお渡しいたしました。合札を拝借いたします。

お持ち込みの印をいたしますので、包みを解かさして戴きますから、ご承知を願います。

左様でございますか。どうもありがとう存じます。

▼先地証明をする時の注意

風呂敷はお客様に断りなく開いてはならぬ。これで往々感情を害《そこ》ねるから注意せねばならぬ。

一一　誂え物、進物または届け物を承る場合

1、誂え物のご用を承る時

ありがとう存じます。ご寸法を承ります。

「模様雛形、色見本、小紋見本」も色々ございますからご覧に入れます。

かしこまりました。精々入念に「お染め、お仕立て」をいたします。

▼誂え物のご用を承る時の注意

（イ）華客とご懇意になり店の信用を高める捷径《ちかみち》は、この誂え物の出来栄えの親切からである。それでよく華客の趣味嗜好を洞察し、模様柄合の選定を巧みにして、ご指定事項を確実に、お誂え工作を丁寧に、そして期日の正確を期せねばならぬ。

（ロ）寸法その他のお誂え事項は承った時、さらに問い返して確かめ置くことは、間違いを未然に防ぐ第一の手段である。

（ハ）誂え物は仮《たと》えお届けしない場合でもご住所・姓名を詳細に承って置かねばならぬ。万一事故のあった場合、ぜひ必要がある。

（ニ）誂え物票の寸法数字の記入は特に正確、明瞭に記さねばならぬ。

（ホ）見積尺、付属品、工料等の見積り違いなきやを、必ず再検せねばならぬ。

（ヘ）一見、幅狭き反物または大柄のお方のご注文に対しては、ご注文幅にでき得るや否やを当たらねばならぬ。

（ト）お取り極めを願った現品の間違わぬために、伝票には地質、柄合、色合を記入し、現品値札裏には

ご注文主のご氏名を記入せねばならぬ。

（チ）現金販売のお客様のお誂え物に対しては、全額を申し受くるかまたはその半額以上のお手付金を申し受くるを規《きま》りとし、その詳細は販売用語の「お勘定の場合、手付金申し受くの時」の方法によればよい。

2、誂え品日限を承る時

いつ頃までにお納め、（お拵《こしら》え）申しましょうか。

お染め物、（お仕立て物）はできるだけ充分にいたさせとうございますから、なるべくご猶予をお願い申します。

日限はお支障《さしつか》えない限り精々悠《ゆっ》くり頂戴いたしまして、入念にお拵えさせて戴きます。

ご案内の通り、時節柄お誂え物が一時《いっとき》になっておりますので、恐れ入りますが、今少しご猶予は願われますまいか。

何分このお天気ではいかがかと存じます。今少しご猶予は戴けますまいか。

（特急の場合）

一応係へ照会いたしますから、少々お待ちを願います。

お待たせいたしました。折角でございますから何とかお繰り合わせいたします。

お待たせいたしました。ご案内の通りただ今はお誂え物が一時になって、非常に職方が支えておりますので、お間に合い兼ねてはいかがと存じますが、今少しご猶予は願われますまいか。

何日には必ずお納めいたします。

お約束の日には必ず持参いたします。

お引き受けいたしまして、もしお間に合いませんとかえってご迷惑になりますから、誠に申し訳ございませんが、どうぞご用捨《ようしゃ》を願います。

▼誂え日限を承る時の注意

歳暮その他季節の多忙期には、なるべく多くの日数をご猶予願って遅れぬように注意をせねばならぬ。お客様も多少駆け引きせらるることもあるから、誠意をもって確かめご要求にはできるだけ応ずるように努め、また、確信なき場合は必ず誂え係について照会した上、引き受けるがよい。

3、誂え物をお渡しする時

ただ今できてまいりました。

大変に「ご立派に、良く」できまして。

できましたら一層良くなりました。

でき上がりましたら大変引き立ってまいりました。

どうも遅くなりまして相済みませぬ。

誠に遅れまして申し訳ございません。実は念入りに「仕立屋、染屋、縫屋」の方でいたさせておりますので遂《つ》い遅くなりましたが、もう程なくでき上がります。

でき上がり次第、すぐお届けいたしましては、いかがでございましょう。

▼誂え物をお渡しする時の注意

即時お渡しする時は、お買い上げ品・お渡しの時と同様に引合係、または各階主任の引き合わせを受けお渡しすること。

お誂え品を丁寧に取り扱うは勿論で、折角よくできた品もお包みの時、またはお届けまでに皺《しわ》を寄せたり、文庫をいためたりして骨折りを台なしにすることがあるから、特にでき上がってからの取り扱いに注意せねばならぬ。

4、進物品を承る時

普通のご進物でございますか。

ご慶事用でございますか。

お箱入りにいたしましょうか。

桐箱にいたしますと、〇〇銭頂戴いたします。

桐張ボール箱でございますと、〇〇銭頂戴いたします。

白木台はいかがでございましょうか。

お包みいたします。

5、届け物及び発送を承る時

届け物

恐れ入りますが、お届け先をなるべく詳しく、これへお記しを願います。

はい、かしこまりした。なるべくお早くお届けいたします。

午前中にはいかがと存じますが、午後なるべくお早くお届けいたしましてはいかがでございましょうか。

お急ぎでございますか。いつ頃までにお届けいたしましたらよろしゅうございましょう。

今日は時間もありませんので間に合い兼ねますが、明日ではいかがでございましょうか。

ただ今お届け物が一時《いっとき》に込み合っておりますから、〇〇〇までご猶予をお願い申します。

それでは何とか都合いたしまして、今日中には必ずお届けいたします。

配達係へ聞き合わせますから少々お待ちを願います。

発送

恐れ入りますが、お送り先をなるべく詳しくこれへお記しを願います。

何便でお送りいたしましょうか。

あちらは○○便がよろしゅうございます。

送料は荷具《にづくり》費とも実費○○銭頂戴いたします。

これはお預りのお印《しるし》でございます。どうぞお持ちを願います。

確かにお引き受けいたしました。ありがとう存じます。

▼お届け物、発送品の注意

最初に「毎度ありがとう存じます」と申し上ぐれば、まず華客に親しみの感じを与えるものである。

迅速と確実なことは届け品、発送品取り扱いの生命である。

委託された物品は丁寧に取り扱わねばならぬ。

住所・氏名はなるべく華客にご記入をお願いせよ。

承る際にはお届け先の「地名、番地、お名前」を詳しく間違いのないように承ることが肝要である。

鉄道便、小包便、自動車、飛脚等の便種はお先方のなるべく都合のよいのを選ばねばならぬ。

それには一応都合のよい便種を申し上げて、なおお客様のご都合をお尋ねすべきである。

破損し易い品または大嵩《おおがさ》品は特に取り扱いに注意するよう、現品には「取扱注意」の貼紙《はりがみ》を忘れないようにせねばならぬ。

特に大嵩の物または閉店間近のお届け品で、「即日配達」は一応受渡係へ照会の上、お引受けせねばならぬ。

一二　ご勘定の場合

1、お手付金申し受けの時

失礼でございますが、お手付金をお願い申します。

どなた様にも、一般にお誂え金高の半額以上、お手付金を頂戴いたしております。

▼手付金申し受けの注意

お手付金申し受けの時はお誂え物のでき上がり総額を一応申し上げるのが順序である、その申し受け高は半額以上請求するのを普通とするが、先様の都合で多少は臨機の処置によらねばならぬ。

2、売場でお買い上げ代金を請求する時

何円何拾銭、頂戴いたします。

3、金銭受け渡しの時

何円何拾銭、頂戴いたしました。「必ず一応念を押すこと」

お待たせいたしました。何円何拾銭お返しいたします。どうかお改め下さいませ。

恐れ入りますが、おこまいのをお持ち合わせがございましたら「○○銭だけ」お願い申します。

▼金銭受け渡しの注意

金銭受け渡しの時に拾円紙幣と五円紙幣との間違い、あるいは枚数の誤り等で華客の感情を害し、または損害を蒙《こうむ》ることがあるから、受け渡しの際は入念に検《しら》べて一応お答して取り扱わねばならぬ。

4、勘定間違の場合

誠に申し憎うございますが、ただ今お願いしましたお品は何円何拾銭になりますところを、間違いまして何円何拾銭戴きまして、差引何拾銭の不足になりますから、はなはだ恐れ入りますが、何拾銭戴きとうございます。

……どうも相済みませんでした。

誠に申し訳ございませぬが、ただ今お願いしましたお品は何円何拾銭でございましたのを、間違いまして何円何拾銭戴きましたので、差引何拾銭多くなりますからお返しいたします。どうも相済みませんでした。

5、（売場にて）小切手でお支払いをせられんとする時

はなはだ恐れ入りますが手前共では、すべて現金で戴いておりますので、どうぞ悪しからずお願い申します。

それでは係へ尋ねてまいりますから、一度拝借いたします。

▼小切手でお支払いを受けた時の注意

お得意様へ集金の場合は勿論、面識ある信用客に対しての取り扱いは右の限りではない。

先払い及び期限の七日間以上経過したものは訂正を受けること。

文字の訂正は証印を受くること。

華客主以外の振り出しのものは裏書を願うこと。

一三　最後の挨拶

1、お所・姓名を承る時

失礼ですが、お名前は（どなた様でございました）。

お見忘《みそ》れしましたが、お名前様は？

お所はどちら様で（ございますか、いらっしゃいますか）。
2、お買い上げ品引換合札を差し出す時
お品物はお帰り口へお廻しいたしますから、この合札とお引き換えを願います。

▼お買い上げ品引換え合札を差し出す時の注意

お客様手札と元札と番号を照合の上お渡しせよ。

3、売場をお立ち去りの時
どうもありがとう存じました。

どうぞご緩《ゆっく》りとご覧を願います。

またどうぞお願い申します。

どうぞ相変わらずご贔屓《ひいき》に願います。

今日は幸い何階に〇〇〇の催事《もよおしごと》がございますから、どうぞご緩りご覧下さいませ。

何日頃には「〇〇陳列会、売出し」がございます。ぜひお出掛け下さいますよう、お待ち申します。……

…どうもありがとう存じました。

▼売場お立ち去りの時の注意

お客様が売場をお立ち去りの時は応接上最も大切なことである。**「丁寧、快活」**に快い感じを与えなくてはならぬ。

お帰りの時は元気よく丁寧に「どうもありがとう存じました」の挨拶を必ず忘れてはならない。

特別のお客様「慶事調度のお方」等は、なるべくお帰り口まで丁寧に送り出すこと。

4、景品、お添え物を渡す時

これはホンのお印でございますが、お添え物をいたします。

これはかえってお荷物でご迷惑でございますが、お持ちを願います。

一四　苦情を受けたる場合

1、汚染、瑕《きず》、短尺にて苦情を受けた時

それはどうも相済みませんでございました。それではお取り替えいたします。係の方でも充分注意しておりますが、つい見落としをいたしまして何とも申し訳がございません。これから一層注意をいたしますからどうぞお許しを願います。

2、誂え期日の遅延をお断りする時

A、(前もってお断りの時)

毎度ありがとう存じます。実ははなはだ申し上げ兼ねますが、先日ご注文を戴きました。○○は何日にでき上るように申し上げましてございますが、(「この頃中お誂えが一時《いっとき》になりましたために、遂《つ》い職人の方が」「この頃中の雨天続きで遂《つ》いお染みの方が」)遅れまして、どうしても○○まで掛かりますので、誠に相済みませんが、どうかそれまでご猶予をお願いいたしとう存じます。……どうか宜しくお願い申します。

B、(程なくでき上がる見込みの時)

ご案内の通り時節柄非常に職場が支えておりまして、遂《つ》い遅れまして誠に申し訳もございません。もう程なくできてまいるはずでございますから、でき上がり次第すぐお届けいたします。どうも遅れまして相済みませんでございました。

（お猶予をお願いする時）

どうも相済みませんでございます。実はこの頃中格別お誂えが一時《いっとき》になりましたために、遂い遅れましてとんだご迷惑様でございました。尤《もっと》も〇〇までにはキットお納め申し上げますから、それまでどうかご猶予をお願いいたしとう存じますが、どうか悪しからずお願い申し上げます。

▼誂え期日引き受けについての注意

（イ）お誂え品は確かに納入し得る時日を申し上げておかねばならぬ。

（ロ）一旦引き受けた期日を違える時は、華客に尠《すくな》からず失望させ店の信用を落とすものであるから、もし引き受け期日にできぬ見込みの時は前もって華客に書面なり使い、または電話なりによってお断りすればかえってその義理固いことに信頼されるものである。

期日の定《きま》って入用な特別品はどんなにしても責任をもってお間に合わせするは勿論である。

3、届け物未着のご請求を受けたる時

未だお届き申しませんでしたか。どうも相済みませんでございます。一度係へ尋ねてまいりますから少々お待ち下さいませ。

実はここ何時間程前に差し出しましたので遅くも、もうまいろうと存じます。どうか今しばらくお待ちをお願いいたしとう存じますが。

（道寄りして遅れた時）

どうもお待たせして相済みませんでございます。お届け品は既に持って出ましてございますが、途中ほか様へ立ち寄りましたかと存じますので、誠に恐れ入りますが、今暫くお待ちを願いとう存じます。

（未だ持ち出してない時）

どうも遅れまして相済みませんでございますが、ただ今持って出ましたから、どうかしばらくお待ちを願います。

（届け先不明にて保留品請求の時）

先程持たして出しましてございますが、使いの者が遂《つ》いお所が見当りませんように申しまして帰りましたが、誠に恐れ入りますが、もう一度お所をお聞かせ願いとう存じます。……早速持たせて差し出します。誠にご迷惑を掛けて相済みませんでございました。

（再びご請求の時）

「代品のある時」

誠に遅れまして何とも申し訳ございません。もしお間に合いいたしませんでは面目がございませんから、取り敢えず同じ品を先程差し出しましたので、もう追《おっ》つけ伺うはずでございます。どうもとんだご迷惑様で相済みませんでございました。どうか悪《あ》しからずお願いいたします。

「代品なき時」

誠に遅れまして何とも申し訳ございません。遅くももうまいらなければならぬはずでございますが、あるいは途中で故障でも起こしはせぬかと存じまして、先程すぐ使いの後を調べに出しましてございますから、何《い》れにいたしましても、もう追《おっ》つけ伺うことと存じますが、はなはだご迷惑を掛けまして相済みませんが、どうか今しばらくお待ちを願いとう存じます。

▼お届け物の遅れた場合の注意

届け物係と扱者《あつかいしゃ》との責任被《かぶ》せをしてはならぬ。どこまでも注文を受けた扱者が責任をもって解決せねばならぬ。

ご請求を受けた場合に一時逃れの曖昧なご返事を申し上げることは絶対ならぬ。

届け物係を調べた上、正確なお答えを申し上げ、ご安心を得るようにせねばならぬ。

▼失態苦情を受けた時の注意

お客様本意の当店にとって最も苦痛とするものは、この失態苦情である。複雑な当店のような商売の弊《へい》として、往々起こる所の苦情は絶対に防止することは至難のことであるにしても、尠《すく》くともこれを未然に予防し慎重な注意をもって終始せねばならないのである。

この苦情はお客様の蒙《こうむ》られたご損害、またはご迷惑等によって感情を害した結果生ずるもので、畢竟《ひっきょう》従業員の不始末を立証するにほかならぬのである。

この苦情の内、天災的に起因する火災、水難、盗難、あるいは運転機関等の支障による不可抗力に原因するものは稀《まれ》な例であって、その多くは人為的に起因しているのである。

次の場合などは、みな原因が不注意からである。

一、言葉遣いの不遜等から感情を害する時。

二、接客待遇上の失態。

三、ご注文品の忘却、お届け物の遅延。

四、誂え物の期日延滞または忘却等。

五、商品及び金銭の受け渡し間違い。

六、誂え物（仕立て物、染め物）のでき上がり過失。
七、商品破損または浸《し》み、汚れ等。
八、商品の品質粗悪、尺不足等。
もし右のような失態のあった場合は苦情の性質によって、臨機応変の措置に出ることは勿論である。

これを解決するには
（イ）事柄が当方の得不得《とくふとく》にかかわらず絶対に誠意を持って当たること。
（ロ）事柄の真相を確かめ、その事情を明かにし、後《の》ち公明な判断を下すこと。
（ハ）謹慎の態度をもって感情を和らげ謝意を表すこと。
そして潔く悪かった点を謝罪して、お客様の温情に訴えねばならぬ。失態事を曖昧にするようなことは絶対不可である。

商売上の問題は、すべて円満に解決することが最大要件であって、その解決の仕方がかえって先方の同情を買い、これが動機となって一層永遠のご贔屓《ひいき》になった例も尠《すくな》くない。

そしてまた再びご迷惑を掛けぬように、特に注意をし一層親切、誠実に努めなければならぬ。

苦情を受けた場合は取り扱った当事者で直接応対または申し開きをしないよう、必ず部主任なり陳列場主任または係長なりに出てもらって円滑に解決をしてもらわねばならぬ。

当事者が無暗に申し開きをするためにかえって一層感情を害することが多い。

店をいう大きな観念をもって解決し、決して罪を蔽《おお》わんとするような処置があってはならぬ。

一五　陳列場内の応答

1、お馴染みのお方に対して

再度来て戴いたお方のお名前とご住所、職業等はぜひ覚えて置く必要がある。お客様はお馴染み客として扱われることを最も満足せらるるものである。お顔を知ったお方を見た場合は直に傍へ行き、ただ一遍の空世辞《からせじ》でなく親密な態度・心持ちをもって言葉を掛けねばならぬ。

2、陳列場にて喫煙をお断りする時

恐れ入りますが、お煙草は「煙草盆、火鉢の傍、休憩室」をお願い申します。

3、商品の所在を尋ねられた時

（一階にて貴金属品をお尋ねの時）

三階の時計売場にございます。正面の階段をお上がりになりますと右手の隅にございます。

（三階にて家具品をお尋ねの場合）「西階段の時」

一階の家具売場にございます。こちらからお降りになりますと階段のすぐ前でございます。

（受け持ち売場の近くの時及びお分かり憎き時）

ご案内申します。どうぞこちらへ。

▼商品の所在を尋ねられた時の注意

陳列場内で商品の所在をお尋ね受けた時は、階数、売場の代表品名、順路、目標または方向を申し上ぐること。

売場ごとにおよそ他《た》の売場への標準順路を定めておく必要がある。
方向をお示しする時は掌《てのひら》を上向けてお知らせすること。この際指差し、または頤《あご》を用いてはならぬ。

4、華客が店員の在否を尋ねられた時

(在店の時)

ただ今お呼びいたしますから少々お待ちを願います。

一度尋ねてまいりますから少々お待ちを願います。

(外出、休日、未出勤の場合)

ただ今外出をいたしまして不在でございますが、どうも折角お越し下さいまして誠にお気の毒様でございます。

今日は休んでおりますので、ご用を承ってお伝えいたしましてはいかがでございましょう。

今朝程、未《ま》だ店へまいっておりませんので、もし何でしたら手前がご用向きを承りましていかがではございましょう。

▼華客より店員の在否を尋ねられた時の注意

ご用があって態々《わざわざ》お越しになった華客のお心持ちを推し量って、もし不在の時は代わってできるだけその用立てをし、またはご用を承って置くことが肝要である。

5、ご用品は品渡場へお廻し済みであるが、華客が態々売場へ尋ねて来られた場合

それはお気の毒様でございました。もう先程廻しましてございますが、何分込み合っておりまして失礼いたしました。早速まいりましてお調べいたしましょう。

▼**多忙の時の接客注意**

多忙の時はまごついて客扱いが粗略になり易いが、この時がまた一番大切な手腕を奮う時である。それで売場ならば先客があってお相手をしていても、新たに華客がお出になったならば「いらっしゃいませ」と軽く頭を下げ、ご用を承り、もし手廻り兼ねた時は「少々お待ちを願います」と申し上げ万遍なくお愛想をして、順序を違へたり長く待たせたり、ロクに言葉を掛けぬようなことがあってはならぬ。品渡し場、お入口、お帰り口にも同様混雑の場合は心を平静に保って動作を機敏にし、しかもその間なるべくご順序を違えぬように、長くお待たせしないように、間違わぬよう気を配らなければならない。

▼**収納方・引合方の華客に対する注意**

陳列場所在の引合方・収納方「レジスター」員は、その売場販売員の手不足、または不在のための華客のお呼びを受けた時は、まずご返辞をなし、差し支えのない時は自ら接客し、あるいは「少々お待ち下さいませ」「ただ今まいります」と愛想よく応答することが肝要である。自分は販売の受け持ちでないといった態度をして華客に冷淡であったり、無言であったりして不快を与えるような仕方があってはならぬ。

いずれの係員も陳列場にあって華客よりお尋ねを受けた時は、快く応答しそれぞれその係員へ引き継ぎをせなければならぬ。

6、陳列場内の事故について

（お忘れ物・お落し物のお尋ねに対して）

それはお気の毒様でございました。恐れ入りますが、「お忘れ物・お落し物は」すべてお帰り口の品渡場へお廻しすることになっておりますから、どうぞそちらでお尋ねを願います。

▼お忘れ物・お落し物についての注意

お忘れ物・お落し物のあった場合は、なるべく速く帰り口へ廻さねばならぬ。ほぼその持ち主の心当りのあった場合は、口頭なり符箋《ふせん》によって、これを係へ伝え置く親切が必要である。

7、夜間ご来客の買物ご希望に対しての応答

（最初の答え）

相済みませんがもう退《ひ》けまして、ただ今当直のものばかりでございますから、明日にお願いいたしとうございますが。（どうか宜しく）

（再度お断りを要する時）

はなはだ申し兼ねますが、店の方が締まっておりまして夜間の出し入れはできないことになっておりますので、折角のお越しではございますが、どうか明朝にお願いいたしとうございます。

▼夜間ご来客の買物ご希望についての注意

前項の場合でも特別の事情のある時は、「それでは一度尋ねてまいります」といって当直長にはかり臨機の取りはからいをするのである。

なお、当店の手落ち過失等のためにご来店を受けた時は、当直長に諮り臨機の処置を取ること、前同様である。

▼陳列場内の注意

（イ）営業閉止時刻において、お客様のご覧中を一方より取り片付け整理するは最も不快の念を与えるものであるから、その場合はよく気を付けねばならぬ。

（ロ）華客の面前をなるべく通り過ぎないようにせよ。やむを得ず通過する時は手を下げ会釈して通らねばならぬ。
（ハ）陳列場内でお子様が放尿そのほか粗忽《そこつ》せられたことを発見した場合は、各階掃除係または化粧室係へ通じて手早く処置をさせねばならぬ。
（ニ）陳列場内で華客が急病の場合には、早速陳列場係主任へ通報し機宜《きぎ》の手当をはからねばならぬ。
（ホ）華客前で店の符牒《ふちょう》「持参、お成り、中村、ロク、喜左《きざ》」を用いるのは宜しくない。

一六　内輪同志の用語

1、接客中の店員が小供に対する用語
何々を「持って、取って、聞いて、して」いらっしゃい。
「こう、あー」しなさい。
「こう、あー」しなくてはいけませぬ。
「こう、あー」した方がよろしい。

▼店員が小供に対する言葉の注意

接客中部下や他《た》の店員に小言や意見がましいことをいわないようにせよ。また、下級扱いをしないように注意せねばならぬ。お互い同士でも丁寧な言葉遣いをもってしたなれば、お客様から見ても、その店はどんなに美しい立派な店と感ぜらるることであろう。

2、面会、電話または通報を上長者及び同僚者へ取り次ぐ時の用語

(面会人を上長者に取り次ぐ時)

かしこへ、いずこの誰様がご面会でございます。

(面会人を同僚者へ取り次ぐ時)

かしこへ、いずこの誰様がご面会です。

(電話を上長者に取り次ぐ時)

誰部主任、係長さん(いずこの)誰様からお電話でございます。

(電話を同僚者へ取り次ぐ時)

誰どん、いずこの誰様からお電話です。

(通報を上長者に取り次ぐ時)

「専務、○○部長、部主任、係長」さんがお呼びでございます。

「専務、○○部長、部主任、係長」さんまでお越しを願います。

(通報を同僚者へ取り次ぐ時)

「専務、○○部長、部主任、係長」さんがお呼びです。

第三章

簡単な売場接客景

【解題】

第三章では『簡単な売場接客景』（以下、『売場接客景』）を掲載する。

本章は、昭和5年（1930）年に作成された松坂屋の接客法に関する店員教育用のテキストである。

第二章の『接客法』の続編に当たる松坂屋社内の店員教育資料である。『接客法』が対面販売の基礎的なマニュアルについて詳述されていたのに対し、本章では売場ごとの店員と顧客との接客応対の実践に関する模範事例が子細にまとめられている。言い換えれば、前章が静的な感じを受ける教本的な文面に対し、本章は実習的な内容として、まさしく動的な感覚で読み進めることができよう。

前章では、史料のみの掲載で作成された意図が読み取れなかった。それに対して本章では、『売場接客景』が編まれた意図が「教育叢書刊行につきて」と「緒言」から一目瞭然である。

前者の「教育叢書刊行につきて」では、教育係長の菊地亮三郎が、『売場接客景』を教育中の店員の参考資料として教育係が各科を分担し、今後も次第に補正を加えなければならないが、一般店員の参考にもなるようにと考慮し、そしてこの書が店務教育の上に貢献するものとして編纂刊行したと記している。

後者の「緒言」では、教育係の中川宗吉が、接客販売は実際の問題であり、ただ理屈では到底その気分を理解することはできなく、商品の関係上、売場によってはそれぞれ特色があり共通点もあり、その呼吸を呑み込むことは大変難しいものであると述べている。続けて中川は、はなはだ不完全であったが、店員の参考の一助として紹介するために『売場接客景』を取りまとめたと書き記している。

『売場接客景』は編纂に携わった教育係以外にも、販売部長や各売場の主任クラスの校閲を受けて念入りに確認した後に冊子化していた。この点から考えてみても、戦前の松坂屋では営業組織全体において接客販売を重要視し、男性店員、少年店員および女性店員に対してきめ細かい接客に関わる丁寧な教育を施していたことがわかる。昭和5年（1930）の名古屋本店における店員数は、男性店員（少年店員を含む）の978名と女性店員の448名を合わせた計1426名であった。

『売場接客景』からは、昭和初期の松坂屋の売場構成とそれらの各売場で販売した生活と文化を結ぶ数多くの商品、および顧客に対する応対の心得を一層掴み取ることができる。以下、5点に整理しておこう。

第1には、店員と顧客との応対の内容からは、売場ごとの店員の商品知識に対する幅広さや奥深さが理解できる。各店員は、持ち場の全商品の特徴や使用方法、品質などの知識について当然習熟しておかねばならなかった。そのうえで店員は、商品知識以前に顧客が欲するあらゆる商品が冠婚葬祭や年中行事における贈答品として、どのように最適であるかを適切に説明しなければならなかった。よって店員は、適切な説明を心掛けるために冠婚葬祭や贈答品の一般的な知識をも習得しておく必要があったのである。

上野支店で初めて開催された農商務省主催の広幅織物普及展覧会：大正 11年（1922）9月

上野支店にて土曜日曜の朝間廉売を開始：大正 13年（1924）6月

なおかつ店員は、主力商品の製作工程や手入れ、保存方法の説明を顧客に求められる時があった。それゆえに店員はこれらを熟知したうえで、商品の取り扱い方を説明して初めて陳列商品の価値を顧客に短時間で的確に伝えることが可能となったのである。加えて、店員にとって売場の業務をスムーズに遂行するために大切なことは、絶えず変化する商品の知識を新たにインプットする自主性のある行動であった。店員自らの新商品のインプットが、顧客が希望する最適な商品に関して、知る限りの情報を親切かつ正確にアウトプットする応対に繋がった。店員は、毎日松坂屋を訪れる顧客に対して有効な提案を行うための情報を蓄積する努力を怠らないことが必須の日課であった。

第2には、本史料の目次からは、松坂屋において接客販売を行っていた売場が一番から二十六番までと三十五番を合わせた計27ヶ所から構成されていたことが判明する。そのなかで呉服類の商品が主力（一番〜八番）であったことや、九番売場以後十四番売場までは布団、洋服類などの衣料品および食料品の売場が続いていたのがみてとれる。おもに男性用としては懐中時計（十五番）、靴（十六番）の売場、女性用としては婦人帽子（二十一番）の売場を開設していた。日用品はもちろん、スキー用品（二十三番）や七宝花瓶（二十五番）、洋花・小鳥（三十五番）といった趣味を起点とする雑貨・園芸・ペットなどの様々な商品を販売する売場も設置していた。写真機やラジオなどの電化製品類の専用売場も登場し、昭和初期の松坂屋の売場では呉服類以外における多種多様な商品を陳列していた。当時の顧客の心を引きつけていた松坂屋の新商品の一群が浮き彫りとなる。

南大津通へ新築移転した名古屋本店
：大正 14年（1925） 5月 1日

目次を一覧するだけで松坂屋が、流行を意識した百貨を揃えるワンストップショッピングの大型店舗のなかで営業を展開していた実態を窺い知ることができる。昭和初期の松坂屋の接客法に関する史料からでも、名古屋市内において近代的な売場空間で人気を博した商品や顧客の嗜好がみえてくる。

第3には、松坂屋の店員が体得していた巧みな接客販売の技術が読み取れる。昭和初期の松坂屋では、売れ筋の商品をただ単に店頭に陳列し、商品知識を並べ立てるだけの応対でスムーズに販売することができなかった。店員が直接応対してサポートする形で商品を勧め、顧客が本当に望む商品に迅速に辿り着き、納得して購入してもらうことに、大都市呉服系百貨店を代表する松坂屋が培ってきた接客の心遣いがあった。松坂屋の店員は、常に良品廉価を心掛けて接客販売することが第一の営業方針であった。全店員が、その方針のもと顧客との信頼関係を構築し、次の買い物へ繋がる顧客作りを日々思案していた。

名古屋本店開設当時の 2階売場：明治 43年（1910） 3月

松坂屋では、接客法を盛り込んだ店員教育が顧客作りを達成するための要となった。前章の『接客法』と本章の『売場接客景』からは、接客販売を自ら掴み取るためには事前の研修と売場における常日頃の実践が必要であったことがわかる。以上のことからして、まずは対面販売が戦前において松坂屋を中核とした大都市の呉服系百貨店において形作られた。そののち高度経済成長期以降には、総合スーパーやスーパーマーケットの発達とともに対面販売から脱皮する形で、新たな小売業態の販売方法として普及していく180度異なるセルフサービス方式の非対面販売が出現したという接客法の変遷を想定することができる。

『売場接客景』は、各売場に対する顧客満足度を感じ取る観察力のマスターを目的としたテキストにもなっている。各売場の店員が品質や機能に優れた商品を「顧客視点」から説明し、顧客に十分な満足感を与える応対が顧客から信用を得た販売に直結し、それを全店員が究めることが目標であった。また、売場における応対のファーストコンタクトは、顧客が商品に関して店員に尋ねることで開始されていた。店員にとってはすでに接客中の場合があり、他の顧客に目を配りながら応対する非常に難しい状況に日々遭遇することが多かった。逆に店員が、顧客との距離感を探り、声をかけるタイミングを見計らいつつ、「いらっしゃいませ」と発する応対からスタートする売場を想定した場面も載せられていた。

『売場接客景』ではその店員が少年店員だったことも記され、顧客が醸し出すサインを見抜いて近づこうとするシーンが想像できる。むろん店員は、顧客が必要とするまで情報を控えて押しつけない接客を心掛けることが大切であった。ところが『売場接客景』からは商品を紹介する段階に入ると、店員は謙虚ながらも遠慮せずに応対する積極的な姿勢が窺える。各売場のラストの様子からは、顧客が売場から軽快に立ち去るのを見送ることが店員の肝要な仕事であったことがわかる。

銀座支店の売場：昭和7年(1932)

第4には、松坂屋に対する顧客の一定水準の応対が判明することから、松坂屋における得意客の形成過程を押さえるうえで重要な史料といえる。第3と絡めて述べるならば、顧客が購入した商品に付随した商品を助言する店員の配慮が随所に潜んでいるように思われる。顧客はその商品が不要であれば堂々と断るし、必要であれば即座に追加購入している。今日からみれば、百貨店の接客販売に接したことがない読者が『売場接客景』を一瞥すれば、無理矢理に買わされているのではないかと大きな誤解を招く可能性があろう。松坂屋の店員が接客に臨む場合には、顧客の隠されたニーズを目一杯引き出す気持ちで相談に乗ることが最初の目的にあった。店員からすると良品廉価を購入してもらいたい誠意からのアドバイスであって、否応なく購入させることが目的ではなかったことが『売場接客景』から学べる。

店員は表情に決して出さないようにし、顧客の声に耳を傾け、顧客が真に求める商品を当時からセットで紹介することが得意客には当たり前の応対であった。この店員の姿勢は、セット商品を見過ごしている顧客に対して知らせるための気配りであった。顧客が選択に迷われた時は、店員は顧客に最適な商品を簡潔な説明で提案し、なおかつ顧客が些細なことでも店員に聞きやすい雰囲気を売場に作り出しておくことが重要な業務であった。もちろん、関連する商品が別の催事場で開催されていたならば、店員はその場所を丁寧に説明することも応対の最終ポイントの一つであった。

第5には、本章のタイトルにも書かれているように、「簡単」な接客法の事例が集められていたことである。『売場接客景』には、店員と顧客との良好な関係が記されていたが、実際にはその場ですべてうまく収まらないことがあった。中川が「緒言」で各売場の接客実景をまとめたが、一方では完成したものではないと書き記していることこそ、彼が店員にあくまでも身に付けて欲しかった基本的な接客販売の事例のみを記していたと考えられる。裏を返せば接客法の応用編はさらに上位に位置し、店員は実践において経験を積んでマスターしていくしかなかったと解釈できる。つまり、中川の「緒言」の記述は基準となる型のすべてを紹介できなかった不完全さでなく、応用編を含めたすべての例示することができなかったことに対する不完全さを意味していた。それだけ『売場接客景』からは、顧客に対して実際に行われていた接客販売の難しさがにじみ出ているといえる。

上野支店の香水売場：昭和初期

以上、『売場接客景』からは松坂屋の各売場売場にそれぞれの接客法が編み出されていたことが判明する。それが戦後以降、百貨店の派遣社員に研修などで次第に伝わり、各専門店、商社、問屋の社員の育成にも繋がっていったことは想像に難くない。松坂屋名古屋本店の接客法は、名古屋市とその周辺地域の商業・サービス業における接客販売の礎石になったと考えられる。『売場接客景』をはじめとした本書の四つの史料は、店員の対面販売の極意を圧縮したこれまで非公開の史料であった。

松坂屋は、昭和5年（1930）には名古屋市（南大津、栄）を本拠地として東京（上野・銀座）、大阪において大型の5店舗で営業を展開した日本を代表する呉服系百貨店に成長していた。本史料において松坂屋における店員の実務教育の実情のみならず、全売場のおもな商品が描かれていたことは、日本百貨店業成立史研究にとってもすこぶる有益であるといえよう。

『売場接客景』も松坂屋の秘蔵の史料であるからこそ、この最後の頁にある印判の内容は重要である。その印判には、「教第□□号」「貸附年月日」「姓名」「返納年月日」「返納認印」「備考」が朱肉で押されている。とくに「備考」には、「此ノ□□教科書ハ規定教育満了ノ際及退店ノ場合ハ必ズ返納スベシ。万一紛失其他ノ理由ヲ以テ再貸附ヲ請フ場合又ハ返納シ能ハザルモノハ規定料金ヲ納入スベシ」と記されている。したがって、この教本を社外に持ち出すことを禁止し、店員教育以外には使用しないのが原則となっていた。

第二章の『接客法』と、第三章の『簡単な売場接客景』を重ねてみると、昭和5年（1930）の段階では、両史料を接客販売に関する店員教育用の上下巻セットのテキストブックとして使用していたことがわかる。そして、この二つの史料が合わさって、第五章の『松坂屋読本 接客の巻』が生まれたのである。

第二・三章からでも松坂屋の店員教育による接客法の確立過程ならびに松坂屋が培った店員の高い接客販売がものの見事に理解できる。それと同時に、店員の熱心さに引き込まれ商品を購入した顧客の存在が浮びあがろう。加えて、近代的大型店舗空間の接客法が形成されるなかで、むしろ顧客に育てられていたのは店員であったことを示唆した、現代にも十分通じる貴重な史料なのである。

史料

簡単な売場接客景

店員教育叢書巻五

松坂屋 教育科（名古屋）

教育叢書刊行につきて

本叢書は、主として教育中にある店員の参考資料として教育係が各科分担して編纂するのでありますけれど、また一般店員の方のご参考にもなるようにと留意しております。訂正または補足を要する点等お気付きになられましたならば、担当教育係にまでご注意下さるようお願いいたします。かくて次第に補正を加え、店務教育の上に貢献するものたらしめたいと祈る次第でございます。

教育係長 菊地亮三郎

緒　言

この小冊子を編むにつきまして実は私当店教育係を拝命しまして以来、ことに接客法の科目を数年受け持ち担任しましたが、浅才にして充分にその心持ちを伝えることがなかなかむつかしくいろいろ研究苦心をいたしました。ご承知のごとく接客法は実際問題でありまして、ただ理窟では到底その気分を知らしむることはできません。商品の関係上売場によりましてそれぞれ特色もあり共通の点もあり、その呼吸を呑み込むことはなかなか容易でありません。ここに思いつきまして各売場の接客実景を編み、参考の一助として紹介したならばと存じましてはなはだ不完全でありますが取り纏《まと》めてみました。なお、丹羽販売部長殿及び各部主任方の校閲をも受けましたので大体において誤りはないように信じます。幸いに幾分なりともお役に立ちましたならば洵《まこと》に幸甚に存ずる次第であります。

昭和五年四月初旬

教育係　中川宗吉誌

目次

簡単な売場接客景

一番売場（陳列台にて久留米絣《くるめかすり》販売）

客「（陳列の久留米絣を見て）もしもし、これは何歳位によろしいでしょうか。」

店員「いらっしゃいませ。左様でございます。十七、八歳の学生方によろしいように存じます。おいくつ位の方にご入用でございますか。」

客「やはり十七、八の学生ですが。」

店員「ちょうどその辺がお格好に存じます。絣もハッキリして大変よく揃っております。」

客「剝《は》げるようなことはないでしょうか。」

店員「これはご案内の本場久留米でお染めは確かでございます。」

客「それでは、これを一反もらいましょう。」

店員「ありがとう存じます。おついでに裏地はいかがでございましょう。」

客「そうでしたね。裏地がいりますねぇ。なるたけ丈夫向きを一反もらいましょう。」

店員「裏地は向こうの台にいろいろございますから、どうぞご案内いたします。（二、三反取り出して）お丈夫向きとしてこの辺のはいかがでございましょう。」

客「どれが一番丈夫でしょうか。」

店員「この方はいかがでございましょう。大変お為《ため》向きで紺絣の裏地としてはおよろしいように存じます。」

客「それでは、これにしましょう。」

店員「ありがとうございます。それから、お袖口はいかがでございましょうか。これは瓦斯《がす》八丈で大変お丈夫向きでございます。」

客「それも一緒にしてみんなでいくらになりますか。」

店員「ありがとうございます。全部で紺絣五円八〇銭、裏地一円八〇銭、袖口九銭、合計七円六十九銭頂戴いたします。」

（代金を出された時）「（軽く）ありがとうございます。」

（代金を戴く時）「十円で頂戴いたします。少々お待ち下さいませ。」

（お釣銭をお渡しする時）「お待たせいたしました。二円三十一銭のお返しでございます。」

（お品物をお渡しする時）「ありがとうございました。」

（売場をお立ち去りの時）「毎度ありがとう存じます。」

二番売場（陳列台にて染め絣販売）

客「（陳列の染め絣を選択して）これは大変安いが剝げるようなことはありませんか。」
店員「いらっしゃいませ。これはご案内の染め絣で割合に見場《みば》がよろしゅうございましてお染めも確かでございます。」
客「丈《じょう》はどの位ありますか。」
店員「はい、二丈八尺以上はございます。」
客「足らんようなことはないでしょうな。」

店員「二丈八尺は確かにありますはずでございますが、なんでしたら一度おあたりいたしましてはいかがでございましょうか。」

客「それじゃ、これを一反もらいましょう。」

店員「ありがとうございます。一円八十銭頂戴いたします。」

（代金を出された時）「（軽く）ありがとうございます。」

（代金を戴く時）「五円で頂戴いたします。少々お待ち下さいませ。」

（お釣銭をお渡しする時）「お待たせいたしました。三円二十銭のお返しでございます。」

（お品物をお渡しする時）「ありがとうございました。」

（売場をお立ち去りの時）「毎度ありがとう存じます。」

三番売場（陳列台にて友禅モス販売）
客「女の子への進物にしたいがどんなのがよいでしょうか。」
店員「いらっしゃいませ。産着のご進物でございますか。」
客「そうです。ひとつよさそうなのを見立ててくれませんか。」
店員「かしこまりました。（探して）この辺のはいかがでございましょう。」
客「そうね。」
店員「この方はいかがでしょうか。大変愛らしい上品な柄合でございます。」
客「そう、よさそうね。何尺あればよいの。」
店員「初着のご進物でございますと、一般に木綿巾《はば》一丈か大巾五尺お願いいたしております。」

客「裏は何がよいの。」
店員「左様《さよう》でございます。このお裏には肉色モスはいかがでございましょう。（一度あてがって）大変取り合わがよろしゅうございます。」
客「裏は何尺あればよろしいの。」
店員「やはり表地と同じでよろしゅうございます。」
客「両方でいくらになりますか。」
店員「ありがとうございます。（算盤にて見積り）両方で四円六十五銭頂戴いたします。何かもうおついでにいかがでございましょうか。」
客「また、ほかで見せてもらいましょう。それでは、一緒に包んでもらいましょう。」
店員「はい、かしこまりました。なるべく体裁よくお包みいたします。そうしますと四円六十五銭頂戴いたします。」
（代金を出された時）「（軽く）ありがとうございます。」
（代金を戴く時）「五円で頂戴いたします。少々お待ち下さいませ。」
（お釣銭をお渡しする時）「お待たせいたしました。三十五銭のお返しでございます。」
（合札をお渡しする時）「お品物は地階の品渡場でご進物にしてお渡しいたしますからご面倒ですが、この合札とお引き換えを願います。」
（売場をお立ち去りの時）「毎度ありがとう存じます。」

四番売場（投げ込み台にて友禅羽二重羽織裏販売）

客「（友禅羽二重徳用裂《きれ》を見入っておらる）これは何尺ありますか。」

店員「はい、この方ですと一丈二尺五寸ございます。」

客「男向きの羽織裏にしたいがどうでしょうか。」

店員「大変高尚なよい柄相でございます。」

客「尺は足りないようなことはないでしょうか。」

店員「普通の方でございましたら大概およろしいように存じます。何でしたら一度見積らさせて戴きます。」

客「そうですか。それでは、一度見積ってくれませんか。」

店員「はい、かしこまりました。（算盤を持参して）ご寸法を承ります。身丈と袖丈とをお聞かせ下さいませ。」

客「身丈は二尺七寸、袖丈は一尺四寸ですが。」

店員「左様でございますか。表地はどの位ありましたか。」

客「確か三丈が少し足りなかったかと思いました。」

店員「左様でございますか。（見積り）一丈二尺五寸ございましたら充分でございます。」

客「それでは、これをもらいましょう。」

店員「ありがとうございます。七円八十銭頂戴いたします。」

（代金を出された時）「（軽く）ありがとうございます。」

（代金を戴く時）「十円券で頂戴いたします。少々お待ち下さいませ。」

（お釣銭をお渡しする時）「お待たせいたしました。二円二十銭のお返しでございます。」

（お品物をお渡しする時）「ありがとうございました。」

（売場をお立ち去りの時）「毎度ありがとう存じます。」

五番売場　（売場にて白縮緬《しろちりめん》進物の販売）

客「（売場の前に来らる）」

店員「（売場に立ちて）いらっしゃいませ。」

客「白縮緬を見せてもらいたいが。」

店員「はい、かしこまりました。どうぞお掛け下さいませ。（時候の挨拶）大変よいお天気で結構でございます。縮緬はご紋付用でございますか。」

客「ちょっと慶事の進物にしたいが。」

店員「左様《さよう》でございますか。一反物でよろしゅうございましょうか。ご予定はどの辺でございましょうか。」

客「反物の中位のを一度見せてもらいましょう。」

店員「はい、かしこまりました。（棚から持ち出して）この辺ではいかがでございましょうか。」

客「まだ上《うえ》がありますか。」

店員「はい、この辺はいずれも浜縮緬のよろしい方でございます。しぼの工合も大変よく揃っておりまして、ご紋付などに大変よろしゅうございます。」

客「体裁よく進物に包んでもらいたいが何か箱でもありますか。」

店員「ご進物用の桐箱がございます。なお、ご慶事のお用いでございますと白木台はいかがでございましょう。」

客「白木台もつけてもらいましょう。」

店員「なお、お祝いとして末広をお添えになりましてはいかがでしょうか。」

客「末広もつけますか。」

店員「はい、ご慶事の贐《はなむけ》には一般にお用いになります。ここに見本も出ておりますから一度ご覧下さいませ。」

客「そうですか。それでは、一度見せてもらいましょう。」

店員「この方は杉柾《すぎまさ》の箱入りで、この方が桐箱入りでございます。」

客「値段はどういう風ですか。」

店員「杉柾の方ですと台付一円九十五銭、桐箱の方は一円六十五銭でございます。」

客「どちらがよいだろうな。」

店員「左様でございます。お好きずきでございますが、杉柾の方はいかがでしょうか。」

客「それでは、杉柾の方にしてもらいましょう。」

店員「ありがとうございます。どうぞこちらの方でお待ち下さいませ。お待たせいたしました。これでいかがでございましょう。」

客「それでは、この縮緬にして全部でいくらになりますか。」

店員「ありがとうございます。縮緬三十一円、とこの外《ほか》に箱代六十五銭、白木台三十五銭、進物代が二十五銭、末広が一円九十五銭、合計三十四円二十銭頂戴いたします。失礼とお名前様は。」

客「伊藤です。」

店員「毎度ありがとう存じます。」

客「これで取って下さい。」

店員「ありがとうございます。」

（代金を戴く時）「（一応調べて）四十円で頂戴いたします。少々お待ち下さいませ。」

（お釣銭をお渡しする時）「お待たせいたしました。五円八十銭のお返しでございます。」

（合札をお渡しする時）「お品物は地階の品渡場の方でご進物にしてお渡しいたしますから、どうぞこの合札をお持ち下さいませ。」

（売場をお立ち去りの時）「毎度ありがとう存じます。」

五番売場（売場にて紋付羽織の誂え物）

客「（婦人のお客様売場へ）」
店員「いらっしゃいませ。」
客「紋付にしたいが、白羽二重を見せて下さい。」
店員「はい、かしこまりました。どうぞお掛け下さいませ。」
客「（掛けられる）」
店員「お羽織用でございますか。お着物用でございますか。」
客「男向きの羽織にいたしたいですが。」
店員「かしこまりました。少々お待ち下さいませ。お待たせいたしました。この辺ではいかがでございましょう。（数種ご覧に入れる）」
客「この羽二重はどこ出来ですか。」
店員「これは大聖寺羽二重でございまして、羽二重としましては一番よろしい方でございます。しぼの工合も大変よく揃っておりまして、ご紋付には一番よろしゅうございます。」

客「黒に染めて戴きたいですが、何日程かかりますか。」

店員「左様でございます。こちらでございますと普通一週間か十日程お願いいたしております。京都や山梨県でございますと二週間程のご猶予を戴きとうございます。」

客「別に急がないのですが、どこの染めが一番よいでしょうか。」

店員「左様でございます。京都もよろしゅうございますが、近頃は山梨県の万代黒が一般にお受けがよろしゅうございます。黒の色相《しきそう》も大変落ち着いて紋が上りもよろしゅうございます。ここに染め上がったのもございます。どうぞご覧下さいませ。」

客「そうですねぇ。それでは、万代黒の方でお願いいたしましょう。」

店員「生地《きじ》の方はどの方にいたしましょうか。」

客「どれがよいでしょう。」

店員「よろしい方はお立派でお為にもよろしゅうございますが、いかがでしょうか。」

客「そうね。それでは、中を取ってこれにいたしましょう。ご如才《じょさい》はないでしょうが、染めの方に充分注意をして下さいよ。」

店員「はい、かしこまりました。充分注意をいたします。ご定紋は何でございましたか。」

客「丸に桔梗《ききょう》ですが。」

店員「左様でございますか。（紋本帳を持ち出して）このご紋でございますか。」

客「そうですねぇ。この紋です。」

店員「大変引き立てのよいご紋でございます。大きさはどの位にいたしましょう。」

客「皆さんはどの位になさいますか。」
店員「殿方でございますと一般に鯨の一寸位でございます。紋本帳がやはり一寸になっております。この位でいかがでございましょうか。」
客「それでは、一寸にいたしましょう。」
店員「かしこまりました。おついでに裏地はいかがでございましょうか。」
客「裏は染め上がってからにいたしましょう。いつ頃になりましょう。」
店員「左様でございます。二週間程ご猶予を願いとうございますから来月の七、八日頃になりましょう。」
客「では、その頃にまいりますから間違いなくお願いいたします。そうしますと染め上りいくらになりますか。」
店員「はい、ただ今。失礼とお名前様は。（誂え伝票を取り出して）」
客「三宅孝太郎と申します。」
店員「恐れ入りました。お所はどちら様でいらっしゃいますか。」
客「東区橦木町一丁目でございます。」
店員「毎度有難うございます。それからご寸法を身丈と袖丈とを承りとう存じます。」
客「身丈は二尺七寸、袖丈一尺四寸でございます。」
店員「左様でございますか。身丈二尺七寸、袖丈一尺四寸でございますか。（念を押して）そうしますと、表地三十二円五十銭、染め代六円、合計三十八円五十銭となります。」
客「そうですか。今日は三十円お預けしておきます。」
店員「ありがとうございます。三十円頂戴いたします。少々お待ちを願います。（入金して）ただ今、六階の催し場の方に、春衣の新柄陳列会をいたしておりますから一度ご覧下さいませ。」
客「そうですか。一度見せて戴きましょう。」
店員「お待たせいたしました。領収書でございます。どうもありがとうございました。」
（売場をお立ち去りの時）「毎度ありがとう存じます。」

六番売場（売場にて袴地の販売）

店員「（売場に立ちて）いらっしゃいませ。」
客「男向きの袴地を見せて戴きたいが。」
店員「はい、かしこまりました。どうぞお掛け下さいませ。（時候の挨拶）本日は大変お暖かでございます。お袴はやはり儀式用にお用いでいらっしゃいますか。」
客「そうです。ちょっと改まった場所に使いたいのですが。」
店員「おとし頃はおいくつ位のお方でいらっしゃいますか。」
客「三十五、六歳位のを見せて戴きたい。」
店員「はい、かしこまりました。（棚より出して）この辺ではいかがでございましょうか。（いろいろご覧に入れる）」
客「これは何というものですか。」
店員「はい、この方法ですと博多平と申しまして儀式用としましては、大変お受けがよろしゅうございます。」
客「これは何ですか。」

店員「この方は扶桑平と申しまして裏無地の両面織でございます。大変しなやかでお召しようございます。」
客「三十五、六歳のにどうでしょうか。」
店員「お柄合も高尚で大変およろしいように存じます。」
客「急に仕立て戴きいのですが、間に合いましょうか。」
店員「いつご入用でございましょうか。」
客「明後日のお昼頃に使いたいのですが。なるべく明日のうちに届けてもらいたいと思いますが、いかがでしょうか。」
店員「左様でございますか。ちょっと係の方へ尋ねて見ますから少々お待ち下さいませ。（誂え係へ電話にて照会）お待たせいたしました。誠に恐れ入りますが、明日中に仕立てをいたしまして、明後日の朝早く届けさして戴いてはいかがでございましょうか。」
客「それでは、明後日の朝早くお願いいたしたいが、間違いはないでしょうな。」
店員「はい、間違なくお届けいたします。失礼とお名前様は。（誂え伝票を取り出して）」
客「清野春太郎です。」
店員「お所はどちら様でいらっしゃいますか。」
客「東区主税町一丁目八番地」
店員「毎度ありがとう存じます。ご寸法はいかがでございましたか。」
客「紐下二尺三寸五分でした。」
店員「紐下二尺三寸五分（復唱して）どうも恐れ入りました。」
店員「それから待の高さはどの位にいたしましょうか。」

客「そうねぇ。やはり待をつけなくてはいけないでしょうか。」
店員「はい、儀式用でございますと一般におつけするようにお願いいたしております。」
客「そうですか。それでは、皆さんはどの位になさいますか。」
店員「ただ今は以前より大変低く目になりまして五、六寸位から七、八寸位でございます。ご承知の通りあまりお高いとお召しにくくございますから。」
客「そうですわねぇ。それではなるべく低くして五寸位にしてもらいましょうか。」
店員「はい、かしこまりました。そうしますと三十七円八十銭頂戴いたします。」
客「それでは、ただ今二十円だけ置いてまいります。」
店員「ありがとうございます。二十円頂戴いたします。何かおついでにいかがでございましょうか。」
客「また、ほかをいろいろ見せて戴きましょう。」
店員「どうぞ、ごゆっくりとご覧下さいませ。お待たせいたしました。領収書でございます。」
客「それでは、間違いなくお頼みいたします。」
店員「はい、承知いたしました。」
(売場をお立ち去りの時)「どうもありがとうございました。」

七番売場（陳列台にて銘仙販売）
客「(銘仙を見ておらる) もし、これは羽織にどうでしょうか。」
店員「お羽織には大変およろしいように存じます。お年頃はおいくつ位でいらっしゃいますか。」
客「二十歳前後ですが、どうでしょう。」

店員「おじみ向きとしてはおよろしゅうございますが、今少しお派出向きではいかがでございましょう。(格好なのを取り出して)この辺ではいかがでございましょうか。」
客「そうですねぇ。」
店員「この方はいかがでございましょうか。大変柄行も新しいお品のよい柄でございます。お羽織には大変よろしいように存じます。」
客「そうですね。よさそうね。では、これにいたしましょう。」
店員「ありがとうございます。おついでにお裏地はいかがでしょうか。」
客「裏は何がよいでしょう。」
店員「左様でございます。甲斐絹かレーヨンの友禅がよさそうに存じます。どうぞ、こちらにいろいろございますからご覧下さいませ。これはちょうど裏地にしてあります。徳用裂《きれ》でございます。」
客「何尺位入りましょうか。」
店員「左様でございます。普通は一丈二、三尺ございましたら、よろしいように存じますが、何でしたら一度見積もらして戴きましょう。身丈と袖丈のご寸法を承りとうございます。」
客「身丈は二尺五寸、袖丈は一尺七寸でございます。」
店員「左様でございますか。(算盤を手にして、積算早積法にて)一丈二尺五寸ほどいります。」
客「そうですか。どれがよいでしょうなぁ。」
店員「この方はいかがでございましょう。あの表には大変取り合わがよろしいように存じます。尺もちょうどございます。」
客「そうね。じゃ、それにいたしましょう。」

店員「お仕立てはいかがでございますか。」
客「仕立ては家でいたしますから、裂《きれ》だけもらって行きます。」
店員「左様でございますか。何かもう外《ほか》にいかがでございますか。」
客「また、ほかを見せてもらいましょう。いくらになりますか。」
店員「ありがとうございます。両方で十六円八十銭になります。」
客「これで取って下さい。」
店員「ありがとうございます。二十円で頂戴いたします。少々お待ち下さいませ。」
（お釣銭をお渡しする時）「お待たせいたしました。三円二十銭のお返しでございます。」
（お品物をお渡しする時）「ありがとうございました。」
（売場をお立ち去りの時）「毎度ありがとう存じます。」

八番売場（陳列台にて片側帯販売）
客「羽二重の片側帯はどちらにありますか。」
店員「どうぞ、こちらの方にいろいろございますから。（ご案内申して）おいくつ位のお方でございましょうか。」
客「二十一、二歳位のを見せて下さい。」
店員「左様でございますか。ただ今、ちょうど春先の新柄が沢山まいりましたので、いろいろございますから、どうぞご覧下さいませ。この方はいかがでございましょうか。」
客「ちょっと派手過ぎやしませんか。」

店員「左様でございます。帯模様は近頃一般に大変ぉ派手になってまいりました。この方は模様は大きくございますが、色相は大変落ち着いておりますので、お派手なことはないように存じます。」

客「それもそうですねぇ。」

店員「この方はいかがでございましょう。」

客「それはよさそうねぇ。模様は何でしょうねぇ。」

店員「左様でございます。やはり西洋花でございます。色目の配合が大変よくできておりまして、何となくお品《ひん》もよろしゅうございます。」

客「それを戴きましょうか。」

店員「ありがとうございます。おついでにこれの片側はいかがでございましょうか。」

客「何がよいでしょうね。」

店員「左様でございます。取り合わせのよい色繻子《しゅす》はいかがでございましょうか。」

客「何かついでに見せてもらいましょう。」

店員「こちらにいろいろございますから、どうぞこちらへ。」

客「どんなのがよろしいでしょうか。」

店員「この方はいかがでしょうか。大変取り合わせのよい色相でございます。(いろいろお目に掛ける)」

客「やはりこれがよさそうですね。これにいたします。」

店員「ありがとうございます。おついでに帯芯はいかがでございましょうか。」

客「そうね。ついでにもらってまいりましょう。」

店員「この辺のはいかがでございましょう。中合帯は一般にこの辺のをお願いいたしております。」

客「そうですねぇ。あまり厚くなくてよさそうね。じゃ、これにいたしましょう。」
店員「お仕立ての方はいかがでございましょうか。」
客「仕立てもお願いいたしましょう。仕立て上がりいくらになりますか。」
店員「幅はどの位にさして戴きましょう。」
客「皆さん、どの位になさいますか。」
店員「中合帯でございますと、一般に八寸位でございます。」
客「じゃ、八寸にいたしましょう。みんなでいくらになりますか。」
店員「ありがとうございます。友禅羽二重片側十三円八十銭、色繻子片側四円八十銭、帯芯八十銭、付属工料一円三十銭、合計二十円七十銭になります。」
客「それでは、これで。」
店員「ありがとうございます。失礼とお名前は。（誂え伝票を取り出して）」
客「田中璋二でございます。」
店員「お所はどちら様でいらっしゃいますか。」
客「西区御園町三丁目十八番地でございます。」
店員「どうも恐れ入りました。いつ頃ご入用でございますか。」
客「別に入用と言うこともありませんが、三日、四日のうちにできませんか。」
店員「左様でございます。今日が六日ですから、十日中にさして戴いてはいかがでございましょう。」
客「できましたら届けてもらいますか。」
店員「でき次第お届けいたします。ありがとうございます。三十円で頂戴いたします。少々お待ち下さいませ。（収納方へ入金）。昨日から六階の催し場に春衣の新柄陳列会をいたしておりますから、一度ご覧下さいませ。」
客「そうですか。一度見せてもらいましょう。」
店員「どうもお待たせいたしました。九円三十銭のお返しでございます。」
客「じゃ、間違いなく願います。」
店員「はい、承知いたしました。どうもありがとうございました。毎度ありがとう存じます。」

九番売場（陳列台にて布団販売）

客「ちょっと、この下の布団を見せて下さい。」
店員「はい、（傍《かたわ》らへ行きて）いらっしゃいませ。この方でございますか。」
客「この表は何と言うものですか。」
店員「はい、これは友禅レーヨンでございます。大変奇麗で柄相もお品《ひん》のよろしい柄でございます。」
客「丈夫でしょうか。」
店員「左様でございます。大変摩擦には強うございますからお布団の表側などには一般にお受けがよろしゅうございます。」
客「洗濯にはどうでしょうか。」
店員「お洗濯には差し支えはありませんが、お布団の側などはあまりお洗濯はされませんせん方ですから大丈夫でございます。少し位の汚れでございましたら〝キハツ〟で拭いて戴きますれば、生地も損せずに奇麗になります。」

客「そうですか。病人に使いたいのですが、どうでしょう。」
店員「ご病人用には中綿が真綿でございますから、大変に軽くてお暖かでよろしゅうございます。そしてカバーの取り替えができますから、ご病人用には大変よろしいと思います。」
客「少し薄くはないでしょうか。」
店員「真綿ですから薄くてもお寒いようなことはありません。」
客「それもそうだね。では、これをもらいましょう。」
店員「替えカバーもございますが、いかがでございましょうか。」
客「そうですね。いくらですか。」
店員「二円三十銭でございます。」
客「替えカバーも戴きましょう。一緒に届けてもらえませんか。」
店員「はい、お届けいたします。どうぞこちらで承りますから、どうぞお掛け下さいませ。(売場台へご案内)失礼ですが、お名前様とお所を承りとう存じます。」
客「東区千種町仲田一〇三番地、山田正三です。」
店員「ありがとうございました。何かご近所に目印はございませんでしょうか。」
客「そうね。仲田の電車停留所を南へ二丁程行きますと、角にうどん屋があります。そこを右へ折れますと南側の三軒目でございます。」
店員「どうも恐れ入りました。そういたしますと、布団が十五円八十銭、替えカバーが二円三十銭、合計十八円十銭頂戴いたします。」
客「これで取って下さい。」

店員「ありがとうございます。二十円で頂戴いたします。少々お待ち下さいませ。お待たせいたしました。一円九十銭のお返しでございます。」
客「それでは、なるべく早く願います。」
店員「承知いたしました。どうもありがとうございました。毎度ありがとう存じます。」

十番売場（半襟販売）

客「（陳列の半襟を見ておらる）」
店員「（機会を見て）いらっしゃいませ。」
客「どんなのがよろしいでしょうか。」
店員「奥様のでございますか。」
客「はぁー、そうです。」
店員「この辺のはいかがでしょうか。」
客「ちょっと派手じゃないの。」
店員「春向きの流行としましては、大変明るいものが流行してまいりましたから、一般に幾分お派手になります。」
客「そうですの。」
店員「（いろいろ選択して）この方はいかがでございましょう。色相も幾分落ち着いておりまして、お品もよろしゅうございます。」
客「そうねぇ。（お気に召したらしく）手に取って、（鏡に写して顔と対照）じゃ、これを戴きましょう。」

店員「ありがとうございます。何かもうおついでにいかがでございましょう。」
客「また、ぼつぼつ見せてもらいましょう。いくらですか。」
店員「ありがとう存じます。二円八十銭頂戴いたします。」
客「これで。（五円紙幣）」
店員「ありがとう存じます。五円頂戴いたします。少々お待ち下さいませ。（レヂスター入金）（引き合わせの上袋に入れて）お待たせいたしました。二円二十銭のお返しでございます。どうもありがとうございました。毎度ありがとう存じます。」

十一番売場（防寒コート販売）

客「（仕立て上がりのコートを選択しておられる）」
店員「（機会を見て）いらっしゃいませ。」
客「どちらがよろしいでしょう。」
店員「左様でございます。奥様のでございますか。」
客「そうです。」
店員「お好きずきでございますが、（お客様にお似合いを揃え）この方はいかがでございましょう。色相も大変落ち着いて、お品格もよろしいかと存じます。」
客「（お気に召したらしく）寸法はどうでしょう。」
店員「奥様のご寸法は？（袖丈、裄丈、身丈を承り）ちょうど袖丈も裄丈も、ご一緒でございますが、身丈がどうかと存じます。あちらに姿見がありますから一度お試し下さいませ。」

客「それじゃ、一度着て見ましょうか。」
店員「どうぞこちらへ。（試着室へご案内申して）」
客「（お召しになって）どうでしょう。」
店員「袖丈も裄丈もちょうどお揃いいたしますが、やはり身丈が少しお長いように存じます。早速お直しいたしましてはいかがでございましょう。」
客「じき直りますか。どの位長いでしょう。」
店員「左様でございます。約一寸位お長いように存じます。日限はお急ぎでございましょうか。」
客「何日ぐらいで直りますか。」
店員「お急ぎでなければ一両日ご猶予を戴きまして、なるべく丁寧にお直しいたしとう存じます。」
客「一日、二日はよろしいから、なるべく工合よく直して戴きましょう。」
店員「はい、かしこまりました。精々工合よくいたします。あちらで承りますから、どうぞこちらへ。（売場台へご案内）どうぞお掛け下さいませ。（客掛けらる）失礼とお名前様は。」
客「安藤竹次郎であります。」
店員「ありがとう存じます。お所はどちら様でいらっしゃいますか。」
客「中区上前津町九十八番地であります。」
店員「どうも、ありがとう存じました。そうしますと、身丈を一寸短くお直しいたしますからご承知下さいませ。」
客「代金はいくらになりますか。」
店員「ありがとうございます。お直し代を三十銭戴きとう存じますから、合計二十五円三十銭頂戴いたします。」
客「ちょっとこれで。」
店員「ありがとうございます。三十円で頂戴いたします。少々お待ち下さいませ。どうもお待たせいたしました。四円七十銭のお返しでございます。できましたらお届けいたしましょうか。」
客「じゃ、届けてもらいましょう。」
店員「はい、かしこまりました。でき次第お届けいたします。どうもありがとうございました。」
客「(また、陳列してあるほかのコートを見て)これはどうでしょう。」
店員「左様でございます。その方もよろしゅうございますが、あちらの方が落ち着いておりまして、お飽きがまいりませんかと存じます。」
客「そうねぇ。やはり初めに目についた方がよいものですねぇ。やっぱりあの方で願います。」
店員「はい、ありがとうございました。毎度ありがとう存じます。」

十二番売場(ワイシャツ販売)

客「(三十歳前後の会社員らしい紳士、最前よりケースのワイシャツに見入っておらる)」
店員「(そこへ少年店員が近づくと、ふと気付かれたらしく)」
客「おい、君。この中のワイシャツを見せてくれたまえ。」
店員「はい、かしこまりました。どの方でございますか。」
客「この真中にある鼠色の縞《しま》。」
店員「サイズは、何インチでいらっしゃいますか。」

客「十五インチだったと思ったが。」
店員「はい、少々お待ち下さいませ。（オールケースの中から取り出して）お待たせいたしました。どうぞご覧下さいませ。」
客「これは何ですか。キャラコとも違うようですねぇ。」
店員「はい、これは〝ブロードクロス〟でございます。〝ポプリン〟とも申しまして、品質は瓦斯《がす》でございますから大変お為《ため》によろしゅうございます。」
客「これは柄が気に入った。じゃ、これを一つもらいましょう。」
店員「ありがとうございます。何かおついでにいかがでございましょう。カラーはいかがでございましょう。」
客「そう！　カラーを一つもらいましょう。」
店員「どうぞ、こちらにいろいろ型の見本がございますからご覧下さいませ。〝ダブル〟でございますか、〝シングル〟でございますか。」
客「〝ダブル〟の方だが。（よく見入っておらる）。（見本を指して）この型を二本もらいましょう。」
店員「はい、ありがとうございます。ただ今、奇麗なのを持ちますから少々お待ち下さいませ。お待たせいたしました。これでいかがでございましょうか。」
客「それでよろしい。みんなでいくらになりますか。」
店員「はい、ありがとう存じます。ワイシャツ二円五十銭、カラー五十銭宛二本、計三円五十銭頂戴いたします。」
客「これで。」

店員「ありがとうございます。五円で頂戴いたします。少々お待ち下さいませ。」

（お釣銭をお渡しする時）「お待たせいたしました。一円五十銭のお返しでございます。」

（お品物をお渡しする時）「ありがとうございました。」

（売場をお立ち去りの時）「毎度ありがとう存じます。」

十三番売場（雨傘販売）

客「（男のお客傘売場にて雨傘を見入っておらる）」
店員「（機会を見て傍《かたわ》らにより）いらっしゃいませ。」
客「なるたけ大きいのがほしいがちょっと見てくれませんか。」
店員「あなた様のご使用でございますか。」
客「はぁー、僕のだが。」
店員「この方ですと六十間でございまして一番大きいのでございます。」
客「なるたけ丈夫なのがほしいが。」
店員「染料によりまして幾分の相違はありますが、この柿色か黒色でございますと一番お為《ため》向きでございます。この方はいかがでございましょう。」
客「そうですねぇ。傷などはないでしょうねぇ。」
店員「充分調べてございますが、今一度よくお調べいたします。（拡げて見巡《まわ》し、よく調べ）別に無いようでございます。」
客「それでは、それを戴きます。」

店員「ありがとうございます。一円八十銭頂戴いたします。」
客「これで取って下さい。」
店員「ありがとうございます。五円で頂戴いたします。少々お待ち下さいませ。」
（お釣銭をお渡しする時）「お待たせいたしました。三円二十銭のお返しでございます。」
（品物をお渡しする時）「どうもありがとうございました。」
（お立ち去りの時）「毎度ありがとう存じます。」

十四番売場（鰹節進物販売）

客「（鰹節売場の前へ来らる）」
店員「（何かご用ありげの様子を見て）いらっしゃいませ。」
客「鰹節を進物にしたいが。」
店員「左様でございますか。どうぞ、お掛け下さいませ。お値頃はどの位のご予定でございますか。」
客「そうねぇ。二十四、五円位のものがと思うが、どんな風になりますか。」
店員「はい、左様でございます。一度お箱をご覧に入れます。少々お待ち下さいませ。（箱二、三種持ち出して）お待たせいたしました。こういう箱にお入れしましてはいかがでございましょう。模様は蒔絵《まきえ》でございます。」
客「そうね。立派な箱ですねぇ。箱代はいくらですか。」
店員「はい、五円五十銭でございます。長さは尺三寸でございます。京都出来でございまして、塗といい模様といい確《しっか》りいたしております。」

客「もー何かほかに変わったものはないでしょうか。」
店員「このほかでございますと杉柾《すぎまさ》の箱がございます。（杉柾の箱を取り出して）」
客「この方だといくらですか。」
店員「この方は二円でございます。箱がお値打ちでございますから、従って中へはいる鰹節が多くなる訳でございます。」
客「中のものよりも、なるべく立派にしてもらいたいが。」
店員「そういたしますと、こちらの塗箱にお願いいたしまして、精々お立派にお包みいたしましてはいかがでございましょうか。」
客「それでは、そういたしましょう。」
店員「（進物写真帖を持ち出して）一応進物の仕方をご覧願って置きましょう。（進物標本を示して）こういう風にお包みいたしまして、白木台に戴せましてはいかがでございましょう。」
客「それで鰹節は何本位はいりますか。」
店員「はい、ただ今おはかりいたしまして、ご覧を願います。（良さそうな節を選り出して量り）本節の極上等が十五本はいります。」
客「この節はどこの節ですか。」
店員「これは焼津でございまして、節としては一番上等でございます。あの塗箱にお入れいたしまして、進物にお包みしますとなかなかお立派になります。」
客「それでは、これでお願いしてまいりましょう。届けてもらいたいが。」
店員「はい、かしこまりました。いつ頃までにお届けいたしましょうか。」

客「明後日の朝持って行きたいから、明日のうちに届けてもらいたいが。」
店員「はい、かしこまりました。精々入念に飾り付けをいたしましてお届けいたします。恐れ入りますが、代金を頂戴いたします。」
客「（通帳を出して）これにつけて下さい。」
店員「毎度ありがとう存じます。少々お待ち下さいませ。お待たせいたしました。（通帳を差し出して）どうもありがとうございました。」
客「それでは、明日中に間違いなく願います。」
店員「はい、かしこまりました。」
（お立ち去りの時）「どうもありがとうございました。毎度ありがとう存じます。」

十四番売場（漬物販売）

客「（漬物売場前にて）東京へ土産物にしたいが何がよいでしょう。」
店員「左様でございます。名産と申しますと、漬物か白髪切干位はいかがでございましょう。お菓子でございますと黄金おこし位でございます。」
客「そうねぇ。漬物にしましょうかね―。箱へ詰めてもらえますか。」
店員「こちらの方に箱詰になったのがございます。」
客「中は大丈夫かなぁ。」
店員「はい、充分吟味して詰めてありますから大丈夫でございます。」
客「三円位のものにしたいが、どちらがよいでしょう。」

店員「はい、こちらは味淋漬で甘口の方で、この方でございますと半味淋漬でございまして、少々から口の方でございます。」

客「どちらがよいかね。」

店員「左様でございます。お好きずきでございますが、東京方面でございますと、一般に甘口の方がお受けがよろしゅうございます。」

客「そうですか。それでは、甘口の方を戴きましょうか。中には何と何がはいっておりますか。」

店員「瓜や大根、守口などの混ったのと、守口ばかりのとございます。どちらにいたしましょう。」

客「どちらがよかろうなぁ—。」

店員「名産としましては守口が主でございまして、東京辺りではこちらの方が珍重されるようでございます。」

客「それでは、その守口の方をもらいましょう。二、三日位で味の変わるようなことはないでしょうなぁ。」

店員「このままでございましたら一月位は大丈夫でございます。」

客「それでは、これを二つもらいましょう。これで取って下さい。確《しっか》りからげて下さい。」

店員「ありがとうございます。十円で頂戴いたします。少々お待ち下さいませ。お待たせいたしました。四円のお返しでございます。あのうお持ち帰りが願えますか。」

客「急いでおるから持って行きましょう。随分重いでしょうねぇ。」

店員「だいぶ目方がございます。お乗物の処までポーターに持たせますから。（ポーターを呼んで持たせ送り出す）」

（お立ち去りの時）「どうもありがとうございました。毎度ありがとう存じます。」

十五番売場（懐中時計販売）

客「（時計ケースの前にて中の懐中時計を見入っておらる）」
店員「（機会を見て）いらっしゃいませ。」
客「ちょっと時計を見せて下さい。」
店員「はい、提時計でございますか、腕時計でございますか。」
客「近頃どちらがはやりますか。」
店員「左様でございます。やはり腕時計の方が一般にお用いが多くあります。」
客「じゃ、腕時計の方を見せてもらいましょう。」
店員「はい、ただ今。（ケースより取り出して）どうぞご覧下さいませ。」
客「この型は何型ですか。」
店員「この方は九型でございます。あまり大きくなく小さくもなく一番よい型でございます。」
客「機械はどこ製ですか。」
店員「はい、機械は瑞西《スイス》のモバード会社でございまして、宝石は十五入りでございます。機械としては非常に良いものでございます。」
客「（思案さる）僕の持っておるのはタバン製だが、これは確か一昨年買ったのだが、いまだ一度もくるったことはないが。」
店員「あの会社のものはだいぶお値段も張りますが、相当良い機械でございます。このモバード会社の製品もそれに劣らぬ品でございます。」
客　「保険証はついておりますか。」
店員「はい、ついております。お添えいたします。手前どもこの処へ出す前に一度時間を試して出しますので、機械の調節は完全でございます。」
客　「それでは、こちらの方を戴きましょう。」
店員「はい、ありがとうございます。どうぞこちらへ。（売場台へご案内申して）どうぞお掛け下さいませ。恐れ入りますが、お名前様は。」
客　「安藤です。」
店員「毎度ありがとう存じます。四十五円頂戴いたします。」
客　「これで取って下さい。」
店員「ありがとうございます。五十円で頂戴いたします。少々お待ち下さいませ。お待たせいたしました。五円のお返しでございます。」
（品物をお渡しする時）「保険証をお持ち下さいませ。どうもありがとうございました。」
（売場をお立ち去りの時）「毎度ありがとう存じます。」

十六番売場（靴販売）

客　「（靴売場前陳列の靴を見入っておらる）」
店員「（ご用ありげの様子を見て、傍《かたわ》らへより）いらっしゃいませ。」
客　「ちょっと僕の靴を見せてくれませんか。」

店員「はい、かしこまりました。どういう型がおよろしゅうございましょうか。」
客「そうねぇ。どんなのがいいかなぁ。」
店員「ただ今、黒キットの先エナメルの編み上げが大変評判もよろしいし、非常にお値打ちになっておりますが、いかがでございましょうか。」
客「そうねぇ。それでもよいが、もー少し上品《ひん》なのがほしいが。」
店員「左様でございますか。それでは、この方はいかがでございましょう。（黒キット先エナメル横鉛掛）この方はただ今のより細型でございまして、手前共では三二〇番と申して、仏蘭西《フランス》型の少し太めで大変お品《ひん》向きでございます。」
客「そうねぇ。（お気に召したらしく手に取りて）これの僕の足に合いそうなのを見せてもらいましょう。」
店員「はい、承知いたしました。失礼とお足袋の文数は何文でいらっしゃいますか。」
客「十文三分だろう。」
店員「左様でございますか。少々お待ち下さいませ。（文数に合ったのを取り出して）この型がちょうど十文三分のお方によろしゅうございます。一度お履き下さいましてお試し下さいませ。どうぞ、こちらに設備がしてございますから。どうぞ、これへお掛け下さいませ。」
客「（ご自分の靴を脱いで履き直し）さぁーどうだろうなぁ。」
店員「（靴の外側より押さえてみて）大変よくお合いしておるようでございます。お履き心地はいかがでございますか。」
客「そうねぇ。よさそうねぇ。」

店員「大変お格好もおよろしいようにございます。」
客「では、これをもらいましょう。」
店員「ありがとうございます。ちょっとお拭きいたしましょう。（お履き替えの際、先方様の靴をよく拭き手入れして）」
客「やあぁ、ありがとう。」
店員「どうぞこちらへ。（売場へご案内申して）何かおついでにいかがでございましょう。靴墨はいかがでいらっしゃいますか。」
客「そうねぇ。靴墨を一つもらいましょうか。」
店員「恐れ入りますが、ここにいろいろございますから。（案内して）どの辺がおよろしゅうございましょうか。」
客「これも靴墨だね。」
店員「左様でございます。この方はチューブ入りでございまして、ご使用に大変ご便利でございます。こちらは普通の缶入りでございます。」
客「この方をもらいましょう。」
店員「ありがとうございます。」
客「両方でいくらになりますか。」
店員「はい、ありがとうございます。お靴が十三円八十銭、靴墨が五十五銭、合計十四円三十五銭頂戴いたします。」
客「これで取ってくれたまえ。」

店員「ありがとうございます。二十円で頂戴いたします。少々お待ち下さいませ。お待たせいたしました。五円六十五銭のお返しでございます。」

（合札をお渡しする時）「お品物は地階の品渡場へお廻しいたしますから恐れ入りますが、どうぞ、この合札とお引き換えを願います。」

（売場をお立ち去りの時）「どうもありがとうございました。毎度ありがとう存じます。」

十七番売場（四ツ揃販売）

客「（ケース陳列の商品を見入っておらる）」

店員「（何となくご用ありげな様子を見て、傍へより）いらっしゃいませ。（軽く挨拶す）」

客「婚礼の時の四ツ揃を見せて下さい。」

店員「はい、ただ今（ケース中より二、三種取り出して）この辺のではいかがでございましょう。」

客「これは何でできておりますか。」

店員「この方はゴム製でございます。」

客「この上のものになりますと、どんなものがありますか。」

店員「左様でございます。（また、別の品を取り出して）この方はお品物は同じでございますが、余程にぎやかになります。」

客「そうねぇ。だいぶにぎやかでございますなぁ。」

店員「（別の品を取り出して）この上になりますと亀甲でございまして、十五、六円から二、三十円位のものがございます。これが亀甲でございます。」

客「これは一度使うだけだからあまりよくなくてもよろしいわ。」
店員「左様でございますけれども、頭のお飾りは皆様に一番よく目につきますから、なるべくおよろしいものをお求め下さいませ。」
客「それもそうねぇ。（しばらく思案して）では、これにいたしましょう。」
店員「左様でございますか。ありがとうございます。まだこれに前ビラをお用いになりますが、おついでにいかがでございましょうか。」
客「そうでしたねぇ。ビラも戴きましょう。」
店員「はい、ただ今。（品物を取り出して）これでいかがでございましょう。」
客「もっと変わったのはありませんか。」
店員「ただ今これに一定いたしておりますが。」
客「では、これでよろしゅうございますわ。」
店員「もう何かおついでにいかがでございますか。お普段のお櫛や珊瑚《さんご》の根掛《ねがけ》などいかがでございましょうか。」
客「そうねぇ。それはまたこの次に戴きますわ。」
店員「どうぞ是非お願いいたします。」
客「では、みんなでおいくらになりますか。」
店員「はい、ありがとうございます。両方で金八円八十銭頂戴いたします。」
客「では、これで。」
店員「ありがとうございます。十円で頂戴いたします。少々お待ち下さいませ。お待たせいたしました。一円二十銭のお返しでございます。」
（品物をお渡しする時）「どうもありがとうございました。」
（売場をお立ち去りの時）「毎度ありがとう存じます。」

十八番売場（茶箪笥販売）

客「（茶箪笥陳列前をあちらこちらと見歩きおらる）」
店員「（ちょっとご用あり気の様子を見て傍らへ行き）いらっしゃいませ。」
客「茶箪笥がほしいがどんなのがよろしいかな。」
店員「左様でございます。唐木と桐物とございますが、どちらがよろしゅうございましょうか。」
客「そうねぇ。どちらがよいでしょうか。」
店員「お好きずきでございますが、名古屋では唐木の方が受けがよろしゅうございます。東京方面は桐物の方が売れ行きがよろしいようでございます。」
客「唐木の方が丈夫でしょうね。」
店員「左様でございます。お為向きとしますと唐木の方でございます。この方はいかがでございましょう。大変格好もよろしゅうございます。」
客「（値札を手にして）これは三十八円ですね。」
店員「左様でございます。前は全部紫檀《したん》でございますから幾分お値段も張ってまいります。」
客「黒檀《こくたん》と紫檀とやはり紫檀の方がいいねぇ。」
店員「それは何と申しましても紫檀の方がどことなく、いやみがございません。お使い具合も大変よろしゅうございます。」
客「これと、あれとどうしてこんなに値段が違いますか。」
店員「この方は杢目の工合が非常によく揃っておりますし、細工の点がまるで違います。非常に手がはいっております。」
客「そうねぇ。なるほど違うねぇ。」
店員「お道具類はいつまでもご使用ができますから、よろしいものを願って置きます方が結局お徳用でございます。」
客「(甲乙と比較して)そうねぇ。よく見ていますとやはり高いだけの値打ちはありますねぇ。」
店員「お品《しな》のよろしいのはやはりおあきがまいりませんから。」
客「少し予算より張るが、この方をもらいましょうか。」
店員「はい、ありがとうございます。どうぞこちらへ。(売場台の方へご案内申して)どうぞお掛け下さいませ。失礼とお名前様は。恐れ入りますが、どうぞこれへお記しを願います。(メモを出して)」
客「(住所氏名を記入さる)」
店員「どうも恐れ入りました。そうしますと三十八円頂戴いたします。」
客「これで取って下さい。」
店員「ありがとうございます。四十円で頂戴いたします。少々お待ち下さいませ。お待たせいたしました二円のお返しでございます。」
客「じき届けてもらえますか。」
店員「はい、なるたけお早くいたしますが、今日はもうお間に合い兼ねますかと存じますから、明日お早く届けさして戴いてはいかがでございましょうか。」

客「では、明日昼前に願いますよ。」

店員「はい、かしこまりました。なるたけ荷造りに注意しましてお早くお届けいたします。」

客「では、頼みます。」

店員「ありがとうございました。毎度ありがとう存じます。」

十九番売場（コーヒー茶碗販売）

客「（コーヒー茶碗陳列の前にて店員を呼ばらる）もしもし。」

店員「はい、ただ今少々お待ちを願います。（今、ほかのお客様のご用を承りおる。取り急ぎご用を済まして）どうもお待たせいたしました。何かお承りいたします。」

客「ちょっと進物にしたいが、どんなのがよいでしょうか。」

店員「左様でございます。お値頃はどの辺のものがよろしゅうございましょう。」

客「そうね―。三、四円位で大概のものがありましょうか。」

店員「はい、その辺でございましたら、およろしい方でございます。この方はいかがでございましょう。模様も大変上品《ひん》な変わった模様でございます。」

客「高いのと安いのとちょっと見て、どこが違うか分からんが、どう違いますか。」

店員「左様でございます。ちょっと見た処は少しお分かりにくくございますが、お安い方は陶器でございまして幾分質がお弱くございます。従って模様もあまりはっきりと浮き立ちません。これに比べましてお高い方になりますと磁器でございまして、硬質で半透明になっておりまして模様もはっきりいたしております。」
客「これはどこ出来でございますか。」
店員「手前共で扱っておりますのは主《おも》に名古屋製陶会社、日本陶器会社、東洋陶器会社の製品でございます。」
客「どこの会社が一番よろしいでしょうか。」
店員「左様でございます。あまり良い悪いと言うことはございませんが、どの会社も相当研究しておりまして、それぞれ特長がございます。手前どもではみんな同じように扱っております。」
客「特長といいますと、どんな事ですか。」
店員「左様でございます。取り立てて申しますと日本陶器会社の製品は生地が純白でございまして、割合にお値段が張ります。これが日本陶器の製品でございます。名古屋製陶会社の製品は生地が少し黄味をおびておりまして、光沢もよろしゅうございます。これが名古屋製陶の製品でございます。なかなか上品《ひん》な型でございます。東洋陶器の品は日本陶器と名古屋製陶の中間を取ったような品でございます。この方が東洋陶器の製品でございます。お好きずきでございますが、いずれも評判がよろしゅうございます。」
客「これはどこの製品ですか。」
店員「この方は名古屋製陶の製品でございます。」
客「ちょっと品《ひん》があるように思うが、どうだな。」
店員「左様でございます。ちょっとお品《ひん》のよい型でございます。模様も大変あっさりしまして、お品のよい柄相でございます。」

客「では、この方を進物にしてもらいましょうか。」
店員「ありがとうございます。四円三十銭頂戴いたします。」
客「これで取って下さい。（十円商品券）」
店員「はい、ありがとうございます。十円券で頂戴いたします。少々お待ち下さいませ。お待たせいたしました五円七十銭のお返しでございます。」
（合札をお渡しする時）「お品物は地階の品渡場の方で進物にお包みいたしますので、恐れ入りますが、この合札とお引き換えを願いとう存じます。」
客「それでは、いたまないように荷造りを願いますよ。」
店員「はい、承知いたしました。中は厳重にいたして置きます。」
（売場をお立ち去りの時）「どうもありがとうございました。毎度ありがとう存じます。」

二十番売場（安全剃刀販売）

客「安全剃刀《かみそり》はどちらにありますか。」
店員「恐れ入りますが、向こう側の方にございます。どうぞこちらへ。（ご案内して受持店員に引き継ぐ）」
受持店員「いらっしゃいませ。安全剃刀はどの辺がおよろしゅうございますか。」
客「一番工合のよさそうなのを見せてくれませんか。」
店員「はい、かしこまりました。（ケースより品物を持ち出して）この辺ではいかがでございましょうか。ただ今、一番売れ行きのよいのは両刃より片刃のバレー安全剃刀でございます。こちらのでございますと革砥付でございまして、研《と》いではお使いを願うようになっております。また、刃も極く丈夫でございまして大変お徳用向きでございます。」
客「そうですか。お値段は。」
店員「お値段は一円二十銭から四、五円迄位ございます。またずっとよくなりますと十円以上の物もございます。一番売れ行きのよいのは、この三円三十銭の革砥付が評判がよろしゅうございます。この方ですと替え刃も三枚付いております。大変ご便利になっております。」
客「安全剃刀は日本剃刀と比べて余程便利だろうか。」
店員「左様でございます。以前は紳士向きの贅沢品のように思われておりましたが、ただ今では一般にお用いになるようになりました。これは安全と便利のためでございましょう。ことに旅行等のご携帯には格別便利でございます。お値段も機械で多量に製産ができますので、大変にお値打ちになってまいりました。ご使用方法は、この説明書に詳しく記してございますから、どうぞご覧下さいませ。」
客「(しばらく説明書と品物をよく見入って)それでは、これを一つもらいましょう。」
店員「ありがとうございます。おついでに革砥の油はいかがでございましょう。長くお使いになっておりますと革砥が段々こはくなってまいりますため、この裏側に油を引いてやわらかくするようになっております。チューブ入りで三十五銭でございます。」
客「そうね—。一つもらいましょう。両方でいくらになりますか。」
店員「ありがとうございます。両方で三円六十五銭となります。」
客「これで取って下さい。」
店員「ありがとうございます。五円で頂戴いたします。少々お待ち下さいませ。お待たせいたしました。一円三十五銭のお返しでございます。」

（お品物をお渡しする時）「どうもありがとうございました。」
（売場をお立ち去りの時）「毎度ありがとう存じます。」

二十一番売場（婦人帽子販売）

客「（陳列の帽子を見入っておらる）」
店員「（機会を見て）いらっしゃいませ。お帽子でございますか。」
客「はぁー、私のですが、どんなのがよろしいでしょうか。」
店員「左様でございます。この辺のはいかがでございましょうか。色相はどんなのがお好みでいらっしゃいますか。」
客「洋服は薄いグリーンですが、どんな色がよいでしょう。」
店員「左様でございますか。この辺のクリーム色か鼠色はいかがでございましょう。サイズは何インチでいらっしゃいますか。」
客「七インチ八分の一でした。」
店員「左様でございますか。（ご指定サイズのを取り出して）この方はいかがでございましょう。」
客「（手に取って）今年の流行としては、どちらがよいでしょうか。」
店員「左様でございます。流行としましては、こちらのグリーンの方が主となっております。それに、この型は大変お品《ひん》のよい型でございます。」
客「洋服と同じ色目でどうでしょうか。」
店員「お洋服と同じ系統の方がかえってお品《ひん》がよろしいかと存じます。」

客「それもそうねー。大変お値段が張りますねー。」
店員「左様でございます。この方は地相もよく、付属品も大変よくなっておりますから。」
客「大変予定よりも張りますが。」
店員「お帽子は一番人目につきますもので大事でございます。またお品《しな》のよいものはお飽きがまいりませんから、かえってお徳用でございます。」
客「(しばらく思案して)では、この方を戴きましょう。」
店員「ありがとうございます。そうしますと八円五十銭頂戴いたします。」
客「これで取って下さい。」
店員「ありがとうございます。十円で頂戴いたします。少々お待ち下さいませ。お待たせいたしました。一円五十銭のお返しでございます。」
(お品物をお渡しする時)「どうもありがとうございました。」
(売場をお立ち去りの時)「毎度ありがとう存じます。」

二十二番売場(文房具販売)

客「(しばらく文房具陳列を見巡して)もしもし。(店員をお呼びになる)」
店員「はい、いらっしゃいませ。」
客「あの、今年入学の子供さんへ贈り物にしたいのですが、どんなものがよろしいでしょうか。」
店員「左様でございます。お値段のご予定もございましょうが、学用品の組み合わせはいかがでございましょう。」

客「どんなものですか。」
店員「はい、こちらにいろいろ陳列してございますから、どうぞご覧下さいませ。これでございますと五種類はいっております。」
客「そうですね―。これの男の子によいのはありませんか。」
店員「はい、この方ですと坊ちゃん方によろしゅうございます。」
客「そうですね。これはいくらですか。」
店員「この方は一円五十銭でございます。」
客「それでは、これを進物用に包んでくれませんか。」
店員「はい、かしこまりました。なるべく体裁よくお包みいたします。それでは、一円五十銭頂戴いたします。」
客「これで取って下さい。」
店員「ありがとうございます。一円五十銭頂戴いたします。少々お待ち下さいませ。」
（お品物をお渡しする時）「お待たせいたしました。ありがとうございました。これでよろしゅうございましょうか。」
客「はあ―。ご面倒を掛けました。」
（売場をお立ち去りの時）「どうもありがとう存じました。」

二十三番売場（スキー用品販売）

客「スキー用品を見せてくれませんか。」
店員「はい、どうぞこちらにいろいろ陳列してございますから。スキーはどの方がよろしゅうございましょうか。六円五十銭と八円五十銭とございます。」

客「木の質はどう違いますか。」

店員「はい、やはりお高い方は木質も硬うございますし、塗もよくございますからお丈夫でございます。」

客「それでは、よい方をもらいましょう。それから金具を見せてもらいましょう。」

店員「はい、かしこまりました。金具はこの辺になりますが、どの方がよろしゅうございましょう。この方がロイフ式、この方はマリウス式でございまして、ただ今はこのマリウス式が一番簡単で、また、丈夫でございまして非常に受けがよろしゅうございます。」

客「(比較して思案さる)そうね——。やはりビンディングもそのマリウス式だね——。」

店員「はい、左様でございます。ビンディングはこの方でございまして、いたって締め方が簡単で革も丈夫でございます。」

客「それでは、その方にしましょう。しかし取り付けは夕方までにやってもらいたいが、今夜の終列車で立ちたいから。」

店員「はい、かしこまりました。それでは、夕方までにお取り付けいたしましてお届けいたします。おついでに杖はいかがでございましょうか。」

客「そうでしたね——。」

店員「この方ですと二円でございます。こちらの方は二円五十銭でございます。」

客「そのよい方をもらいましょう。全部でいくらになりますか。」

店員「ありがとうございます。スキー八円五十銭、杖二円五十銭、トワイアン七十五銭、ビンディング二円八十銭、プレート二十二銭、計十四円七十七銭となります。」

客「これで取ってくれたまえ。」
店員「ありがとうございます。二十円で頂戴いたします。少々お待ち下さいませ。お待たせいたしました。五円二十三銭のお返しでございます。」
客「それでは、なるべく早く届けてくれたまえ。」
店員「はい、かしこまりました。なるべくお早くお届けいたします。」
（売場をお立ち去りの時）「どうもありがとうございました。毎度ありがとう存じます。」

二十四番売場（間着洋服販売）

客「（売場前にて）間着の見本を見せてくれませんか。」
店員「いらっしゃいませ。どうぞお掛け下さいませ。ただ今、ちょうど新荷がまいっておりましてたくさん揃っておりますから、（見本を取り出して）どうぞご覧下さいませ。」
客「流行はどんなのかね。」
店員「左様でございます。色合いは今までの茶系統が幾分あかれて来まして、グリーン系に紺とか鼠の配色が流行してまいりました。地質もサージ風とかウーステッド風の硬い地風があかれてまいりまして、スコッチ風の弾力のあるそこに軟味のあるものが、非常に歓迎されております。」
客「そうかね――。これは僕にどうだろう。派出過ぎはしないだろうか。」
店員「左様でございます。この頃は一般に大変お派出になって来ましたから、この位でございましたら、お派出なことはないように存じますが。」
客「僕のように背の低いものでも縞物でよいだろうか。」

店員「左様でございます。格子縞のようなものですと、お肥りの方にはいかがかと存じますが。これは縦縞でございますから、でき上がりはすっきりとしまして大変およろしいように存じますが。」

客「この方で何ほどかかりますか。」

店員「お裏や付属品によりまして多少お値段が変わってまいりますが、絹裏にいたしましょうか。アルパカ裏にいたしましょうか。」

客「どちらがよいかねぇ。」

店員「左様でございます。絹裏でございますと大変お召しようございます。アルパカ裏でございますとお丈夫向きでございます。」

客「絹裏にして何ほど。」

店員「はい、ただ今（算盤を取って）三つ揃えで九十八円になります。」

客「それじゃ、これで絹裏でやってくれたまえ。一体幾日位かかるかね――。」

店員「はい、左様でございます。お仮縫いに二、三日ご猶予を戴きまして、お仮縫い後、四、五日ご猶予をお願いいたしとう存じます。」

客「仕立てに充分注意して工合よく頼みますよ。」

店員「はい、かしこまりました。精々注意いたしましてご満足を願うよう心配りいたします。」

客「仮縫いは来なければならないか。」

店員「はい、左様でございます。普通一般にお出ましを願っておりますが、ご都合でお伺いいたしますが、ご都合はいかがでございましょうか。」

客「そうね――。やはり来た方が裁縫の工合がよいだろうね。」

店員「左様でございます。はなはだ恐れ入りますが、ご都合がおよろしゅうございましたら、お越しを願った方が裁縫の連絡上、好都合でございます。」

客「それじゃ来ますから、仮縫いができたら知らしてくれたまえ。」

店員「はい、かしこまりました。でき次第ご通知いたします。失礼とお名前様は。（誂え伝票を取り出して）」

客「井上幸太郎です。」

店員「恐れ入りました。お所はどちら様でいらっしゃいますか。」

客「西区小舟町三丁目一番地。」

店員「毎度ありがとう存じます。失礼とお電話はご使用でございますか。」

客「電話は東三〇〇三番だから。」

店員「はい、左様でございますか。承知いたしました。仮縫いは電話でご通知いたしますからご承知下さいませ。そういたしますと九十八円頂戴いたします。」

客「今日は五十円だけ置いていきます。あとはでき上がった時に支払います。」

店員「ありがとうございます。五十円頂戴いたします。少々お待ち下さいませ。お待たせいたしました。受領証でございます。」

客「（受領証を納めて）間違いなく頼みます。」

店員「はい、かしこまりました。どうもありがとうございました。毎度ありがとう存じます。」

二十五番売場（七宝花瓶）

客「（七宝陳列ケース前にて）もしもし。（店員を呼ばれる）」
店員「はい、（傍らへよりて）いらっしゃいませ。」
客「ちょっと七宝を見せてくれませんか。」
店員「はい、かしこまりました。どれをお出しいたしましょうか。」
客「東京へ進物にしたいのだが、何がよいだろうね。」
店員「七宝は当地の名産でございますから、東京方面の方々には大変お受けがよろしゅうございます。花瓶の方はいかがでございましょう。」
客「そうね――。」
店員「（二、三種ケースより取り出してご覧に入れる）この辺のはいかがでございましょうか。」
客「あの赤い模様とこれとどちらがよかろう。」
店員「左様でございます。お好きずきでございますが。（赤い模様のを取り出して）どうぞご覧下さいませ。これも大変奇麗でございます。」
客「いったい七宝はどうして作るのでしょうかね。」
店員「はい、これはなかなかお手間がかかりますものでございまして、一番初め銅板に模様を書きまして、そうしてその上に銀線を糊で固くひっつけまして、そうしまして葉なら葉の色の薬品をその処の葉の処へ流し込んで、それを幾度もこすって奇麗にいたしますので、でき上がるまでには非常に手数がかかるものでございます。」
客「はぁー、そうして作るものですか。ありがとう。そうしますとこれをもらいましょうかね。これはいくらでしたか。」
店員「はい、この方は十三円八十銭でございます。」
客「これは何か箱でもあるだろうね。」
店員「はい、白木の箱がついております。」
客「それでは、体裁よく進物に包んでくれませんか。」
店員「はい、かしこまりました。どうぞこちらへ。（売場へ案内申して）どうぞお掛け下さいませ。そういたしますと、十三円八十銭頂戴いたします。」
客「では、これで。」
店員「ありがとうございます。二十円で頂戴いたします。少々お待ち下さいませ。お待たせいたしました。六円二十銭のお返しでございます。」
客「（釣銭を納められる）」
店員「恐れ入りますが、お品物は地階の品渡場の方で、ご進物にいたしますので、恐れ入りますが、この合札とお引き換えを願います。」
客「はぁー、そうですか。（合札を手にして立ち去られる）」
（お立ち去りの時）「どうもありがとうございました。毎度ありがとう存じます。」

二十六部（ラジオ販売）
客「（ラジオ売場へ来られて）ラジオセットを一度見せてくれませんか。」
店員「（早速お客様の前へ行き）いらっしゃいませ。かしこまりました。どうぞお掛け下さいませ。どの辺の処にいたしましょうか。」

客「どの辺がよいだろうな。まあ―大概の処を見せてくれたまえ。」

店員「はい、かしこまりました。（二種取り出して）こちらは三球で、この方が四球でございます。四球の方は遠距離が非常によくとれます。三球の方ですと遠距離はどうも充分には聞き取り兼ねます。」

客「近頃は中継ばかりで必要ないではないか。」

店員「左様でございます。この頃は中継ができましたので、三球で充分でございますが、四球でございますと地方へお持ちになりましても、楽に他局のが大きく聞き取れます。」

客「値段がいくらかね。」

店員「はい、三球の方ですと三十円でございます。四球の方ですと十三円ほど高くなります。四球はごくお値打ちにできておりますから、地方の方々には非常にお受けがよろしゅうございます。」

客「そうですか。それでは、四球の方で一度試験をしてくれませんか。」

店員「はい、かしこまりました。四球ですと、レフレックスに作ってあります。検波球が鉱石ではなく、227の真空管でありますから鉱石をたびたび取り替える必要がございません。また、非常に長くご使用ができます。真空管もいろいろの会社製品がございます。」

客「真空管は別かね。」

店員「前に申しましたのはセットだけでの値段でございます。和製としましてはサイモトロンが一番お受けがよろしゅうございます。一個一円六十銭のが三個と三円二十銭のが一個いります。」

客「真空管はどこへさしてもよろしいか。」

店員「やはり付け場がきまっておりましてセットの中にネームプレートで印が入れてあります。よく照らし合わておはめ下さるよう、セットに向かって右が整流球KX(112)、中央二箇UX(112)、なお一箇が(227)で、特にソケットが五極でございます。間違えておつけになりますと真空管が切れてしまいますから、おはめになる時に特にご注意を下さるように。」

客「スピーカーはホーン形で試してくれませんか。」

店員「はい、かしこまりました。ただ今ホーン形とコーン形との二種ございます。ただ今はコーン形の方が大変流行しております。同じ音楽をお聞きになりますにも、スピーカーによって真の肉声が聞こえます。また、音量がかたくございます。ローラーマグネチックコーンが一番よろしゅうございます。これは米国製でございます。」

客「フーン、そうかねぇ。値段は?」

店員「その方ですと四十円でございます。」

客「なかなか高いなぁ——。もう少し安いのはないか。」

店員「いろいろございます。シュージコーンですと二十三円でございます。これもやはり米国製でございます。それからラディココーンでございますと十五円五十銭で、これは和製でございますが、なかなかよくできております。ちょうどただ今放送が始まっておりますから、一度ラジオにかけてよく試験をいたします。ただ今の放送は清元のようでございます。シュージコーン、ラディココーンよりローラーマグネチックコーンの方が大変低音がよく聞き取れます。また、高音もよくはいります。」

客「そうね——。拡声器はこれにしよう。もうほかに何か忘れものはなかったかなぁ——。」

店員「アンテナー、アースはご使用ですか。」

客「前に鉱石セットで聞いておったから前のがある。」

店員「左様でございますか。それで結構でございます。セットの表にAEの印があります。Aの印がアンテナでEの印がアースでありますから、おつけ下さるように。セットのコードが六尺位付いておりますから、これも電灯線へおつけ下さい。セットの前にはスイッチがついておりますから、放送が終わりましたらスイッチを切って下さるように。お忘れになりますと早く故障を生じます。店で大阪を入れますとセットに向かって右より第一ダイアル20、第二ダイアル40、第三ダイアル45でよく取れます。お宅様ですと、この目盛ではいり兼ねますかと思います。それは放送局までの距離、アンテナの長さ、アンテナの張り方の方向、アースの取り方によって一概には申されませんが、適宜に加減して下さいますように。」

客「みんなでいくらになりますか。」

店員「ありがとうございます。全部で九十一円になります。」

客「そうですか。では、これで。」

店員「ありがとうございます。百円で頂戴いたします。少々お待ち下さいませ。お待たせいたしました。九円のお返しでございます。お届けいたしましょうか。」

客「地方の方だから持って帰りましょう。」

店員「荷造に注意いたしまして、お帰り口、地階の品渡場の方へお廻しいたしますから恐れ入りますが、この合札とお引き換えを願います。」

客「どうも世話をかけました。では、荷造りに充分注意してくれたまえ。」

店員「はい、かしこりました。充分注意いたします。どうもご遠方の所をありがとうございました。毎度ありがとう存じます。」

二十六部（写真機販売）

客「（写真機ケース前にて）ああ、ちょっと。（店員を呼ばれる）」

店員「はい、ただ今少々お待ち下さいませ。（ほかのお客様と接客中）どうもお待たせいたしました。何かお承りいたします。」

客「ちょっと写真機を見せてくれませんか。」

店員「はい、かしこまりました。どんな型がよろしゅうございましょうか。」

客「おもちゃにやって見たいのだが、どんなのがよかろうな。」

店員「左様でございます。ご携帯用でございますと名刺型が一番おもちが多くありますが、いかがでございましょうか。」

客「そうかね―。それでは名刺型を見せてもらいましょう。」

店員「はい、かしこまりました。この辺のものではいかがでございましょう。この方ですとドイツ製のアグハーでございます。これはエルネマンでこれもドイツ製でございます。こちらの方は米国製のイーストマンコダックでございます。このアグハーでございますと乾板フィルム兼用でございまして、体裁も大変よろしゅうございます。一番売れ行きもよろしゅうございます。」

客「そうかね。映し方をいっぺん説明してくれませんか。」

店員「はい、かしこまりました。映し方は至極簡単でございまして、この五十、百、百五十と書いてありますのがシャッターの速さでございます。この先の11 10 9 8 7等の数字は絞りの大きさでございます。お映しについては天候季節などによりまして一概には申されませんが、普通でございますと、シャッター二十五使から五十まで位でしたらよいかと思います。これも馴れませんとなかなかうまくゆきませんから、初めのうちはピント硝子に映るのを見て戴き、明瞭に映った時シャッターを切るのが一番よろしいかと存じます。写真は少しお扱いになりますと非常に興味が湧いて来まして、なかなか面白いものでございます。」

客「やあ——、どうもありがとう。どれにしようかな。」

店員「このアグハーの方はいかがでございましょうか。」

客「そうね——。それでは、これをもらいましょう。」

店員「ありがとうございます。おついでにサックや三脚はいかがでございますか。」

客「そうですね。三脚なんかいりますかね。」

店員「三脚がございますと、お映しの場合、大変便利でございます。」

客「そうかね。それじゃ三脚も戴きましょう。」

店員「印画紙や種板はいかがでございましょうか。」

客「印画紙は焼付を頼みますからいりません。」

店員「左様でございますか。種板はどの方にいたしましょう。いろいろございますが、これはイーストマン、この方はアグハー、これはイルフォードでございます。」

客「どれがよいだろう。」

店員「左様でございます。やはりアグハーの方はいかがでございましょう。」

客「やっぱりアグハーをもらいましょうか。まあ——、それで一通り揃いましたかな——。」

店員「左様でございます。」

客「みんなでいくらになりますか。」

店員「ありがとうございます。機械六十五円、三脚サック付四円五十銭、種板一円六十五銭、サック四円五十銭、合計七十五円六十五銭頂戴いたします。」

客「それでは、これで取ってくれたまえ。」

店員「ありがとうございます。百円で頂戴いたします。少々お待ち下さいませ。お待たせいたしました。二十四円三十五銭のお返しでございます。」

客「（釣銭を取って納め）持ちよいように包んでくれたまえ。」

店員「はい、かしこまりました。どうもお待たせいたしました。ありがとうございました。どうぞお映しになりましたら、現像いたしますからお待ち下さいませ。」

客「や――、ありがとう。」

店員「どうもありがとうございました。毎度ありがとう存じます。」

三十五番売場（洋花販売）

客「（洋花陳列前にて）ちょっと。（店員を呼ばれる）」

店員「はい、（傍らへよりて）いらっしゃいませ。」

客「ちょっと病人のお見舞に持っていきたいが、何がよいでしょうか。」

店員「ただ今ちょうど洋花がたくさん揃っておりますが、洋花はいかがでございましょうか。」

客「そうですね。どんなのがよいでしょうね。」

店員「左様でございます。この方はいかがでございましょうか。大変可愛らしくて、ご病人方へのご進物には大変およろしいように存じます。」
客「そうね──。それもよいが、この白いのはどうでしょう。」
店員「左様でございます。それも結構でございますが、白いのはお人によりますと、ご病人などには縁起を申される方もございますから、お用い先によりましては、ご注意下さいますように。」
客「それもそうね。やっぱり前のにいたしましょう。これをもらいましょう。」
店員「ありがとうございます。カバーはいかがでございましょうか。花が一層引き立ってまいります。」
客「これは奇麗ですね。これに入れてもらいましょう。みんなでいくらになりますか。」
店員「ありがとうございます。洋花一円五十銭、カバー一円、計二円五十銭頂戴いたします。」
客「これで取って下さい。」
店員「ありがとうございます。五円で頂戴いたします。少々お待ち下さいませ。お待たせいたしました。二円五十銭のお返しでございます。帰り口へお廻しいたしましょうか。」
客「そうしてもらいましょう。」
店員「そうしますと、恐れ入りますが、この合札とお引き換えを願います。どうもありがとうございました。毎度ありがとう存じます。」

三十五番売場（小鳥販売）

客「（セキセイ籠の前にて）ちょっと。（店員を呼ばれる）」
店員「はい、（傍らへ行きて）いらっしゃいませ。」
客「このセキセイはいつの子ですか。」

店員「はい、この方は昨年の春の子でございます。もう今年の春には子を育てます。」
客「はぁー、そうですか。あの、雄雌はどうして見分けますか。」
店員「はい、それは鼻の色で見分けるのでございます。あの、こちらの隅におりますのは鼻色が灰色ですから、雌でございます。そのこちらにおるのが鼻色が青色ですから、雄でございます。」
客「はぁー、そうですか。では、丈夫そうなのを一番《つが》もらいましょう。」
店員「はい、ありがとうございます。お入れ物はお持ちでございましょうか。」
客「そうねー。なんにも入れ物を持って来なかったが。」
店員「左様でございますか。では、ボール箱へお入れいたしましょう。」
客「そんなものの中に入れても死ぬようなことはないかね。」
店員「はい、二時間や三時間は大丈夫でございます。おついでに巣箱はいかがでございましょうか。」
客「そうねー。」
店員「巣箱はこちらにいろいろございますから、どうぞ。(ご案内申して) どうぞご覧下さいませ。」
客「どれでも一つでしょうな。よさそうなのを見て頂戴。」
店員「はい、(よさそうなのを調べて) この方でいかがでございましょう。傷もないようでございます。」
客「それでよろしい。」
店員「餌や餌入れはいかがでございましょうか。」
客「餌入れはうちにあったが、餌は何が一番よいかね。」
店員「はい、粟《あわ》に稗《ひえ》が一番よろしゅうございます。一日に一、二回与えて戴けばよろしゅうございます。」
客「あー、そうですか。それでは、粟と稗を一包ずつもらいましょう。みんなでいくらになりますか。」

店員「はい、ありがとうございます。セキセイ一番《つが》五十銭、巣箱三十五銭、餌二袋三十五銭、計一円二十銭頂戴いたします。」

客「これで取って下さい。」

店員「ありがとうございます。五円で頂戴いたします。少々お待ち下さいませ。お待たせいたしました。三円八十銭のお返しでございます。」

（お品物をお渡しする時）「どうもありがとうございました。」

（お立ち去りの時）「こちらの小鳥の方はお持ちにご注意下さいますように。どうもありがとうございます。毎度ありがとう存じます。」

第四章

接客標準用語

【解題】

第四章では『接客標準用語』を掲載する（以下『標準用語』と表現する）。

この『標準用語』は、表紙に松坂屋教育科（名古屋営業部）と記されていることから、昭和6年（1931）頃にまとめられたものである。というのは、松坂屋には昭和6年に『販接研究会関係書類綴』という史料が残されており、そのなかに本史料と類似する史料を確認できるからである(1)。したがって、本書では『標準用語』については、昭和5年（1930）発行の第三章の『売場接客景』に引き続き、昭和6年に発行された店員教育用のテキストとしておく。

本章の『標準用語』は、第二章の『接客法』と第五章の『松坂屋読本』で詳細に記されていた接客に関する用語と同じ内容がみられる。『標準用語』の特徴の第1としては、店員がマスターしなければならなかったために顧客との応対方法を非常に見やすく構成していることである。店員は接客法の練習時や勤務時の合間などで、『標準用語』をすぐに確認でき、また店員が用語のみを復唱して覚えやすくするための工夫がなされている。

第2としては、冒頭に「気分」「風采」「態度」「言葉」「責任」の五つの用語を掲げていることである。店員が接客をするうえで、常に心がけておく重要な五つの用語であったことが一目瞭然である。五つの用語には、それぞれに三つの標語と、標語に対する注意事項として標語をよりわかりやすくした説明が付けられている。たとえば「気分」では、「常に気分を晴れやかに」と標語があり、その下に「気分は常に明るく、しかも笑顔をもって快活に接客をなすこと」と詳しい説明がなされている。とくに、五つの用語については三つの段に分かれて記載され、店員が非常に把握しやすい形態をとっている。

ここで興味深い点は、「態度」のなかの「頭は低く親切に」と「いつも笑顔で愛想よく」の二つである。下段の注意事項を確認しても、これを同時に行うことはかなりの訓練と経験が必要であったと思われる。さらに「言葉」のなかには「言葉ははっきり誠意をこめて」とある。既述の「誠意」が、第二章の『接客法』と第三章の『売場接客景』からも読みとれ、非常に重要な用語であったことが理解できる。

第3としては、上段の接客の用語に対し、下段にはそれぞれにその用語を発した時の「態度」と「心得」を子細に明記していることである。店員が、常に気持ちのこもっていない単なる用語の発生に終始しないように工夫した構成であった。内容は店員の「挨拶の言葉」からはじまり、普通の顧客と常連の顧客で分かれていたことがわかる。店員が「承諾の意を表す言葉」にも、豊富な応対方法を用意していたことが理解できる。

ところで『標準用語』には目次が見当たらない。そこで表5に目次の代わりとして、『標準用語』の一番上に掲載されている店員が応対する場面を示す小見出しを掲げた。これをみると、第二章の『接客法』の重要な部分が凝縮され、かつ発展した形になっている。店員にとっては日常の顧客との応対場面に合わせて確認しやすく、また毎日これをみて反復練習をしたに違いない。

ここでは、本史料の特徴である上段の接客の用語を使用する際の下段の注意点とでもいうべき「態度及び心得」から、以下に八つほど取り上げてみよう。これによって松坂屋の接客法の特色や、現代まで受け継がれている店員と顧客との接客販売の

関東大震災後の池之端に開いた上野支店仮営業所のげた・かさ売場：大正 12年（1923） 10月

新大阪ホテルにおける第 1回染織名作展（もみじと人形の陳列台）：昭和 10年（1935） 10月 5・6日

表5 『接客標準用語』の目次一覧

【1】接客標準用語

(1) 挨拶の言葉

(2) 承諾の意を表す言葉

(3) お客様にお尋ねするときの言葉

【2】売場標準用語

(4) 華客を売場へお迎えしたとき

(5) ご用を承るとき

(6) お勘定のとき

(7) お買い上げ品包装のとき

(8) 売場をお立ち去りのとき

(9) 品渡しのとき

(10) お見分け品をお預けするとき

(11) お所を承るとき

【3】接客標準用語

(12) 幾つかの紙包みを1つにまとめて差し上げるとき

(13) 商品券にてお買い上げのとき釣銭を商品券で差し上げ、お客様より現金を望まれたとき

(14) 店内にてお客様より電話を一度借用したいがと言われたとき

(15) 陳列場内で喫煙中のお客様に対するお断りを申し上げるとき

【4】お取り替え物標準用語

(16) 色柄またはサイズ型など不向きため普通お取り替えの場合

① お手荷物合札を示されたとき

② 取替品を売場へ直接お持ち込みのとき

③ ご用品と取替品と一緒に示されたとき

(17) 値札も受領証もなくお取り替えの場合

① 値札なき品を取り替えんとして示されたとき

② 他より到来の進物品を取り替えんとして示されたとき

(18) 商品不良など事故のためお取り替えの場合

① 不良品をお取り替えの場合

② 一度ご使用後、不良品なることを発見、お取り替えの場合

(19) 現金にて返金または季節外れの商品をお取り替えの場合

① 代用品がお気に入らず現金にて返金をご希望の場合

② 季節外れの商品をお取り替えの場合

【5】品渡場標準用語

(20) 一般の場合

(21) 品渡廻しが遅れた場合

(22) 品渡廻しがさらに遅れたとき、事故などの場合
(23) 届け物係にて承るとき
(24) お手荷物をお渡しするとき

【6】お出入口標準用語

(25) 一般の場合

【7】休憩室標準用語

(26) 名刺をお出しの場合
(27) 名刺のない場合
(28) 面会が出来るときの返事
(29) 面会人を再び呼び出すとき
(30) 面会を断る場合
(31) 本人が見当たらず面会人を長時間お待たせするとき

応対方法を確認しておきたい。

（1）「接客標準用語」の「挨拶の言葉」の下段冒頭において、接客法で最も注意すべき点は言葉遣いとあり、「はっきりと上品に感じよき言葉遣い」を実現しなければならないと書かれている。続けて、商品知識、誠意、愛嬌はもちろん大切であるが、これらを顧客へ表現するためには、言葉の力を借りるので、一言一句の言葉遣いに注意することを明記している。『標準用語』は、接客の用語について述べているものの、第二章『接客法』の冒頭の重要な点と重なっている。『標準用語』でも言葉遣いの重要性をうまく説明して、店員を十分に納得させていたことがわかる。松坂屋では接客販売において言葉遣いに最も力を入れていた。これとともに、いかに言葉遣いが対面販売の基本であったかが読み取れる。これは明治34年（1901）の「掟書」に記されていた、言葉遣いに気を付けることをより具体的に詳述していたといえる。この「掟書」が、大正後期から昭和初期にかけて接客法として発展していたことがわかる。

（2）「売場標準用語」のなかの下段冒頭では、店員が顧客に呼ばれた場合には、その顧客の方を向いて、「はい」と快活よく返事をしなければならなかったことが記されている。そののち、店員はすぐに顧客

大阪支店の水着ファッションショー：昭和 12年（1937）

上野支店の秋の流行の陳列台：昭和 7年（1932）

の方へ行って応対することが、店員の最初の基本動作として書かれている。そのため店員は、当然ながら顧客に対しては起立して、しかもよそ見をせずに、顧客の口元に視線を向けて接しなければならなかった。現在では当然と思われる応対でも、当時では店員教育用のテキスト内で丁寧に説明がなされていた。

（3）「売場標準用語」のなかで、店員が顧客の応対をしている時は、ただちに手すきの店員を呼び、売場の店員同士の連携が必要不可欠であったことがわかる。ご勘定における金銭の受け渡しの時は、間違いが起こらないように念には念を入れて細心の注意を払わなければならなかった。しかも、顧客が売場を立ち去る場合でも、その直後は店員同士の私語を絶対にしないことが肝要であった。すなわち、最後の最後まで店員による顧客への誠意をこめた応対こそが松坂屋の接客法であった。第三章の『売場接客景』と重なっている内容が確認できる。

（4）「売場標準用語」のなかでは、顧客のいくつかの包装を一つにまとめたり、陳列場内で喫煙中の顧客に対し断る時についても基本の用語がみられる。前者では、顧客に商品のこわれ物があるかどうかの有無を確かめて包装をしなければならなかった。包装を一つにまとめたことで、商品がかさ張った場合には顧客に預かるかどうかを尋ねる応対が必要であった。店員が単なる商品を一つにまとめるサービスであったにもかかわらず、さらなる顧客への気配りを要してしまう応対であったことがわかる。後者の喫煙では、顧客に対しお断りを申し出るにもかかわらず、注意的に言うことは禁物で、必ず恐縮した態度で、かつ歎願的な気持ちで応対しなければならないとある。

（5）「お取り替え物標準用語」の下段冒頭のお取り替えの品物からは、特別品を除くほかはすべて顧客の気が済むまで、何回でも商品のお取り替えをすることが松坂屋の営業方針であったことがわかる。また、取替品については、たとえ他の売場の商品で自らの売上数字に関係がない場合においても、受けた売場の店員が快く応対し解決することとある。売場間に問題が生じないような配慮までが接客法のなかにみえる。

（6）「お取り替え物標準用語」のなかの不良品の取り替えに際しては、松坂屋の手落ちであるから、誠心誠意恐縮の態度を示して、より敏速に応対し、顧客の満足が実現できるようにすることが書かれている。そのうえ、商品を一度使用したあとに不良品であることがわかり、取り替えに来た場合でも、それが生じた原因は松坂屋に手抜かりがあったからであり、顧客の言葉を最後まで素直に聞き、決して中途にて反駁や弁解をしない応対が記される。『標準用語』のなかでも「お取り替え物標準用語」が一番多く記載され、顧客に対する応対が最も難しかったことが読み取れる。

（7）「品渡場標準用語」の下段冒頭では、この係の最も重要な責務は顧客を待たせないことであると述べられている。しかも店員は親切丁寧な姿勢で、顧客のお帰りを願うことが大切であると記される。もし店員が商品を渡すことが遅れた場合でも、顧客を長く待たせる応対は最も避けるべきである。店員は、待っている顧客に対して格別愛想よく退屈しないように、気持ちよく帰宅できるよう努めなければならなかった。

（8）「品渡場標準用語」のなかの届け物係では、店員はまず顧客の住所・姓名はなるべく詳しく聞いて記入するが、その際に決して当て字を使わず、また文字の間違いをしないことが肝要であると記される。店員は商品の中身の状況をしっかりと確認しつつ、顧客の住所が遠方であったことを知った時は、「ご遠方の所をお越し下さいましてありがとうございました」と申し上げることを欠かさなかった。松坂屋の店舗内ではすべての部署の店員が心遣いと誠意の気持ちを持って顧客に接していたことが読み取れよう。

以上、松坂屋では店員の接客販売に関する用語を、誠意のこもった心遣いの用語として活用するために、創意工夫を凝らしていた。しかし、これらの用語は基本的な用語であり、さらに標準のうえに各売場・担当ごとの応用的な表現と動作があったに違いない。松坂屋では、すでに顧客が店内に入ってからの「いらっしゃいませ」から店内より出るまでの応対が確立していた。それとともに、現代でも継続される老舗百貨店の接客法を垣間見ることができる。

松坂屋では、第二章の『接客法』と第三章の『売場接客景』を編み出し、さらに本章の『標準用語』を発行した。昭和5・6年（1930・31）年頃は店員の接客法をより一段と向上させるために、研究会を開催し接客販売の技術を磨いていた時期であった。なぜならば、この背景には呉服系百貨店の大衆化が進み、松坂屋が地方都市への出張販売を頻繁に展開していたが、昭和恐慌の煽りを受けた本支店では経営的危機感が漂っていたからである。松坂屋では、この不況期にあっても店内において店員の笑顔と明るい幸せの空気が充満する理想の空間を創るために、独自の接客法を確立していくことに余念がなかったのである。

注

（1）昭和6年4月起『販接研究会関係書類綴 取纏係』（株式会社大丸松坂屋百貨店所蔵）。同百貨店には、このほかに本書の史料が製作される段階までの草稿史料が残されている。

史料

接客標準用語

松坂屋　教育科（名古屋営業部）

	標語	注意
気分	常に気分を晴れやかに 動作は機敏快活に 骨身惜しまず熱心に	◎気分は常に明るく、しかも笑顔をもって快活に接客をなすこと。 ◎万時誠実・敏速に機に臨み、時に応じて判断と機転の活用に心掛くべきこと。 ◎何事をなすにも労をいとわず、気持ちよき行動をなすこと。
風采	服装《ミナリ》は質素清潔に 頭髪・顔面《カオ》はさっぱりと 容姿整え感じよく	◎服装はすべて規定に基づき、しかも質素清潔に心掛くべきこと。 ◎頭髪の手入れを怠らず、鬚を剃り、顔面の清潔に注意すべきこと。 ◎容姿は一目見てサッパリと感じよき風に心掛くべきこと。
態度	頭は低く親切に いつも笑顔で愛想よく ご無理なことにも腹立てず	◎態度は腰を低く、お客様に対して常に尊敬の念を持し、緊張した心持ちをもって接すべきこと。 ◎いつも愉快な態度で愛想よく自然の懐かしみを与うように努むべきこと。 ◎お客様にたとえご無理なことがあっても決して言葉や態度に表すことなく、甘んじてこれを受けるだけの修養を心掛くべきこと。
言葉	言葉はっきり誠意をこめて 説明懇切わかりよく 用語は丁寧感じが第一	◎言葉は常に腹の底からはっきりと誠意をこめて応接すべきこと。 ◎お客様への応答は最も通俗的に、しかもわかりやすく説明すべきこと。 ◎すべて言葉遣いは丁寧に、しかも感じを第一にと心掛くべきこと。
責任	持ち場空さず責任もちて 商品知識完全に 品切れなきよう取り揃え	◎常に周囲のご来客に気を配り、受け持ち場所は責任を持ち、たとえ閑散な時にても空さぬように心掛くべきこと。 ◎取り扱いの商品には充分なる知識を会得しておくことは販売員としての第一要件で、質問に対して即座にお客への出来るよう、しかもお気に入る品物を提供するだけの経験を持つように心掛くべきこと。 ◎商品の取り扱いは最も大切に、また品切れせぬよう常に充分なる注意を払うこと。品切れの一事は非常なる悪影響を及ぼすゆえ格別に注意なすこと。

	挨拶の言葉	承諾の意を表す言葉
接客標準用語	普通の華客 　**いらっしゃいませ** 顔馴染みの華客 　**いらっしゃいませ** 　**毎度ありがとう存じます** お礼の意味 　**どうもありがとうございました** 　**どうも恐れ入りました** お詫びの意味 　**どうも失礼いたしました** 　**どうもあいすみませんでした** お待ちを願う時 　**少々お待ち下さいませ** 　**少々お待ちを願います** お待たせ申した時 　**どうもお待ちどう様でございました** 　**どうも長らくお待たせいたしました**	応接中他よりお呼びの時 　**はい、ただ今** 同　直ぐ行かれぬ場合 　**はい、ただ今、少々お待ちを願います**
態度及び心得	◎接客法において大切な要点は様々ありますが、その中で最も注意すべきことは言葉遣いであります。接客法の妙は、この言葉遣いのいかんにあると申しても差し支えありません。すなわち、ハッキリと上品に感じよき言葉遣いの実現を図らねばなりません。 ◎商品知識、誠意、愛嬌等もちろん大切であるが、その商品の説明にも、誠意を表すにも、また親切を尽くすにも愛嬌よく接するにも、すべて言葉の力を借りて初めて表現されるのであります。ゆえに一言一句にも注意を払い、お客様にご満足の行き届くよう、この言葉遣いに注意を払わねばなりません。 ◎言葉はその人の思想、感情、意志等を表示するものでありますので、言葉遣いのいかんによりましては、その人が立派にも見え、また粗野にも感じられ、相手の心持ちを愉快にも不愉快にもするものであります。しかしどこまでも誠意が欠けてはなりません。まず第一に心持ちを明るく清く持して、感じのよい言葉を表現するだけの修養と用意がなくてはなりません。 ◎冒頭の挨拶より最後の送り出しまでいかにしたならば、最も感じよくご満足を得られるか、この言葉の表現法に不断の研究を怠らないよう心掛けねばなりません。	◎お客様と応接中に知らず知らずに粗野なお答えをしたり、無駄口をきいたり、頓珍漢のことを言ったりすることがありますが、他所から見た場合、甚だ聞き悪いもので、お客様に対して不快を与え、感情を害することもありますから注意せねばなりません。 最も感じのよい上品な用語をもって終始せねばなりません。

承諾の意を表す言葉

同　客前へ行った時
　どうもお待たせいたしました
　何かお承りいたします
呼ばれた華客から離れていた時
　はい、お呼びでございましたか
○○をくれと言われた時
　はい、ありがとうございます
ご用命をお受けした時
　はい、かしこまりました
品物の有無をお尋ねの時
　はい、ございます。（次いで）ただ今ご覧に入れます
同　あいにく品切れの時
　誠にあいすみませんが、ただ今ちょっと、おあいにくにいたしておりますが
代用品をご覧に入る時
　こういうものではいかがでございましょうか
お買上品の取り替えを尋ねられた時
　はい、お取り替えいたします。その節はお受け取りをお持ち下さいますようお願いいたします
取り替えの出来ない場合
　はなはだすみませんが、この方はお取り替えができないことになっておりますので、どうぞあしからずお願いしとうございます

承諾の意を表す言葉

進物包装を承る時

はい、かしこまりました。なるべく体裁よくお包みいたします

お届けを承る時

はい、かしこまりました。なるべくお早くお届けいたします

はい、承知いたしました。お時間までには必ずお間に合わせいたします

お誂え物お引き受けの時

はい、かしこまりました。日限までには必ずお納めいたします

はい、かしこまりました。日限まではぜひお間に合わせいたします

お客様にお尋ねする時の言葉

ご姓名をお伺いする時

恐れ入りますが、お名前様は

ご住所をお尋ねする時

失礼とお所はどちら様でいらっしゃいますか

値頃を伺う時

おいくら位の処がよろしゅうございましょうか

お値頃はご予定がございましょうか

年頃を承る時

お年頃はおいくつ位でいらっしゃいましょうか

ご進物か否かを伺う時

おつかい物でございますか

◎お客様に対してお尋ねする場合は恐縮な態度を表して慇懃《いんぎん》にお尋ねせねばなりません。

◎お客様より言われることは謹んで承り、聞き違いや聞き直し等のないよう注意せねばなりません。

お客様にお尋ねする時の言葉

ご進物吉凶いずれかを伺う時

おつかいむきは如何でございましょうか

お祝い用でございますか

普通のお贈り物でございますか

ご仏事用でございますか

ご不幸用でございますか

色相のお好みを伺う時

色相はどんなのをお好みでいらっしゃいましょうか

どの辺のお色目がよろしゅうございましょうか

他にご用のいかんを承る時

もう他に何かいかがでございましょうか

もう他にご用はいかがでございましょうか

お買上げに関連した品をご紹介する時

おついでに○○はいかがでございましょうか

場へお迎えした時

売場標準用語

(イ) 主として勘定場のある所

いらっしゃいませ。ありがとうございます

(ロ) 主として雑貨売場等囲みまたはケースによって接客の時

(椅子があればこれに次いで) **どうぞおかけ下さいませ**

はい、ありがとうございます

(ハ) お馴染みのお客様の時

(イまたはロの言葉に次いで) **毎度ありがとうございます**

(ニ) 直ちに立ち寄りできない場合

態度及び心得

◎お客様お呼びの時はその方に顔を向け、**はい**と快活に感じよく返事して、直ちに立ち寄りご用を承ること。

◎お客様混雑の場合はお越しの順にご用を承ること。

◎絶えず言葉は丁寧に、頭は低くを忘れぬこと。

◎お客様には必ず起立して接すること。

◎よそ見しながらお客様に接しないこと。まずお客様の口元の辺に視線を投ずること。

◎お客様を迎えた時は居合わした店員も同様、そのお客様をお迎えした態度を示すこと。

ご用を承る時	華客を売
傍らに店員がいなくて、これを下さいと呼ばれる場合 （即座に大きく）**ありがとうございます** （近くへ伺ってから）**どうも失礼いたしました** 買物を取り決めてから、店員がいなくても呼びにならず、誰か来ないかと辺りを見回さる場合 （早速近寄り）**いらっしゃいませ。何かお承りいたします** （模様によっては）**お待たせいたしました。ありがとうございます** お呼びにならず、自分で金をお出しになりつつある場合 （早速お客様の前へ来て）**ありがとうございます。こちらをご用でございますか** **ありがとうございます。○円○拾銭頂戴いたします** 買うか否かと下向きがちで迷っておいでになる場合 （緩やかに接し）**お気に召しましてございますか** （場合によっては）**こちらはただ今大変お受けがよろしうございます** 相談相手が欲しくて品物を見ながら誰かおらぬかなと辺りを見ておられる場合 （緩やかに近寄り）**いらっしゃいませ**	**はい、ただ今少々お待ちを願います** （ホ）立ち寄る時 **どうもお待たせいたしました。何かお承りいたします**
◎自分が他の華客にお相手している場合は、直ちに手隙の店員を呼ぶことに注意すること。 ◎まず受持ちの周囲に気を配ることは最も必要なことであります。 無為の時、横や背後から突然言葉を掛けられて面食らうこと等のないように注意せねばなりません。 ◎囲が違っても売場が違っても店員がいないと気がついたならば、受け持ち店員が来るまで進んで接客するようしなければなりません。 ◎売場員同志はよく連絡を取り、不在の店員の場所も欠陥のないようよく守り合うことに心掛けねばなりません。 ◎お顔見知りの方がお出になった時には愛想よく進んでご挨拶することは申すまでもないことで、一人でも多く自分の知ったお得意を作ることに心掛けねばなりません。 ◎お客様の目と手と、そして見ておられる品物に気を働かさなければなりません。 しかし、お客様のお顔付けや素振りを凝視することは避けねばなりません。	◎お連れ様のある時は軽くいらっしゃいませと礼をすること。 ◎お馴染みのお客様をお迎えした時は、「**毎度ありがとうございます**」と、時によっては時候の挨拶もすること。

ご用を承る時

（続いて品物に合わせて）**おいくつ位の方でいらっしゃいますか**

ケース内の品物をご覧になりたい場合
お見立ていたしましょうか
ご覧にいれましょうか

買う目的で熱心に品選りをして見える場合
いらっしゃいませ。何かお見立ていたしましょうか

お勘定の時

（イ）金額を申し上げる時
五円五十銭頂戴いたします

（ロ）代金を受け取った瞬間
ありがとうございます

（ハ）代金をいただいた時
十円で（十円券で）頂戴いたします。少々お待ち下さいませ

（ニ）お釣銭とお買上品をお渡しする時
お待たせいたしました。四円五十銭のお返しでございます

◎お客様の態度はすべて軽くお見渡しすること、そして目でこちらを差し招かれたる気配のある時は、直ちに参らなければなりません。

◎ご様子のハッキリしない場合は品物を整頓しつつ、ほどよき所まで近寄り機会を得るように努めねばなりません。

◎お客様がお出でになってもボンヤリしていたり、商品の整頓や雑務でいつまでも知らぬ顔をしていること等のないよう不断の注意が肝要であります。

◎商品調査日、または閑散な朝夕等はことさら注意せねばなりません。

◎金銭の受け渡しは当座限りと申して、その場限りのものですから、これが受け渡しには格別注意を払い、念を入れて間違い等起こさぬよう注意せねばなりません。

◎十円紙幣と五円紙幣との間違い、あるいは枚数の誤り等で華客の感情を害し、または損害をこうむることがあるから、受け渡しの際は入念にしらべて一応お答えして取り扱わねばなりません。

◎伝票使用の時は（イ）の言葉の次に「**失礼ですが、お名前様は？**」とお伺いすること。

◎お買上品二点以上の時、計算は必ず二算**あたる**こと。

◎お客様の弗《ドル》入れをのぞきこむような態度をしないこと。

◎お客様を間違えないために、着物や帯の柄等ちょっとした所に何か目印を捉えておくこと。

◎釣銭は必ず釣銭盆を使用し、一応取扱者が改めてからまた見やすくしてお客様へ差し出すこと。

◎世間には往々知らぬ間に贋造《がんぞう》、偽造の貨紙幣が流通していることもありますから、取り扱いの際はよく注意を払わねばなりません。

◎レジスター入金は必ず売上のつどいちいち手続きをなし、受領証をお

お買上品包装の時

包装の時

ただ今お包みいたしますから、少々お待ちくださいませ

瓶詰等破損のおそれあるものの場合

壊れやすい品でございますから、どうぞお気をつけて下さいますよう

食料品等にて柔らかいものの場合

柔らかいものでございますから、充分注意してお包みしてございますから、なるべくお抱え下さいますよう

お持ちの包みを一緒にまとめて包装する時

ご一緒にお包みしてもご心配なものはございませんでしょうか

お買上品をお渡しする時

お待たせいたしました。ありがとうございました

客様にお渡しすること。

◎お買上品の包装は所定の包紙、トップテープ等を使用して体裁よく、ご携帯には便利なよう、また商品の形を崩したり、しわなどできぬよう丁寧に取り扱わねばなりません。また一面包紙やテープ等は無駄にせず、手綺麗に手早く包むことに熟練せねばなりません。

◎商品の性質により包装を異にし、包装紙、箱、袋、防水紙、手提器等適当に使用せねばなりません。またお客様より特にご希望のありたる時は、そのご希望に応ぜねばなりません。

◎包装の場合は商品をよく点検（破損・汚れ等に注意）したうえ、品物によっては引合捺印のインクが商品に付着せぬように注意し、値札は二つ折にして包装すること。

◎缶詰、薬品、飲食料品等重いものや液汁の浸み出す恐れのある物、また臭いの移りやすい品等は他の品と一緒に包装せぬよう注意せねばなりません。

◎進物に仕上げた品を包装する場合は値札、受領証及び仮記等を包み込まぬよう注意せねばなりません。

◎多数の品を包装する場合にピン、ペン先等の如き極めて小さき物は往々取り落としやすいものですから、なるべく小箱、小袋に入れるか、別紙に包んだ上を、さらに包装し紛れぬよう注意を払わねばなりません。

◎包装トップはつばで付けぬよう、テープは噛み切らぬよう注意すること。

◎洋服着用のお方または風呂敷をお持ちなきお客様のお買上品には、なるべく紐をかけて差し上げること。

◎お客様が紙包みをたくさんお持ちの場合は風呂敷を拝借するか、または店の包装にて一つにまとめてお包みして差し上げること。

売場をお立ち去りの時

（イ）普通の時

ありがとうございました。毎度ありがとう存じます

（ロ）お馴染みのお客様の時

ありがとうございました。毎度ありがとう存じます。またどうぞお越し下さいませ

◎お客様のお忘れ物などなきよう一応辺りに注意を配ること。

◎お客様をお迎えした時、お立ち去りの時は態度や言葉が接客上、最も大切な時であるから、「**いらっしゃいませ。ありがとうございます**」は形式的に流れず（丁寧快活に）精神的に申し上げること。

◎接客当事者以外でも居合わせた店員は一緒に最後の言葉「**毎度ありがとう存じます**」を申し上げること。

◎お客様がまた売場を立ち去られないうちは腰を下ろしたり、ほかの仕事に手をつけたりしないこと。

◎お客様お立ち去りの直後、店員同志必ず私語を交えないこと。

品渡しの時

（イ）お買上品を品渡場へ廻そうかどうかを伺う時

お品物は品渡場へお廻しいたしましょうか

……はい、かしこまりました

（ロ）入金後合札を差し上げる時

どうぞこの合札をお持ち下さいませ。ありがとうございました。毎度ありがとう存じます

（ハ）進物品おおかさ物等にて当然品渡廻しとすべき時、合札を差し上げるに際して

◎受領証には華客名、取扱売場と取扱者名、合札番号、お買上品点数を必ず記入すること。

◎（イ）の言葉はご勘定の時の「**十円で頂戴いたします**」の次に申し上げること。

◎（ロ）、（ハ）の言葉は「お釣銭お渡しの**何円何十銭のお返しでございます**」の次に申し上げること。

◎ご進物の時は「**ご進物のお使いむきはいかがいたしましょうか**」とお祝い用、お贈り物用、お見舞い用、ご仏事用等の区別をお伺いすること。

	お品物は地階の品渡場へお廻しいたしますから【ご進物は地階の品渡場でいたしますから。お届け物は地階のお届け物係で承りますから】どうぞ、この合札をお持ち下さいませ。ありがとうございました。毎度ありがとう存じます	
お見分品をお預かりする時	「これをちょっと預かっておいて下さい」と頼まれた時 はい、かしこまりました。三点でございます。失礼ですが、お名前様は？ ありがとうございます 私は三番売場の伊藤でございます。ごゆっくりお廻り下さいませ	◎お所やご姓名を承った時は念のため、今一度お尋ねして、よくただしておくこと。またご姓名の文字の間違いはとかく悪い感じを与えるものであるから、よく伺ってアテ字などを使わぬこと。 ◎その当日お取り決めのないお見分品は、「**何日間位お預りいたしましょうか**」を承りおくこと。その場合、お預り品には品名・係員の名前を記入して所定の所へおくこと。
お所を承る時	あいすみませんが、お届先は？　お近くに何か目印はございましょうか （承った後） 恐れ入りました。ありがとう存じます。	◎お所はなるべく詳しく承るようにし、またそれを再度復唱しておくこと。 ◎届け物、誂え物を承り、ご住所の遠方なることを知った時は、「**ご遠方のところをお越し下さいましてありがとうございました**」と申し上げること。

	接客標準用語	態度及び心得
幾つかの紙包みを一つにまとめて差し上げる時	失礼ですが、お持ちのものを一つにおまとめいたしましょうか （ありがとう。頼みます） はい、かしこまりました。三点でございます。少々お待ち下さいませ お待たせいたしました。ありがとうございました	◎こわれ物、シミの出るようなもの等の有無を承って、もしこれらのものがある時は、その包装を別にすること。 ◎お持ち物がおおかさになった時は（お荷物になりますから、お預りいたしましょうか）と伺うこと。
商品券にてお買い上げの時、釣銭を商品券で差し上げ、お客様より現金を望まれた時	誠に恐れ入りますが、どなた様にも商品券でお返しすることになっておりますので、どうぞよろしくお願いいたします	◎商品券にてお買い上げの時、その釣銭は商品券にてお返しすること。この場合（商品券は現金同様でございます）とか、あるいは（債券屋で引き替えます）等申し上げないよう注意すること。
店内にてお客様より電話を一度借用したいがといわれた時	この電話は店内用でございますので、恐れ入りますが、（一階、三階、五階）の正面階段の向かって左手エレベーターの隣りに公衆電話がございますから、どうぞご利用下さいませ	◎通りがかりのお客様には（この電話は店内用でございますので）に代えて（はい、お電話でございますか）と復唱し（恐れ入りますが、〇〇階に公衆電話がございますから）とご案内申すもよし。 ◎お通い先（得意先）、お馴染み、その他お客様の商品お見分けに当たり、ご使用になる時は売場の電話をお貸し申してよろしい。その場合は局番を承り、先方様をお呼び出ししてからご通話を願うこと。

陳列場内で喫煙中のお客様に対するお断りを申し上げる時

お取り替え物標準用語

まことに申しかねますが、お煙草はあちらの（休憩室または喫煙所）でお召し上がり願いとうございますが

また売場に火鉢、煙草盆のある時、売場のお客様もなく都合のよい場合はそこにてお願いしてもよい

態度及び心得

◎お客様へお断りを注意的に申し上げることは禁物である。必ず恐縮した態度で歎願するという心持ちで申し上げること。

◎最寄りに喫煙所の設備ある時はその処でご喫煙を願うこと。

色柄またはサイズ型など不向きのため普通お取り替えの場合

お手荷物合札を示された時

お取り替え物標準用語

いらっしゃいませ

（先日もらったのですが、柄が派手すぎますから、他の品と取り替えてくれませんか）

はい、かしこまりました。お品物は何でございましたか

（銘仙ですが）

ちょっと拝見させていただきます。受領証をお持ちでございましょうか

（持っております）

さようでございますか。お持ち込みの印をいたしますので、ちょっと拝借いたします。失礼ですが、お名前様は？

（加藤です）

態度及び心得

◎お取り替えの品物は特別品を除くほかはお気に召すまで何回でもお取り替えするのが当店の主旨であるから、店員はこの旨を充分頭におき、極めて快く、しかも親切に応待し、必ずご満足を得るよう取り扱うべきこと。

◎取替品はたとえ他部の商品といえども、売上数字等に拘泥せず、必ず受け付けた売場にて快く承り解決すること。

◎他部の商品とお取り替えの時は「失礼ですが、それではお見分け願いましたお品物は係の者に仰せ言っていただければ、こちらへお廻しいたしますから、私は何番売場の何がしでございます」と、こちらの宛名を申し上げおき、お廻しを願い、快く解決なすこと。

◎お取り替えの場合は値札の引合印か受領証によって現品を確かめ、その品物に一応目を通すこと。

色柄またはサイズ型など不向きのため普通お取り替えの場合	
お手荷物合札を示された時	取替品を売場へ直接持ち込みの時
毎度ありがとうございます。こちらにいろいろございますから、どうぞ代りのお品物をご覧下さいませ （お持込品を取り寄せて） **お待たせしました。何かお気に召したのがございましょうか** （そうです。こちらの品にしていただきましょう） **はい、かしこまりました。何かもうほかにいかがでございましょうか** （今日は別にありません） **そうしますと、差し引き六十銭頂戴いたします。ありがとうございます。一円で頂戴いたします。少々お待ち下さいませ。お待たせいたしました。四十銭のお返しでございます。ありがとうございました**	**いらっしゃいませ** （先日もらったのですが、柄が地味すぎますから、他の品と取り替えてくれませんか） **はい、かしこまりました。ちょっと拝見させていただきます。失礼ですが、お名前様は？** （大橋です） **毎度ありがとうございます。こちらにいろいろございますから、どうぞ代りのお品物**
◎お取り替えについては、その取り替え理由をごく軽くお伺いすること。 ◎合札にてお預りしてあるお荷物中より取替品を取り出した時は、そのお荷物の原型をなるべくこわさぬよう注意すること。	◎入用品お見立てに際しては、店員は進んでその品物をご覧に入れるか、あるいはその商品の所在を詳しく申し上げること。 ◎値札に引合印あり受領証ある取替物に対して差し引き収入に属する場合は、ご持参品証明書を省略し、隣席部主任か階係長または引合係につき、便宜解決すること。 ◎取替品の包装紙は必ず新しいものを使用して心持ちよくお帰りを願うこと。

色柄またはサイズ型など不向きのため普通お取り替えの場合	
取替品を売場へ直接持ち込みの時	ご用品と取替品と一緒に示された時
をご覧下さいませ （それでは、こちらの品にしていただきましょう） **はい、かしこまりました。何かもうおついでいかがでございましょうか** （今日はもう別にございません） **そういたしますと、差し引き三十銭のお返しでございます。（または六十銭頂戴いたします）** **少々お待ち下さいませ。お待たせしました。三十銭お返しいたします。ありがとうございました**	**いらっしゃいませ** （身の丈が少し短くございますから、こちらの品と取り替えてくれませんか） **はい、かしこまりました。失礼ですが、お名前様は？** （松川です） **毎度ありがとうございます。そういたしますと、差し引き八十銭頂戴いたします。少々お待ち下さいませ。お待たせしました。二十銭のお返しでございます。ありがとうございました。** **毎度ありがとう存じます**

◎解決済ご持参品証明書は引合係長において、その他は随時取りまとめ、翌朝、各階係長へ提出すること。
◎お取替戻入品は引合係にて値札を破り、閉店後商品部へ廻付すること。
◎遠近にかかわらず、お取替物のお客様にはわざわざお越し下さいまして誠に恐れ入りましたと申し上げること。

値札も受領証もなくお取り替えの場合

値札なき品を取り替えんとして示された時

いらっしゃいませ

（何か他の物と取り替えていただきたいですが）

さようでございますか。ちょっと拝見させていただきます。値札がございませんが、お受け取りはお持ちでございませんでしょうか

（あいにくどこかへなくしてしまったんですが）

さようでございますか。失礼ですが、いつ頃どこの売場でお願いいたしましたでございましょうか

（四、五日前ここでもらいましたが）

さようでございますか。お値段のご記憶はございましょうか

（たしか五円八十銭の覚えですが）

さようでございますか。ただ今、しらべさせていただきます。失礼ですが、お名前様は？

（橋本です）

毎度ありがとうございます。少々お待ち下さいませ。お待たせしました。やはり五円八十銭でございました。こちらにいろいろございますから、どうぞ代りのお品物をご覧下さいませ

（それでは、こちらのにしていただきましょう）

はい、かしこまりました。何かもう他にいかがでございましょうか

（今日は別にありません）

◎値札も受領証もないからといって一概に疑ってはなりません。一応ご様子をおもむろに承って適当に手続きをとらねばなりません。

◎値段の証明を受ける前に一応売場に同品の有無並びにその値段を確かめておくこと。

◎同品もなく値段不明の場合は商品部または部主任にはかり、値段の証明を受けること

◎木の品、裁切り品、でき上がり品、一度使用されたように思われる品等は一応主任者にはかってその指図を受けること。

さようでございますか。そういたしますと、差し引き五十銭のお返しでございます
少々お待ち下さいませ
お待たせしました。五十銭お返しいたします
ありがとうございました

値札も受領証もなくお取り替えの場合

他より到来の進物品を取り替えんとして示された時

いらっしゃいませ
（これは他所から進物にもらったものですが、私には少し派手すぎますから、他の品と取り替えてくれませんか）
さようでございますか。それでは一度拝見させていただきます。お取り替えはいたしますが、先方様へおさしつかえはございませんでしょうか
（ごく心やすい間柄ですから別に差し支えありません）
さようでございますか。お値段はもしやおわかりになってないでしょうか
（値段は聞きませんが、いくばく位のものでしょうか）
さようでございますか。一度、しらべさせていただきます。失礼とお名前様は？
（石原です）
毎度ありがとうございます。少々お待ち下さいませ。お待たせしました。このお品物は七円八十銭でございますが、よろしゅうございましょうか

◎たとえ進物品にても今後の販売に差し支えなきものは快くお取り替えをすること。
◎進物品にして先方様がごく心やすき間柄のようなれば、（お値段はもしやおわかりになってないでしょうか）と軽く値段をお尋ねするもよろしい。
◎もしこちらから申し上げる値段と、お客様のご記憶と相異する時は同品をご覧に入れ、ご納得を願うこと。
◎進物品のお取り替えにして他にお気に召すものがなく、全額返金の場合に現金を希望されても、商品券にてご辛抱願うよう申し上げること。
◎進物品には他店の商品にても当店の商標包装紙等を利用される場合もありますから、その現品につき当店の品か否かをよく確かめること。
◎進物品にして季節外れの商品等は、一応（いつ頃おもらいになったのでございましょうか）とお伺いすること。
◎進物到来品にして、もし箱代の返金を要求された場合は、その空箱をお持ち帰り願うよう申し上げること。

値札も受領証もなくお取り替えの場合	商品不良等事故のためお取り替えの場合
他より到来の進物品を取り替えんとして示された時	不良品をお取り替えの場合
（そうですか） **こちらにいろいろございますから、どうぞ代りのお品物をご覧下さいませ** （それでは、これにしていただきましょう） **はい、かしこまりました。何かもう他にいかがでございましょうか** （今日は別にございません） **さようでございますか。そういたしますと、差し引き一円三十銭頂戴いたします。ありがとうございます。二円で頂戴いたします。少々お待ち下さいませ。お待たせしました。七十銭のお返しでございます。ありがとうございました**	**いらっしゃいませ** （昨日もらったのですが、ここにキズがあるからほかの品と取り替えてもらいたいが） **さようでございますか。それは誠にあいすみませんでございました。わざわざお手数かけまして恐れ入りました。早速お取り替えいたしますが、同じお品物でよろしゅうございましょうか** （同じのでよろしい） **一度、しらべてまいりますから、少々お待ち下さいませ。失礼ですが、お名前様は？** （山本です）
	◎不良品の取り替えに際してはもちろん当店の手落ちであるから、誠心誠意恐縮の態度を表し、一層敏速に取り扱い、充分お客様のご満足を期すべきこと。 ◎代用品がお気に召さず現金にて返金を望まれたる時は快くそのご希望に応ずること。 ◎もし値引を希望された時は仕入主任または部主任にはかり、その手続きをとること。 ◎代用品はお客様のご面前にて粗品でなきやを充分しらべたうえ、お客様のご納得を願って差し上げること。 ◎不良品の箇所は明細に記して商品部へ提出すること。

商品不良等事故のため お取り替えの場合

一度ご使用後不良品なることを発見お取り替えの場合

毎度ありがとうございます。少々お待ち下さいませ。お待たせしました。これでよろしゅうございましょうか。今後は充分注意いたしますから、どうぞ悪しからずお願いいたします。ありがとうございました。毎度ありがとう存じます。

いらっしゃいませ

（先日もらったのですが、一度使っただけですが、こんなになってしまいましたが、なんとかならんものですか）

さようでございますか。それは誠にあいすみませんでございました。大変ご迷惑かけまして何とも申し訳ございません

主任に相談をいたしてまいりますから、少々お待ち下さいませ。

◎この場合もあくまで当店の手落ちであるから平身低頭お客様のお言葉を最後まで素直によく承ること。決して中途にて反駁したり、弁解がましきことを申し上げないこと。

◎よく事の真相（不良なる箇所、原因、理由等）を確かめ、自己判断のみにて解決せず、一応部主任または階係長に申告し、その応待をも依頼すること。

◎不良の程度により修理または加工のできるものは、お客様に一応その旨を申し上げ、ご内意を伺うこと。

◎場合によっては代用品もお気に召さず、現金にて返金を望まれた時は、快くご希望に応ずるはもちろんすべて利害を度外し、誠意をもって事に当たること。

◎お客様の言語、態度あるいは事故の内容により、その売場にて応待解決することは、他のお客様に対して不快の念を与えるものであるから、なるべく別室へ案内して静かに承ること。

現金にて返金または季節外れの商品をお取り替えの場合

代用品がお気に入らず現金にて返金をご希望の場合

（いろいろ見せてもらったのですが、どうも気に入ったのが見当たりませんから、お金と換えてもらいたいが）

さようでございますか。折角お見直しを願いましたのに、誠にあいすみませんことでございます。そのうち変わったのがまいりますから、またどうぞお越し下さいますよう。そういたしますと、商品券でお返しいたしましてはいかがでございましょうか

（商品券では困る。現金でもらいたいが）

さようでございますか。一応尋ねてまいりますから、少々お待ち下さいませ。

×　×　×

お待たせしました。それでは三円九十銭のお返しでございます。どうぞおしらべ下さいませ。またご用の節はお願いいたします。ありがとうございました

◎返金は一応商品にて差し上げることを本旨とすれども、現金を望まれた時は、そのご希望に応ずること（階係長または主任にその旨を告げ、認めを受けること）商品券にて返金の時は汚損した商品券を使用しないよう、また枚数はなるべく少なく、たとえば十円の時は三円券二枚、二円券二枚等とせず、十円券を一枚または五円券を二枚として差し上げること。

◎代用品がお気に召さぬ時は恐縮の態度を表して（折角お見直しを願いましたが、お気に召しませんので、誠にあいすみませんでした。そのうち変わったのがまいりますから、またどうぞお越し下さいませ）と挨拶すること。

◎お買上品を後日取り替える約束のものは受領証に左の記号なし（恐れ入りますが、このお受け取りをお持ち下さいますよう願います）と申し上げおき、返金ご希望の場合の便に資すること。

現金にて入金の場合…………現　受
商品券にて入金の場合………券　受

◎すべて返金の時、現金伝票に必ず各階長の認印を要す。

◎返金の場合は一層親切にお客様の感情を損ねないように態度、言葉遣いに細心の注意を払い、必ずご満足を得るように努めること。

	季節外れの商品をお取り替えの場合	一般の場合
品渡場標準用語	**いらっしゃいませ** （実はこの夏もらったのですが、私には少し派手ですし、不用ですから外の品と取り替えてもらいたいのですが） **さようでございますか。折角でございますが、ただ今全部冬物になっておりますので、誠に申し兼ねますが、このままご辛抱願いとうございますが** （でも、そういわないでご無理でしょうけれど、取り替えてくれませんか） **さようでございますか。それでは一応係に尋ねてまいりますから、少々お待ち下さいませ**	（イ）合札を差し出された時 A 平素の場合 **いらっしゃいませ。ありがとうございます。少々お待ち下さいませ。** B 混雑の場合 **はい、ありがとうございます。少々お待ち下さいませ。** （ロ）品物をお渡しする時 **お待たせしました。ありがとうございました。** お立ち去りに際し　**毎度ありがとう存じます。**
態度及び心得	◎流行品その他相場の変動により、もし先に販売した時の値段にて戻し入れ、または取り替え難き場合の応待は主任者もしくは相当者に依頼すること。 ◎もし（時期になったら取り替えくれますか）等と仰せ言った場合は、（ご面倒ですが、その時またどうぞお越し下さいませ）とご返事するがよい。 ◎お取り替えする時は商品部につき、値段を照会して主任者もしくは相当者にその応待を依頼すること。 ◎お断りする時はその応待を主任者に依頼すること。	◎この係はお客様をお待たせしないということが第一要件であるから、最も機敏にかつ親切丁寧に心持ちよくお帰りを願うよう取り扱いぶりに注意せねばならぬこと。 ◎華客が煙草を喫むため、あるいはそのほかの用で合札を品渡台のうえにおいたまま、この場を離れられる場合は「**あいすみませんが、どうぞこの合札をお持ち下さいませ**」と申し上げ、合札の紛失や間違い等を防ぐこと。 ◎小さな紙包みをたくさんお持ちの場合は「**ご一緒にお包みいたしましょうか**」とお伺いすること。

一般の場合	品渡廻しが遅れた場合
	（イ）しばらくお待ちを願う時 A 包装（あるいは進物）中の時 **ただ今お包みいたしておりますから、少々お待ち下さいませ。** B お買上品が棚になかった時 **お待たせいたしましてあいすみませんが、まだ廻っておりませんから、しばらくお待ち下さいませ。** （ロ）品渡廻しが遅れた品物をお渡しする時 **お待たせいたしましてあいすみませんでした。ありがとうございました。** お立ち去りに際し　**毎度ありがとう存じます。**
◎風呂敷をお持ちで、老人またはお子様連れのお客様にはお風呂敷を拝借して「**お包みいたしましょう**」と進んで奉仕する態度に出ずること。 ◎洋服着用者または風呂敷なき方のお買上品にはなるべく紐をかけて差し上げること。 ◎お名前を伺った時、「誰々」と仰せ言ったら必ず受領書の華客名との引合を忘れないこと。 ◎お客様違いや番号違いをして、渡し間違いのないよう充分に注意をせねばならぬこと。 （お名前の違っている場合はお買上品名を承ること お買上品名が現品と相違の場合は品渡主任へ申し出ずること）	◎努めてお客様には長くお待たせしないよう、お待ちのお方には格別愛想よくご退屈のないように心持ちよくお帰りができるよう、その取り扱いぶりには細心の注意を払うこと。 ◎おおかさ物のお持ち帰りにはポーターとの連絡をとり、その利用をお勧めすること。

品渡廻しがさらに遅れた時 事故等の場合	届け物係 にて承る時
（イ）品名を伺う時 **大変お待たせいたしましてあいすみませんが、お品物は何でございましょうか**「何々」と仰せ言ったら**恐れ入りました。ただ今おしらべいたしますから、少々お待ち下さいませ** 今一度、棚及び引合係等を確かめて、品物がまだ廻っていない時は催促して売場から確かな返事を求めること （ロ）事故あるいはその他の事由により全然品渡廻しとならない時、または再調の結果、なお待たせしなければならない時 **大変お待たせしてあいすみませんが、ただ今売場からまいりますから、しばらくお待ちくださいませ** （ハ）右の品をお渡しする時 **大変お待たせいたしましてあいすみませんでした。**お立ち去りに際**どうぞあしからず**少し声を低めて**お願いいたします**	（イ）お届け先の記入を願う時 **いらっしゃいませ。ありがとうございます。あいすみませんが、どうぞここ**（伝票）**へお所とお名前様をお願いいたします**
◎寸時《すんじ》お待たせすることさえ、よくないことであるから決して再調後、なおお待たせするような場合には早速その取り扱い売場につき督促をなし、またその経過・事由等を丁寧にはっきり申し上げ、努めてお客様の感情を損ねないようはからうこと。 ◎あまり長くお待たせしたお客様のお買上品は欣然《きんぜん》、店員が持ってお出口までお送りするまでの奉仕的態度をとり、「**どうぞこれにおこりなくまた**」と、この次にもいと心やすくご来店が願えるよう努力すること。	◎お届け先のご住所・姓名はなるべく詳しく承り、お届け票へは明細に記入すること。 ◎お客様から配達票の記入依頼があった時、係員は快くご依頼に応ずること。

場面	用語	態度及び心得
届け物係にて承る時	（ロ）お記しになったら住所・番地・目印・順路等を読み返した後　**ありがとうございました。紙包み三点でございます。これは承り票でございます。ありがとうございます。**　本日中に（明日午前中に　明日中に）**お届けいたします。**　お立ち去りに際して**毎度ありがとう存じます。**	◎文字の間違いはとかく悪い感じを与えるものであるから、ことにお名前には**アテ字**を使わないこと。 ◎紙包みの中に破損品・貴重品のなきやを承り、その取り扱いに注意をなすこと。 ◎ご住所が遠方であることを知った時は、「**ご遠方の所をお越し下さいましてありがとうございました**」と申し上げること。
お手荷物をお渡しする時	（イ）合札を差し出された時　**いらっしゃいませ。ありがとうございます。お荷物はどんなのでございましたか**（風呂敷包み、手提鞄袋、バスケット?）　**少々お待ち下さいませ。**　番号を引き合わした後　**お待たせしました。ありがとうございました。**　お立去りに際し　**毎度ありがとう存じます。**	◎お手荷物お渡しは迅速にかつ間違いないよう充分に気を付くべきこと。必ず一応品物を承ること。 ◎破損しやすい預り品はとくに置き場に注意し損傷せぬよう充分に注意を加えねばならぬこと。
	御出入口標準用語	態度及び心得
一般の場合	ご来店どなた様にも **いらっしゃいませ** **いらっしゃいまし**（頭を軽く下げて敬意を表すること） ご携帯品お預りの時 **はい、かしこまりました。お荷物は地階のお渡所へお廻しいたしますから、恐れ入りますが、どうぞ、この合札とお引き替えを願います**	◎お客様がまず第一に感ぜられるのは、この入り口であります。その係員の応待ぶりいかんによって、ご来客の感情を左右するものであるから、態度には最も注意を払い（よくお越し下さいました）この感念をもって敬意を持し、しかも愛嬌よくお迎え申し、充分好感を与えるよう努むること。 ◎お荷物ご携帯品等をお預りする場合は最も丁寧に取り扱わねばなりません。

一般の場合

お荷物は地階（**地下室**）**へお廻しいたしますから、この合札でお受け取り下さいませ**

据え置きお預りの場合

はい、かしこまりました。われ物や貴重品はございませんか。あまりお長くなりますと混雑いたしますから、あいすみませんが、地階へ廻さしていただきます

お手荷物を受け取りに来られた場合

恐れ入りますが、お荷物は地階（地下室）**へお廻しいたしてございますから**（手で方向を示して）**あの階段をお降り下さいますと、すぐ右側にお渡所がございます**

お傘をお預りする時

お傘は地階（地下室）**へお廻しいたしますから、恐れ入りますが、この合札でお引き替えを願います**

お傘は地階へお廻しいたしますから、この合札で受け取り下さいませ

売場または商品所在をお尋ねの場合

何階のどの辺に（目標になるものを指して）**ございます。どうぞごゆるりご覧下さいませ**

◎破損しやすいご携帯品は置き場に注意し、こわれ物注意の札をつけ、損傷せぬよう充分注意を払うこと。

◎お客様よりお尋ねに対しては親切に、しかもわかりやすく応答し、近い所等はご案内申すこと。

	名刺をお出しの場合	名刺のない場合
休憩室標準用語	いらっしゃいませ 「高橋さんに面会したいですが」 はい、かしこまりました。ただ今お取り次ぎいたしますから、少々お待ち下さいませ。 （その態度を示して） どうぞこちらへおかけ下さいませ	いらっしゃいませ 「高橋さんに面会したいですが」 はい、かしこまりました。失礼ですが、お名刺をお持ちでございましたら…… 「名刺はありません。私は後藤ですが」 さようでございますか あいすみませんが、どうぞここ（メモ）へお名前様をお願いいたします （お記しになったら） 恐れ入りました ただ今お取り次ぎいたしますから、少々お待ち下さいませ （その態度を示して） どうぞこちらへおかけ下さいませ
態度及び心得	◎面会人のお取り次ぎをする時は、お先方のお名前を承り、または名前をいただき、面会者がおるともおらぬとも**ハッキリ**答えず、「伺ってまいります」といって取り次ぎをなすこと。 ◎店の内輪のことを聞かれた場合には「**私は一向に存じませぬ**」と答えて**ハッキリ**お話せぬよう注意すること。	◎名刺をお持ちでない時はメモを差し上げ、お記しを願うこと。 ◎当方へ代筆を依頼された時は必ず復唱を忘れぬこと。 ◎ご婦人のご面会人には名刺のお持ち合わせがないことにしてメモを差し上げること

面会ができる時の返事	面会人を再び呼び戻す時	面会を断る場合
お待たせいたしました A 休憩室にて本人が面会する時 **ただ今まいりますから、少々お待ち下さいませ** B 別室へ案内の時 **ただ今まいりますから、どうぞこちら**（個室）**へ……ご案内いたします** C 代理人が面会する時 **ただ今外出中**（旅行中）**でございますので、代理の者がまいりますから、少々お待ち下さいませ**	**大変お待たせいたしまして、あいすみません。もう一度申し伝えますから、少々お待ち下さいませ** **お待たせいたしました。ただ今すぐまいりますから、少々お待ち下さいませ**	**お待たせいたしました** **高橋はあいにく外出中**（旅行中）**でございますが** **……** （ご返事を待って） **折角でございましたが** （お立ち去りに際し） **恐れ入りました**
◎「**ちょっとお待ち願いたい**」というような返事の時は「**およそ何分位お待ち願いましょうか**」と伺い、ご面会人へその旨申し上げること。	◎再度本人へ通ずる時は電話を使用しても差し支えなし。	◎何とはなく、ともかく「**断ってくれ**」の場合は「**外出中と申し上げておきましょうか**」と当事者に伺うこと。

本人が見当たらず面会人を長時間お待たせする時
大変お待たせいたしまして、あいすみませんが、どこにも見当たりませんので、ただ今探しておりますから、もうしばらくお待ち下さいませ

第五章

松坂屋読本

接客の巻

【解題】

第五章では『松坂屋読本（接客の巻）』（以下『読本』と表現する）を掲載する。

本章は、昭和11年（1936）に発行された松坂屋の接客法に関するテキストである。しかも、『読本』は大正12年（1923）の『接客法』と昭和5年（1930）の『売場接客景』、翌6年（1931）の『標準用語』を受け継いで集大成された店員教育のためのテキストである。しかも、松坂屋の社内報が前章の『標準用語』が発行された時期以降の接客法の向上を促し、本章への橋渡しの役目を果たしていた。社内報については大正期では『店報』を発行していた。それに対し、昭和7年（1932）10月から11月にかけて松坂屋各店舗では、日常業務の研究や店員の体験談、要望などの投稿を掲載した『販売時報』が発行されるようになった。各店の『販売時報』は、月に1〜3回のペースで昭和16年（1941）12月まで発行された。

名古屋本店の『名営時報』（松坂屋名古屋営業部発行）には、昭和7年11月7日の第1号1頁の上段に松坂屋の信条が載せられている。下段には信条の解説をしつつ、販売時報の発刊意義を述べた営業部長伍島善十郎の所信表明がみられる。伍島は、このなかで店頭に立つ販売担当の店員があらゆる面で顧客本位のサービスを行うことが第一の要件であると述べる。しかしながら、それだけでは名古屋本店の接客は万全でなく、受渡・品渡・誂係、さらには出納係、電話係のすべての店員の動作も接客の過程に含まれると強調する。

そのうえ、『名営時報』の第1号から昭和11年（1936）にかけてのほぼ毎号には、顧客への応対方法や応対するうえでの心掛けについて掲載されている。松坂屋の各店舗では社内報を通じて店員による接客法の研究が熱心に行われていた。松坂屋では社内報による社内コミュニケーションの強化を受けて、店員の接客販売の技術が上達・改善していったことがわかる。

この社内報での研鑽が積み重なり、『読本』は『松坂屋読本（仕入の巻）』と『松坂屋読本（販売の巻）』とともに全三巻にて、昭和11年（1936）に完成された松坂屋における戦前最後のテキストとなった(1)。すなわち、『読本』とは明治43年（1910）に松坂屋が百貨店としてスタートを切り、そののち約25年間にわたって店員が作り上げた近代的な接客法をまとめた最高峰の社内資料なのである。

本章の特徴は、目次を一覧すれば即座にわかる。当時の松坂屋において接客重視の対面販売であったことはここまでの解説でも述べてきた通りであるが、それにもまして現代に繋がる呉服系百貨店の高度な接客販売の営業方法が戦前までに確立していたか事実を理解できる構成となっている。大別すると、（1）接客することの意義、（2）接客する店員のあるべき姿、（3）接客法の基本と応用、（4）店内の各担当の接客法、（5）顧客のタイプ別と店員のあるべき姿から構成されている。ここで指摘しておきたいポイントを含めて、次の五つに整理できよう。

上野支店新店舗の休憩室：大正6年（1917）10月

（1）は第1章の「接客法総論」が該当する。この見出しから大学で使用される学術的な教科書を意識した構成をとっていることがわかり、大変驚きである。接客法の第一の要素とは、礼儀作法の心得であると説いている。礼儀とは、人と向き合うにあたって、自らの「内心の誠を根底としての言葉や態度に表わるる敬和遜譲の作法」であると書かれている。

松坂屋の営業方針である信条の「顧客の心を以って心とし」につなげて、小売業経営の根底が顧客に対して精選した商品を廉価に販売すると同時に最善の接客を行うことであると明記している。松坂屋では商売であったとしても、礼儀作法を接客販売の根幹とした顧客への応対であることを決して忘れてはならないとしている。接客法を理論として体系化する内容からはじまっており、松坂屋において接客法が『読本』の完成と発行によって確立したことを示していよう。

名古屋本店の食堂と白いエプロン姿でお目見得の食堂ガール：大正5年（1916）

（2）は第2章の「接客員要素」が該当する。接客員の風采、態度、言葉遣いの説明から開始していることである。『接客法』から一層深化した内容となっている。風采では、接客にあたり事前に店員が自らの服装、頭髪・顔面、指先の爪をチェックする自己管理が必要であり、身だしなみが整っていれば顧客に好感を与えることができるとある。ここの第一～五節の小見出しは『標準用語』の冒頭における五つの用語（気分、風采、態度、言葉、責任）と重なるものの、『読本』においてその内容は一層具体的に書かれ、イメージしやすい文章表現になっている。

態度の冒頭では、店員の態度こそが店の気分を象徴するものであると記されている。その態度は、顧客が来店した時の第一印象となり、店員の印象の成否によって販売業績に影響し、店の信用を左右することに大きく関わるとある。

『読本』は、単なる接客法のテキストではなく、自己の外見と内面の見直しから促しているところに大きな特徴がある。これらの風采と態度を踏まえたうえで言葉遣いが接客法の中心であることを述べている。店員ははっきりと上品な感じを与える言葉遣いの実現を目指さなければならなかった。具体的には「明晰（はっきりとにごらず）、円滑（すらすらとなめらかに）、快調（調子よく感じよく）、誠意（真心こめて親切に）、品位（礼を乱さず上品に）」を基本としていた。最初の練習法としては、『接客法』とほぼ同じ「いらっしゃませ」「ありがとう存じます」を繰り返し、それが次第に自然に発声されるようになると自ずと言葉遣いに無駄が取れてくると書かれている。店員による相手の呼び方や挨拶の言葉、応接中の言葉遣いでの注意などもこと細かに列記されている。

店員が顧客に対する「誠意」や仕事に対して「責任」を持つことなどが明記されている。そのうえで、接客にとって重要な点は「愛嬌」と「観察力」と「機転」と「正確敏速」であったことがわかる。しかも、店員が顧客に良い商品を提供するためには商品への精通のみならず、店員が健康でないと愉快に接客販売できなく、そのうえまた店員の気分の明朗さが顧客の接客中に伝わることが記されている。この内容は、店員が自らの仕事と私生活のバランスを保つ調整力がいかに大切かを問いているといえよう。

（3）は第3章「標準接客」と第4章「各種の場合の接客とその要領」が該当とし、第3章が接客法の基本編、第4章が応用編として構成されている。

開店直前の静岡支店：昭和7年（1932）11月

第3章では、接客販売における注意、売場へ顧客を迎えた時の注意、さらには顧客への最初の挨拶、顧客の注文を承る時の用語、顧客の希望を承る時の用語、顧客に商品をご覧に入れる時の用語などが詳細に説明されている。

接客販売における注意の冒頭では、すべてにおいて顧客本位が松坂屋の「鮮明なる信条」であり、それを実行することが当店の誇るべき特長であると言い切っている。顧客の立場に立って誠意と親切を尽くし満足してもらう行動こそが、松坂屋の店員の営業姿勢にとって最も肝要なことであった。顧客は松坂屋を代表した応対と認識するため、店員全員が笑顔をもって接し、明るく真心を持った接客販売が必要であると述べている。

しかも、顧客の質問に対する応対方法や商品を勧める場合の言葉遣い、かつ注意事項までも記される。店員の仕事は接客だけではなく、顧客が購入する商品が決定したあとに販売手続きへと移り、店員は包装、勘定、そして買上品を渡したのち、顧客が売場を立ち去る際の最後の挨拶までも不可欠であった。

上層部（6・7階）増築後の静岡支店
：昭和10年（1935）12月29日

第4章では、店員の接客中における種々の応対方法が整理されている。店員が接客中に何が起こるか想定して行動しなければならなかった。店員は品切れの時はどう応対するのか、下見の顧客に対してはどのような表現や注意が必要なのか、あるいは商品のお取り替えの場合、誂え物の注文の場合など大変詳しく書かれている。そのうえ、店員が多忙な状況時の顧客に対する応対方法や、クレームの事例とその応対方法までも記されている。クレームの応対方法をみても、何ら現代の接客法と変わるところはなく、戦前に松坂屋においてこれらが接客法の一部として確立され、今日までいろんな業態で受け継がれている。

二つの章に分かれて基本編と応用編を記載していることは、店員が理解しやすくマスターできるためであり、店員用のテキストらしさを醸し出している。

（4）は、第5章「サービス係」から第6章「陳列場常識」、第7章「電話応答」をへて、第8章「訪問応答」までが該当し、松坂屋の各担当の接客法の一環としての応対方法が整理されている。

松坂屋ではサービスを、まず「華客のご便利を第一にご満足的の奉仕に専念する」と定義している。サービスは、大別して「商品上のサービス」「施設上のサービス」「接客上のサービス」となっている。とくに、最後の「接客上のサービス」が三つのサービスのなかで最も大切であり、接客サービスの完璧とは「誠意」の二字を基調とした応対であると明言している。

当時の松坂屋のサービスが顧客を迎える出入口からはじまっているが、これは現代の百貨店でも通例である。そして、メインの陳列場係からエレベーター、エスカレーター、休憩室、食堂、荷物渡し所までの応対方法が記され、松坂屋の店内すべてに真心を持った店員が配置されていたことがわかる。なおさら、松坂屋では「間接販売員」と位置づけしていた配達係の応対方法まで書かれている。内容の詳細さには目を見張り、現代でも役に立つ内容ばかりである。最後には「誠実敏速」として一覧表にされ、「迅速」「好感」「責任」「熱心」「親切」の用語が掲げられ、その下にそれぞれが標語で説明されている。

第6章では陳列場の注意事項や迷い児の対応、万引きの応対方法がみられる。さらに、詳細に記載されているのが第7章の電話応対についてである。この最初には、電話の応答は面前の接客販売と同様に礼儀正しく丁寧な態度で応接しなければならないとある。電話応対が顧客との対面での会話ではないだけに、むしろ言葉遣いには格別な注意が必要で、担当の店員は間違いを起こさないように落ち着いて話を聞くことが大切であった。

上野支店の休憩所の様子：昭和4年（1929）

百貨店には外商による訪問販売があり、「外商員心得」として明記されている。外商員の訪問先における作法や訪問先の使用人への応対、集金方法もみえる。心得の冒頭には、外商員が注意すべき肝要な二点を記している。第一には勤務に対してはまじめで熱心に取り組み、第二に店外における勤務ゆえ、その行動を明瞭にして、出入りに対してはどこまでも真正直でなければならないとある。

その次からは、「何事にも誠実敏速であること」「勤勉で積極的であること」「お得意先の趣味嗜好を充分会得すること」「店内催事の紹介に努めること」「新得意の開拓販路拡張に努むべきこと」の五つの見出しが記される。外商員

上野支店におけるマンガ家の似顔絵描きの様子
：昭和5年（1930）

は顧客に対し最もよき相談相手になり、何事も言行が一致し確実であることが肝心であった。しかも、外商員自体に誠意が伴っていなければならなく、顧客との約束を違えず、正確にかつ敏速にすることが第一の要件であった。外商員はお得意先において早く馴染みになって、顧客の本当の趣味嗜好を周知し、それに向きそうな物をご覧になってもらう応対が重要であった。外商員がお得意先に訪問して商品を販売することがあからさまに書かれているところは見当たらなく、外商員による上記の行動で、うまく販売に繋げることが示唆されていたことが理解できる。店内の接客販売とは異なり、外商員の接客法を習得するためにはまた別の難しい一面が存在していたに違いない。

（5）は第9章「その他」が該当する。通信販売や市価調査などに触れている。通信販売の冒頭に書かれていることは目を見張る内容である。単に一通の手紙であったとしても、その一通は松坂屋を代表するのであるから、店員は文字・用語から形式に至るまで充分注意して親切丁寧に書かねばならないとある。

市価調査の冒頭では、松坂屋の商品は「絶対廉価」であって、たとえ一品たりとも他店に比して高価な物を揃えないのが特色であり、なおかつ誇りであると述べている。まさに、松坂屋の信条である「良品廉価」を指し示しているのであろうが、この内容は現代でも顧客本位を掲げる店舗の基本方針である。

『読本』の最後に「華客の心理判断」と「接客のコツ」が掲載されており、ここをぜひとも一読してもらいたい。とくに接客法上の五つのコツは現代においても役に立つ表現ばかりである。ここも箇条書きを心掛けて読みやすく工夫されている。しかし、接客販売が単なるコツと言ってしまえば貧相になってしまうが、ここには『読本』の編者による店員に対する心遣いがみられる。『読本』の最初から記された膨大な内容のすべてをマスターすることは大変であるが、これらを習得するために最終的には接客法とは実はコツの塊りであると楽しくまとめている。編者は五つのコツを習得した店員を目指してほしいために、老舗百貨店の外部の顧客だけでなく、内部の店員に対しても配慮を施したのである。巻末に記載することで、いずれの店員も「接客のコツ」がみやすくなっていたはずである。

以上、『読本』では、戦前において松坂屋が培った接客法に関する全ノウハウが描き出されている。これらの接客法の本筋が店員によって現代まで受け継がれ、また時代に合わせて上手に変化してきた。松坂屋が伝統を大事にし、革新を恐れず、そして人を大切にしてきた社風が『読本』からも理解できる。『読本』が松坂屋において大切に保存・継承されてきたことは企業文化の模範となろう。だからこそ松坂屋が、現代に至るまで、顧客への心遣いを失わずに経営を存続できたのであり、これこそが老舗百貨店の真の姿である。

注

（1）『松坂屋読本』には、「接客の巻」「販売の巻」「仕入の巻」の三巻がある。「接客の巻」以外では「販売の巻」に接客販売に関連する内容が多く含まれている。

史料

松坂屋読本

接客の巻

目　次

松坂屋読本　接客の巻

第一章　接客法総論

接客法は一般処世上にも見逃すべからざる心得の一つであるが、とりわけ日々お客様を相手とする当店員のごときにありては最も肝腎な要務である。

さて、その接客法の第一要素は礼儀作法の心得である。礼儀とは人に対するに当たり、内心の誠を根底として言葉や態度に表わるる敬和遜譲《けいわそんじょう》の作法である。これによって各自の品格を保ち、お互いの情誼《じょうぎ》を和らげ、美しき社会生活が営まれるものであって、他人を敬い、その感情を和ぐることは道徳の本義であって決して阿諛《あゆ》や卑屈ではない。

また、礼儀作法を不自然な窮屈なものと思う人もあるが、これは畢竟《ひっきょう》その人の気ままから出た誤解であって、人と交る上において礼儀作法のなき所にこそ、その窮屈が生じて来るものである。

要するに接客法は道徳的作法と道徳的技能とによってなるもので、作法は道によって修められ、技能は熟練によって得らるるものである。もし接客法の心得がなく粗野なれば人の笑みを招き、また無作法・驕慢《きょうまん》なれば人の感情を害することは勿論自己の信用をも失う。

格別信用を重んじ、一方社会よりも厚き信用を蒙《こうむ》れる当店に従事する者は格別これに注意せねばならない。

商店経営の根底は、顧客に対して精選したる商品を廉価《れんか》に販売すると同時に最善の接客をすることであって、信条の所謂《いわゆる》「顧客の心をもって心とし」とある所以《ゆえん》はここに存するのである。要するに至誠の溢《あふ》るる動作の表現は接客法の生命である。

第二章　接客員要素

第一節　風　采

一、風采を整えることは接客上最も大切なことである。当店員として恥ずかしからぬ風采を保持するにはまず質素清潔、しかも堅実な風でなければならぬ。仮初《かりそ》めにも奢った風、派出な風、すなわち堅実味を失するような風があってはならぬ。

この風采については当店古来の掟書の中にも懇切に諭《さと》されてある。「平生活にては木綿物より外の衣類着し申す間敷候、帯にても糸類無用に候、とかく商人はいかにも出過ぎぬ風俗にて商人らしくあるが良く候、仮初にも奢りたる様子致す間敷候」。この一節の中にも当店の堅実なる店風が判然と認められる。堅実なる店員としてはどこまでもこれを守るべきで、しかもそれはやむを得ずではなく堅実な風を心から愛好するのではなくてはいけない。

二、服装はすべて規定に基き質素清潔にさっぱりとして、しかも堅実味を失わぬものでなくてはならぬ。垢《あか》、浸《し》み、擦り切れ、その他不体裁のものなど着用せぬよう注意せねばならない。

また装身具も質素にして目立てぬよう身分相応なものを使用せねばならぬ。貴金属品等をけばけばしく身に飾り付けるがごときは絶対禁物である。
三、頭髪顔面は常に清楚で上品に手入し感じのよい風采を保たねばならぬ。奇抜な風、にやけたる風、絶対避けねばいけない。
また運動摂生に注意して常に清々しい愉快な表情を保たねばならぬ。髯《ひげ》を伸し無精な汚面は禁物である。
四、手の働きは商品の取り扱い、算盤の運法、金銭の受け渡し等、すべて敏活なる働きをなさねばいけない。販売法の妙（玄人か素人かの判別）は手の働きのいかんで知れる。平素手隙の時は商品の整頓や部内の清潔等にこの手を働かせるよう心掛けねばならない。
五、指先は常に清潔にし、爪は絶えず切りてお客様に対し好感を与え、また、商品の汚損を防ぐよう注意せねばならぬ。

第二節　態　度

一、陳列場における店員の態度はその店の気分を象徴するものであって、これが華客《かかく》に取ってはご来店第一印象となり、その良否いかんは販売能率に影響することは勿論、店の信用をも左右することにもなるから最も注意を要する。
二、お客様に対しては常に腰を低うし、尊敬の念を払い、緊張した心持ちと愉快な態度とを持して応接し、お客様に自然の懐しみを与えるよう心掛けねばならぬ。
三、また絶えず周囲に気を配り、自ら進んでことに当たるべき積極的態度が必要である。ことさらしい軽薄な態度は慎しみ、親切な誠意の籠《こも》った態度ではなくてはならぬ。
四、なお詳細は陳列場注意事項に述べる。

第三節　言　葉

一、接客上言葉遣いは最も大切なことである。接客法の妙はこの言葉遣いのいかんにあると申しても差し支えない。すなわちはっきりと上品に感じよき言葉遣いの実現をはからねばならぬ。

商品知識、誠意、親切、愛嬌等勿論大切であるが、その商品の説明にも誠意を表すにも、また親切を尽すにも愛嬌よく接するにもすべて言葉の力を藉《か》りて始めて表現されるのである。ゆえに一言一句にも注意を払い、お客様にご満足の行き届くよう注意を払わねばならぬ。

我々お互いに日常気質もよく知り合っている親しい間柄の者同志であっても、言葉の遣い方によっては時に腹を立て合ったり、誤解し合うなど往々ある。ましてお客様に接しての言葉の遣い方には十分の注意と工夫とがなければならぬ。

お客様との対話はすべて松坂屋を代表したことになるので極めて責任が重い。何の考えもなく不用意に言ったことが後でとんだ責任問題を起こした例も少なくない。上手な交際家は粒選りの辞を使うと言われて一言半句にもよく気を付けて相手方の心持ちを悪くしないよう努めるそうである。

言葉はその人の思想、感情、意志などを表示するもので言葉遣いのいかんによっては、その人が立派にも見え、また粗野にも感ぜられ相手の心持ちを愉快にも不愉快にもするものである。まず第一に、心持ちを明るく清く持して感じのよい言葉を表現するだけの修養と用意とがなくてはならない。冒頭の挨拶より最後の送り出しまでいかにしたならば、最も感じよくご満足を得らるるか、この言葉の表現法に不断の研究を怠らないよう心掛けねばならぬ。

二、言葉遣い

○明晳《めいせき》……はっきりとにごらず
○円滑……すらすらとなめらかに
○快調……調子よく感じよく
○誠意……真心こめて親切に
○品位……礼を乱さず上品に

まず最初の練習法としては「いらっしゃいませ」「ありがとう存じます」、この言葉を大声でお客様に申し上げる心持ちで何回となく練習することである。しかる内に自然にはっきり、すらすらと調子よく腹の底から出るようになり、お客様に接する場合にも自然と言葉遣いの無駄が取れてくるのである。

三、標準語（上段普通語　下段当店用語）

着　物……お召しもの
下　駄……おはきもの
価　格……お値段
安　い……お値打
言　う……申す
す　る……いたします
貰　う……頂戴
丈夫な……おためによろしい
色　彩……お色目
年　齢……お年頃
聞　く……承る
見て下さい……ご覧下さい
見忘れ……お見それ
自　分……わたくし
下さい……下さいませ（まし）
品切れ……おあいにく
当　店……手前ども

四、敬称語

相手の方……あなた様
主　人……ご主人様
　　　　　旦　那　様
婦　人……奥　　様
同（花柳界向）…おかみさん
老　人……ご隠居様
同判の方……お連れ様
男　児……坊ちゃん
　　　　　お坊ちゃま
女　児……お嬢さん
　　　　　じょっちゃん
子　供……お子さん
女　中……お女中さん
　　　　　女中さん

五、挨拶の言葉

(1)、普通の華客　いらっしゃいませ。（いらっしゃいまし）
(2)、顔馴染みの華客　いらっしゃいませ。毎度ありがとう存じます。
(3)、お礼の意味　どうもありがとうございました。
　　　　　　　どうも相すみませんでした。
(4)、お詫びの意味　どうも失礼いたしました。どうも恐れ入りました。
　　　　　　　何共相すみませんことでございました。
(5)、お待ちを願う時　少々お待ち下さいませ。少々お待ちを願います。
(6)、お待たせ申した時　どうもお待たせいたしました。
　　　　　　　どうもお待ちどお様でございました。

(7)、同　長い時　どうも長らくお待ちどお様でございました。
どうも長らくお待たせいたしました。
大変お待たせして相すみませんでございました。

六、承諾の意を表す言葉

(1)、応接中他よりお呼びの時　はい、ただ今。

(2)、同（直ぐ行かれぬ場合）　はい、ただ今少々お待ちを願います。

(3)、同（客前へ行った時）　どうもお待たせいたしました。
何かお承りいたします。

(4)、呼ばれた華客から離れていた時　はい、お呼びでございましたか。

(5)、◯◯をくれと言われた時　はい、ありがとうございます。

(6)、ご用をお受けした時　はい、かしこまりました。

(7)、品物の有無をお尋ねの時　はい、ございます。ただ今ご覧に入れます。

(8)、同　生憎《あいにく》品切れにて代用品をご覧に入れる時　誠に相すみませんが、ただ今ちょっとお生憎にしておりますが、こういう品ではいかがでございましょうか。

(9)、お買上げ品の取り替えを尋ねられた時　はい、お取り替えします。その節はお受け取りをお待ち下さいますようお願いいたします。

(10)、同　取り替えのできない場合　誠に相すみませんが、この方はお取り替えができないことになっておりますので、どうぞ悪しからずお願いいたしとうございます。

(11)、進物包装を承る時
(12)、届け物を承る時
(13)、誂え物お引き受けの時

七、お客様にお尋ねする時の注意
(1)、ご姓名をお伺いする時
(2)、ご住所を伺う時
(3)、値段を承る時
(4)、色相のお好みを伺う時
(5)、ご進物か否かを伺う時
(6)、ご進物のお使い道を伺う時

はい、かしこまりました。なるべくお体裁よくお包みいたします。

はい、かしこまりました。なるべくお早くお届けいたします。

はい、承知いたしました。お時間までには必ずお間に合わせいたします。

はい、かしこまりました。日限までには必ずお納めいたします。

はい、承知いたしました。日限までには何とか都合いたしましてお間に合せをいたします。


失礼ですがお名前は。

恐れ入りますが、お名前様は。

失礼とお所はどちら様でいらっしゃいますか。

お値頃はご予定がございましょうか。

ご予定はどの辺の所でございましょうか。

色相はどの辺がよろしゅうございましょうか。

色相はどんなのをお好みでいらっしゃいましょうか。

ご進物用でございますか。

おつかい物でございましょうか。

お使い道はいかがでございましょうか。

お祝い用でございますか。

(7)、他にご用のいかんを承る時

(8)、お買上げに関連した品をご紹介する時

(9)、流行をご紹介申す時

普通のお贈り物でございますか。

ご仏事用でございますか。

ご不幸用でございますか。

お土産用でございますか。

もう他に何かいかがでございますか。

おついでに裏地はいかがでございましょうか。

おついでにカラーはいかがでございましょうか。

これが本年の流行でございます。

こういうものがまいりましたが、いかがでございましょうか。

ただ今の流行で一般のお受けも大変よろしゅうございます。

大体色目が「明るく、濃く」なってまいりました。

落ち着いてまいりました。

主に○○の模様が流行になりました。

大変感じの「軟かい、重い、落ち着いた」ものが流行してまいりました。

主に○○風のものが流行になりました。

これまでの風と違いまして、地風も極めて変わっておりますし、模様の工夫も今までの行き方とは全然違いまして非常に

趣がございます。
誠に申し分のない出来栄えかと存じます。
この品は極く新しい型で一般のお受けも大変よろしゅうございます。

八、応接中言葉遣いの注意

お客様と応接中に知らず識《し》らずに粗雑なお答えをしたり、無駄口をきいたり頓珍漢のことを言ったりすることが往々あるが、他所から見た場合、はなはだ聞き悪いものでお客様に対しても不快を与え、感情を害することもあるから注意せねばならぬ。

例　（上段お客様　下段店員）

○○を見せて下さい　　はい、承知いたしました。
　　はい、かしこまりました。
（否）よろしゅうございます。
寸法は分かっておりますか　　はい、承知いたしております。
所は分かっておりますか　　はい、存じ上げております。
（否）分かっております。
あれは幾らですか　　はい、五円でございます。
あれをちょっと見せて下さい　　はい、ただ今ご覧に入れます。
（否）あれは高いのですよ。

あれを下さい
それを下さい

こういう柄はありませんでしょうか

これを下さい
（反物をご覧の時）

○○はありませんか
（生憎取り扱っていない時）
これを勘定して下さい
（いろいろこまかな物数種）

これをお使い物にして下さい

あれは安物なんですよ。
はい、ありがとうございます。こちらでございますか。
（否）コイツですか。
アイツですか。
はい、ただ今お目に掛けます。
少々お待ち下さいませ。
（否）この中にありますからお探し下さい。
はい、ありがとうございます。
反《たん》でございましょうか。疋《ひき》でお願いいたしましょうか。
（否）一反ですか、一疋ですか。
生憎私共で扱っておりませんので、お気の毒様でございます。
（否）そんなものはありません。
これと、こちらでございますか。
ありがとうございます。
（否）これだけですか。
普通のご進物でよろしゅうございましょうか。
お使い道はいかがでございましょうか。
（否）タダの進物ですか。

九、その他の注意

(1)、お客様の前にて店員同志野卑な言葉を慎しむこと。

(2)、電話応接に聞きづらい言葉遣いなきこと。

(3)、お客様のお尋ねに対し無責任な挨拶なきこと。

(4)、あまり断定的の言葉遣いを慎むべきこと。

(例)お客様の声「アノ絶対」がはなはだ気にくわぬ。

第四節　誠　意

一、お客様に対してはお買物の有無にかかわらず、常に誠意を籠《こ》め親切を尽すことは当店員の大切な努めである。これあって初めて華客のご満足を得ることができるのである。

二、商売繁昌の秘訣は華客の心を引つけるにあるは申すまでもないが、人の感情はなかなか機微に働くもので、わざとらしいお世辞や素振りよりも嫌味のない自然の発露である。親切な誠意のある言語態度に心を引かるるものである。

ゆえに華客に対してはできるだけ誠意を籠《こ》め親切を尽くして、ご満足の最善を尽くすことである。

三、店員はいかなるお客様に対しても、真の顧客となって戴くだけの親切を尽くさねばならぬ。どこまでも同情の念をもって顧客に接し、麗《うるわ》しき人情美の間に万事を処置していくよう心掛けることが店員として最も勝れた態度である。

四、いかなるお客様でも価格の割合に品質のよき物をと望まるるは共通の心理であり、あるいは贈答品で何が適するか分からず、店員に相談してというような場合もなかなか多くある。かようの場合にその華客の心持ちとなって、何くれとなく親切にご相談相手となったならば、いかにお客様は満足せらるることであろう。

五、かくて真実の顧客となって戴く時、店の繁栄を増すばかりでなく、店員個人としても味方となって戴く人の多くなり行くことが楽しみ多きことではないか。

第五節　責　任

一、自分の仕事に関しては常に責任をもってこれに当たり、また万事に精通するよう心掛け、十分練磨熟達して職責を全うすべく心掛けねばならぬ。

二、自己の職務上の事柄でも重立ったことはよく上役に相談し、自分一存でしないよう大事をとらねばならぬ。また華客に対すると店員に対するとにかかわらず、はっきり分からぬことをよい加減にはからってはならない。それがため、とんでもない間違いを生ずることがある。

三、どんな些細《ささい》な仕事でも等閑《なおざり》にすると他へ迷惑を掛けたり、店の信用に関するようなことが少なくないから、何事もよい加減なことをして置かず直ちに完結を期せねばならぬ。

四、思い違いや伝達不充分のため往々過誤を生じたり、無駄な手数を費やすことがあるから十分注意せねばならぬ。

五、引き受けた仕事は自分の責任として最後の締めくくりまで確実にせねばならぬ。安受け合いをして放擲《うっちゃ》って置くようなことがあってはならぬ。

六、その日のことは必ずその日に片付け、翌日へ廻さぬよう、また翌日の予定をも立て職務の遂行をはからねばならぬ。
七、自分の受け持つ仕事は常に完全に整理し、いつ検閲や質問があっても即答のできるように、また休暇、病気、欠勤、出張等の際には必要な事柄はそれぞれ引き継ぎ依頼をなし、書類等は何人が一見しても直ちに分かるようにし、自分の差し支えのため、店務に支障を来さぬようにして置かねばならぬ。

第六節　愛　嬌

一、愛嬌は商人には欠くべからざる要素である。接客に当たっては、まず顔色を和らげ麗しき笑顔をもって明るい朗《ほがら》かな心持ちで応接しなければならない。
二、愛嬌を表現するにはお客様に対する真実の親切味と明るい快活味との発露でなくてはならない。この好意がいろいろと応用されてお客様に対し真の愛嬌となるものである。
三、愛嬌を公式で現すと次のごとくなる。

愛嬌＝（親切＋快活）

従って

愛嬌－（親切＋快活）＝○＝不愛嬌

といえる。この不愛嬌こそ商人に取っては大の禁物である。「笑う門には福来る」の諺《ことわざ》のごとく常に気分を明るく朗かにし、真実の親切より湧き出る麗しき笑顔をもって感じよき愛嬌の表現に努め、接客奉仕の誠を尽くさねばならぬ。

第七節　観察力

一、販売接客にはお客様のご意向なりご希望なり、またお心持ちなりを早く観察してそれに添うよう適切な接客をなすことが極めて肝要である。科学的にはいろいろ顧客の心理を分析して購買心過程における暗示訴求等が研究されているが、お客様のお気持ちは十人十色で、その方のご性質なりご趣味なりをよく観察して、お気に召す品物を提供するだけの経験を持たなければならぬ。また説明の仕方をも考えることが必要である。

二、まず接した場合、初の二言三言お相手する中にお客様のお心持ちを察し、その心理を掴むだけの観察力がなくてはならぬ。

例えば、帽子のかぶり方だけでもお客様の性格を見分けることができるといわれている。

例えば、几帳面にかぶる人は性質も几帳面で真面目な人である。こういう華客には強《し》いて説明せず問われるままに要領よくお答えをするのがよい。阿弥陀にかぶる人は楽天家である。この向きの華客には進んで選定上の助言をすれば効果がある。目深《まぶか》にかぶる人は神経質の人である。この向きの華客には、あまりくどくど説明せず言葉少なく問いに対してははっきり答えるがよい。あるお方には気長に、あるお方には極めて迅速にと、伸縮繁簡《しんしゅくはんかん》その宜しきを得て販売接客の完結に誘導することが販売員の技能である。

第八節　機転

一、お客様のお言葉なり素振りなり、あるいは出来事によってそのお心持ちや感情を見抜いて、それに応じて機転を利かせ好感を与えることは接客上最も大切な事柄である。

これは各自の経験と研究とにより才能を働かすので、いかに親切、愛嬌があっても機転が利かないとお客様に充分な満足を与えることがむつかしいものである。

二、お客様からご用命を受けた場合は即座にご年齢、お好み、お値頃等を考えてお気に入る品物を提供するだけの経験と機転が必要である。
また下見客や難かしい華客に対しても機転を利かせ上手に商《あきな》いをして、自分を真に了解された顧客を作るよう接客販売の熟練を積まねばならぬ。これはやはり各自の熱心なる研究と経験とに待つのほかないのである。

第九節　正確敏速

一、正確・敏速ということはいかなる仕事の上にも必要なことであるが、接客の場合は格別これが肝要である。お客様に対する商品の調達も包装も会計もお届けもすべてを敏速にと勗《つと》むるは、畢竟《ひっきょう》顧客を思う誠実の念と自己の職務に忠実ならんとする念とから当然起こって来る行動である。

二、敏速にことを処するはお客様の便益は申すまでもなく、すべての事務の能率を上げる点から言っても実に大切な事柄である。敏速を欠く結果は顧客に不満を与うるのみならず、肝腎な商機を逸し商売上の蹉跌《さてつ》を来すこととなるのである。
しかしぞんざいな遣《や》り方でただ敏速であるというだけでは価値がない。どこまでも正確で敏速でなければならぬ。

三、敏速と言っても実際行動の上に表れた速い遅いと、感じの上の速い遅いとあることもお客様を相手とする接客の上に相当注意すべきことである。人は感情に支配さるるを免れないから、予期したよりもちょっとでも早ければ大変早かったように感じ、予期よりちょっと遅れても大変遅いように感ずるものである。この点を充分考慮して接客上に正確・敏速を期せねばならぬ。

第十節　商品精通

一、商品を販売せんとするには、まず第一要件としてお客様に充分ご納得を願えるだけの商品知識が最も必要である。

自己の取り扱い商品に対しては、とりわけ研究に努め専門家たるの心掛けが肝要である。商品について研究すべきことは商品によって多少の相違はあるが、まず品名、種類、製造工程、用途、流行、特徴、品質、耐久力、使用法、手入法、保存法、価格等について研究するように心掛けることが必要である。

また、他の売場の商品といえどもお客様から質問を受けることも随分あるから、それらについても広く一般商品の常識を持つことが必要である。

二、当店のごとき多種類の商品に研究を充分仕遂げることはなかなか至難のように思われるが、しかし実際問題としては左様《さよう》にむつかしいものではなく、むしろ店員としては非常に面白い趣味的研究である。

いかなる職業でもその心掛けによって趣味化することができるが、とりわけ商人としてその取り扱う商品について研究し始めたなら興味津々として湧き出ずるものがあろう。

三、売場に立つに当たってはまず差し当たり商品の良否、特徴、取扱法、価格のいかん等を心得置きお客様のお尋ねに対し即座に応答のできるだけの用意が当面の問題である。

平素暇あるごとに先輩について研究して置かねばならぬ。知らぬことを聞くのは決して恥辱ではない。古人の語にも「聞くは一度の恥知らぬは一生の恥」とある。

また、他店の商品についても比較研究をして自信を持つよう心掛けねばならぬ。
四、商品研究の目的は善良なる商品を廉価に販売せんとする商業道徳心の発露からであることを忘れてはならぬ。
お客様に対して悉《くわ》しく説明する必要はなくとも自分だけは、なぜにこの品は優良で廉価であるかということを弁《わきま》えていなければならぬ。ともかくも、この品は善良なり廉価なりとの理由をお答えする材料を確実に豊富にと不断心掛くべきである。

第十一節　健　康

一、古語に「鉄の身体に石の意志」とある。およそ人生に愉快に働くということほど幸福なことはないのである。
愉快の二字は健康体より出ずる泉である。華客を相手とする当店の店員は格別健康に留意して常に愉快な明朗さがなければならぬ。

完全なる接客サービスはまず店員の健康より生ずるものである。
二、近代商店員のサービスはこの明朗であることが極めて肝要である。時代はこれを求め人々はこれを愛するのである。

販売の第一線に立つものは勿論のこと、仕入においても、また同様明朗性を持つことが肝要である。気分の明朗なるためには身体の壮健が必要である。身体の一部に欠陥があれば明朗たらんと欲しても明朗たることはできない。

三、若い時分は元気にまかせて自己の健康については左程の反省もしないで、つい脱線し易いものであるが、常に摂生に注意し飲食その度を守り、一方適度の運動に心掛け、時を得、閑《かん》を得たならば太陽を求め窓外に出《い》で山野をハイキングし、室外スポーツにいそしみ常に身体の強健をはからなければならない。

第三章　標準接客

第一節　販売接客についての注意

一、万事お客様本位は当店の鮮明なる信条であり、その実行は当店の誇るべき特長である。

顧客の心をもって心となし、誠意を籠め親切を尽くすこと、すなわちお客の立場となってどこまでもそのご満足をはかることは当店員の最も肝要な任務である。従ってお客様にはたとえどんな場合でも笑顔をもって快活に、しかも慇懃《いんぎん》に応対せねばならぬ。一店員の一言一行でもお客様に対しては当店を代表したことになるのだから余程の注意を要する。

ややもすれば、ご来客の夥多《かた》に押されてお客様に対し愛想を欠き親切を欠くごときは厳に慎まねばならぬ。沉《ま》して少しでも不遜《ふそん》の態度があるごときは論外である。

二、お客様は老幼男女その他ご身分のいかんを問はず、またお買物の多寡《たか》や有無にかかわらず、同じように丁寧に待遇せねばならぬ。
三、接客のいかんによりて今日の素見客も明日の顧客となり、反対に今日の顧客に愛想づかしをされることともなるのであるから、常に油断なく一貫して親切・明朗なる応対振りを発揮しなくてはならぬ。
四、お客様はどこまでも気楽に自由に商品の縦覧を望まれると共に何かお聞きになりたい場合には、当方から言葉をかけるのを喜ばれるものであるから、常に気を配り、お心持ちを察して接客するようそのコツを会得せねばならぬ。
五、商品ご覧の際、傍らに付き添って悪勧めがましい態度や言葉は禁物であるが、ご用あり気の場合に、こちらから進んで承ることを喜ばれるものであるから素知らぬ風をしていてはならぬ。
六、お客様の待遇はお相手する者ばかりでなく、その売場全員は勿論、陳列場係員その他すべて陳列場内にある者も同じように心掛けて親切を尽くし、冷淡なことがあってはいけない。
七、多忙の際には一人で幾人ものお客様に応接せねばならぬから、敏活に如才なくできるだけ満遍なくご満足をはかるよう注意せねばならぬ。お呼びになっても手の廻らぬ時は、「はい、ただ今少々お待ちを願います」と丁寧に愛想よく挨拶し、先客様から順に応接せねばならぬ。多忙な時こそ販売員の手腕の奮い時である。
八、お客様を長くお待たせしてはならぬから、手の廻り兼ねる時は他の店員に依頼して応対してもらうがよい。事情あって長らくお待ちを願わねばならぬ場合は最寄りの休憩室へご案内するもよい。
九、お客様に応接する時は直面して話すがよい。傍見したり横に向いて応対するなどは禁物である。また時間、手数のかかるお買物やたびたび心変わりするお客様に対しても必ず不快な顔色や態度をしないのは勿論、終りまで親切でなければいけない。

一〇、お客様が廻り員やお馴染みの店員をお尋ねになった時、生憎不在の場合はその者に代ってできるだけご用勤めをし、またお言伝てを承って置くがよい。自分の売場の売上にならぬ場合でも決して冷淡なお取り扱いをしてはならぬ。
一一、掛売先のお客様が僅かなお買上げの時、通帳記入や補助伝票作成等のために後廻しにしてはならぬ。必ずお越しの順番に応接するがよい。
一二、すべてに綿密なる注意を払い、誤算、お買上げ品の誤包、または渡し間違い、お届け物の誤配、または遅延商品の汚損破損等事故の絶無を期せねばならぬ。
一三、売ることにあせり、無理勧め、押売がましき態度は絶対に避けねばならぬ。
一四、お客様のご注文の品で柄、色合等流行遅れと思われることがあっても決してけなしてはならぬ。あまり流行遅れのご注文の場合は徐《おもむろ》に説明して了解して戴くがよい。
一五、取り扱い商品は常にその売れ行きに注意を払い、品切れの場合には敏速に補充して折角のご来客に対しご迷惑を及ぼさぬよう留意せねばならぬ。
一六、商品については陳列法、展示法、配置法、整頓法、照明、ケースの利用法、人形、またはマネキンの応用等を不断に研究して「見よく買いよく目を惹《ひ》くように」お客様への紹介に注意せねばならぬ。
一七、お客様のお顔とお名前とをよく記憶してお馴染みとなるように努めることは販売員として肝腎なことである。お馴染みになったならご住所も覚え、なおご家庭の様子、ご嗜好までも知って置くことが商売上大切なことである。

第二節　売場へ華客を迎えた時

一、華客が売場に臨まれた時の第一印象のいかんを常に考慮して注意を払わねばならぬ。すなわち態度の遜、不遜、注意力、健康の良否、服装の整・不整、愛嬌の有無等はまず第一の印象となるものである。

二、なお左の諸点にも注意を要する。

(1)、お客様をお迎えした時は何事を置いても元気よく丁寧に挨拶すること。

(2)、お客様がお呼びの時はその方に顔を向け、「はい」と快活に感じよく返辞して直ちに近寄り、ご用を承ること。

(3)、お客様幾人かの場合はお越しの順にご用を承ること。

(4)、お客様には必ず起立して応接すること。余所見《よそみ》しながらお客様に応接する等は絶対慎まねばならぬ。お客様の口元の辺に視線を投ずること。

(5)、お客様を迎えた時、居合わせた店員も同様そのお客様をお迎えした態度を示すこと。

(6)、お連れ様のある時は軽く挨拶を申すべきこと。

(7)、お馴染みのお客様をお迎えした時は「毎度ありがとう存じます」と、また時によっては時候の挨拶も申し上げること。

(8)、絶えず言葉は丁寧に頭は低くを忘れぬこと。

第三節　最初の挨拶

一、挨拶用語

(1)、華客を売場へお迎えした時（ご用品にて、主として勘定場のある所）

○いらっしゃいませ。ありがとうございます。

○どうぞお掛け下さいませ。（椅子のある所）

(2)、同（主として雑貨売場等囲みまたはケースによって）

○はい、ありがとうございます。

(3)、お馴染みのお客様の時

○（右の言葉に次いで）毎度ありがとうございます。

(4)、直ちに応接のできない場合

○はい、ただ今少々お待ちを願います。

(5)、近寄りたる時

○どうもお待たせいたしました。何かお承りいたします。

二、時候の挨拶用語

(1)、晴天の時

○よいお天気で結構でございます。

○毎日お天気続きで結構でございます。

(2)、雨天の時

○生憎なお天気になりました。

○よく降りまして鬱陶《うっとう》しゅうございます。

(3)、気候の不順な時

〇不順なことで困ります。

(4)、気候のよい時

〇大変よい季節でございます。

〇大層よい時候になりました。

(5)、夏の季節

〇大変お暑くなりました。

〇毎日きびしい暑さでございます。

(6)、秋の季節

〇大層涼しくなりました。

〇大変暮しよくなりました。

(7)、冬の季節

〇大変お寒くなりました。

〇毎日厳しい寒さでございます。

(8)、年の暮

〇追々押し迫ってまいりました。

〇押し迫って何かとお忙しいことでございましょう。

(9)、お正月

〇明けましておめでとうございます。

○新年でおめでとうございます。
○結構なお正月でございます。

三、最初の挨拶についての注意

(1)、お客様に接する端緒はその機会をうまく捉えて上手に接することが大切である。この最初のよい接客がお買物の進行・誘引に多大の影響をもたらすものである。

(2)、まず買う気のお方か、下見のお方か、素見のお方か、通り掛りのお方か、見分けをつけ、買う気かまたは下見のお方と見受けたならば当然こちらから進んで感じよく言葉をかけ、お迎えするようにせなければならぬ。

(3)、時には素見客にも後日のご参考という風に誠意をもって、ご相談相手に出で親切を尽くすという心持ちが、快い印象を与えるものである。

(4)、自由観覧といっても遠慮が過ぎて、あまりの放任主義はかえって不親切となる場合が多くある。しかし無暗に言葉を掛けるのもよくない。この辺の呼吸をよく呑み込んで最初の機会を上手につかまねばならぬ。

(5)、最初の出方が悪いと最後まで引け目を取り、お顔を眺めたままダンマリで終わってしまうことなどもあるから余程の注意を要する。

(6)、また、お馴染み客を一人でも多く作るということが肝要である。一度接したお客様のお顔とお名前とをよく覚えて置き、次回お越しの際はこちらから進んで親しみある挨拶を申し上げることが大切である。この心理をよく呑み込んでどこまでもお客様のご満足をはかり、一人でも多くお馴染み客の増すよう努めなければならぬ。

第四節　ご用を承る時

一、ご用を承る時の用語

(1)、店員が離れていた処でこれをくれと呼ばれた場合
○（即座に大きく）ありがとうございます。
○（近くへ伺ってから）どうも失礼いたしました。
（自分が他の華客にお相手しておる場合は直ちに手隙の店員を呼ぶことに注意）
(2)、買物を取り決めてから店員がいなくてもお呼びにならず、誰か来ないかと辺りを見廻される場合
○（早速近寄り）いらっしゃいませ。何かお承りいたします。
○（模様によっては）お待たせいたしました。ありがとうございます。
(3)、お呼びにならず自分で代金をお出しになりつつある場合
○（早速お客様の前へ来て）ありがとうございます。
○こちらをご用でございますか。
○（または）ありがとうございます。何円何十銭頂戴いたします。
(4)、買うか否かと下向きがちで迷っておいでになる場合
○（緩かに接し）お気に召しましてございますか。
○（または）こちらはただ今大変お受けがよろしゅうございます。
（その品物の特徴を申し上げてご意向を探ること）
(5)、相談相手が欲しくて品物を見ながら誰かおらぬかなと辺りを見らるる場合

○（緩かに近寄り）いらっしゃいませ（続いて品物に合わせて）おいくつ位のお方でいらっしゃいますか。

(6)、ケース内の品物をご覧になりたい場合
○お見立ていたしましょうか。
○ご覧に入れましょうか。

(7)、買う目的で熱心に品選りをして見える場合
○いらっしゃいませ。何かお見立ていたしましょうか。

(8)、比較または参考のために落ち着いて見て行かるる場合
○いらっしゃいませ。どうぞご覧下さいませ。
○いろいろご格好なのがございます。
○いろいろ新型がまいっております。どうぞご覧下さいませ。

(9)、ちょっと参考に見て行かるる場合（遊動的に見て一ヶ所に留まられざるお方）
（自由に見て戴いて推移を注視すること）

(10)、品物を手に取らずじっと視《み》ておらるる場合
（推移に注視して様子によっては近寄りお伺いすること）

二、ご用を承る時の注意

(1)、常に受け持ちの周囲に気を配ることは極めて必要なことである。無為《むい》の時、横や背後から突然言葉を掛けられて面喰うことなどのないように注意せねばならぬ。

(2)、他の囲みや売場に店員がいないと気づいたならば、受け持ち店員が来るまで進んで接客するようにせ

なければならぬ。

(3)、売場員同志はよく連絡を取り、店員不在の場所も欠陥のないようよく守り合うことに心掛けねばならぬ。

(4)、お顔見知りの方がお出になった時には愛想よく進んでご挨拶することは申すまでもないことで、一人でも多く自分の知ったお得意を作ることに心掛けねばならぬ。

(5)、お客様の目と手とそして見ておらるる品物に気を働かさねばならぬ。しかしお客様のお顔付や素振りを凝視することは避けるがよい。お客様の態度はすべて軽くお見流しすること、そして目でこちらを差し招かれたる気配のある時は直ちにまいらねばならぬ。

(6)、ご様子のはっきりしない場合は、品物を整頓しつつ程よき所まで近寄り機会を得るように努めるがよい。したがって正しき部署にある時は大抵最初からお客様と接近した位置にあり、この状態が最も自然に機会を得ることになる。

(7)、お客様がお出になってボンヤリしていたり、商品の整頓や雑務でいつまでも知らぬ顔をしていること等のないよう不断の注意が肝要である。商品調査日、または閑散な朝夕等にことさら注意せねばならぬ。

第五節　ご希望を伺う時

一、ご希望を伺う時の用語

(1)、お使い向きをお伺いする時

○あなた様のお召し物でございますか。
○ご婦人向き（殿方向き、お男子向き）でございますか。
○お坊ちゃん向き（お嬢様向き）でございますか。
○お年頃はおいくつ位でいらっしゃいますか。
○お使い道はいかがでございますか。

(2)、進物品に対して値頃をお伺いする時
○お値頃はご予定がございましょうか。
○お値頃はお望みがございましょうか。
○お待たせいたしました。この辺のお品ではいかがでございましょうか。

二、ご希望を伺う時の注意
(1)、お客様が商品ご覧のうちに大体ご希望のお値頃やご嗜好《しこう》の点は分かるもので、ご嗜好のごときは華客のお召し物の柄とか襟などによって見当をつけるがよい。
(2)、ご進物の場合においては、お客様のご希望のあるところをよくお尋ねして適当な品物をご覧に入れねばならぬ。お気に召したもの、また興味を持たれた品物には視線が多く注がれ、また手数も多く触れられるものであるから、それらの点にも注意を払い間違わぬ視察をして確かなお勧めをするがよい。

第六節　商品をご覧に入れる時

一、商品をご覧に入れる時はまずご希望を（お使い道、男女向き、ご年齢等）あっさり承ってそれに応じた

適当な品を順次ご覧に入れるがよい。初めから込み入ったことや値段など露骨にお尋ねせぬ方がよい。

二、小時間の内にお客様の嗜好やお望み等を早く呑み込み、これに応ずる機転を活かすが商《あきな》い上手である。

三、お客様の求めらるる商品は及ぶ限り充分にご満足の行くまでお目に掛けねばならぬ。たとえ自分では向かぬと思う品でもご納得の行くまで手数を惜まずご覧に入れなければならない。

四、商品をご覧に入れる時はまず普通品を先にし、順次高価品に及び比較説明を懇切に申し上げるがよい。

五、お尋ねの品物が一種類の時にも一品だけでなく二、三品同時にご覧に入れ、その内よりご選択を願うがよい。同じ品でもお客様は満足されるものである。

六、安価な物をお尋ねになった場合に「そんな安いものはございません」というような挨拶は甚《はなは》だ禁物で、これに近い品物をご覧に入れて、結局後《のち》のお為であることを申し上げ、お気に召さぬ時は「生憎にいたしておりまして相済みません」と丁寧に申し上げねばならぬ。

七、お客様から他店の品物を見せられた場合は決してけなさず、ほどよく褒めて置き、あまり深く立ち入らず値段等もはっきり申し上げぬ方がよい。また同業者の話が出た場合も軽々しくその善し悪しなど申し上げぬようにせねばならぬ。

八、お買上げが済んだ時は、その品に関係のある物、例えば表地のお買上げがあった時は裏地や袖口はいかがでございましょうかというように付属品も一応お尋ね申すがよい。お気がつかれて思わぬ商《あきな》いができ、お客様にも親切となる。

またお客様によっては新製品等のご紹介を申し上げるもよいことである。

第七節　華客の質問について

一、華客の質問についての用語

(1)、程度のご相談に対して

○この辺がお格好に存じます。

○少々お派出のように存じます。

○少々お地味かと存じます。

○大変お上品のように存じます。

○粋向きとしてはこちらがよろしいかと存じます。

○誠によくお似合いのように存じます。

○誠に落ち着きがございまして結構に存じます。

○この方はいかがでございましょうか。

(2)、程度のご相談に対しての注意

あれもよろしい、これもよろしいはお客様に迷いを生じさせ不安の念を起されるから、お好みをよく観察して向きそうな品を斟酌《かんしゃく》して確かなお勧めをせねばならぬ。

この場合全くお客様の心持ちとなって誠意あるお答えをすることが最も肝要だ。自分のみの好みを強《し》いることは慎まねばならぬ。お客様が内心好まれなかったら大変迷われて定まらなくなるものである。

まずそれぞれ別な趣によってお勧めし、その間にお客様の態度、眼の配り方、言葉のご様子等によってお好みを見出して適切なお勧めをするがよい。

(3)、取り合せのご相談に対して
○大変取り合わせがよろしいかと存じます。
○大変引き立ちがよろしいかと存じます。
○この表には大層おうつりがよろしゅうように存じます。
○この方がよく調和するように存じます。
○この方が感じがよろしいように存じます。
(4)、染色いかがのお尋ねに対して
○この方はお染めは確かでございます。
○これは（本場久留米絣《かすり》、薩摩絣、大和絣）でご案内の通りお染めは確かでございます。
○これは伊予絣でございますが、見場はよくないように見えますが、お染めは確かでございます。
○これはご案内の染め絣で、割合によく見えましてお染めも確かでございます。
（剝《は》げる憂《うれ》いのあるもの）
○この類のお品は多少の変わりはございます。
(5)、丈尺のお尋ねに対して
○「三丈、二丈九尺、二丈八尺」以上は確かにございます。
○充分調べてございますが、もし短尺でございましたらお取り替えをいたします。
○なんでしたら一度お当たりいたしましょうか。
(6)、混《まざ》りのお尋ねに対して
○これは絹ばかりでございます。

○この方は少々混りがございます。
○これは絹毛交織でお皺《しわ》が寄りませんから、大変お受けがよろしゅうございます。

(7)、値段のお尋ねに対して

（他店と比較して高価だと言われた場合）

○手前共は、お値段につきましては絶えず東西の物価を調査いたしまして、他店様よりは決してお高くないはずでございますが、なお充分注意いたします。
○手前共の取り扱い品は、品質につきましては充分吟味をいたしましておりますが、なおよく調査いたします。

○どうも恐れ入りましてございます。

(8)、値段がこんなになぜ安いかとお尋ねになった場合

○精々薄利でお願いいたしておりますから、どうぞご安心の上お願い申します。
○決して傷などはございません。いつもご贔屓《ひいき》にして戴きますお礼までに元値を切ってお安くお願い申すのでございます。
○手前共では産地直接の現金仕入をいたしまして、なお東西の支店が共同取引をいたしますから、自然にお安くお願いすることができるのでございます。

(9)、値段のお尋ねに対して注意

値段のお尋ねに対しては充分自重したる態度をもって徐《おもむ》ろに弁明するがよい。傲慢な態度や気に障るという様子が絶対あってはならぬ。

なお他店の同一品を比較してご質問のあった場合なども、その商品の品質、工程等について確信ある

場合は親切にご説明申し上げ、また不明の場合にはその厚意を謝し「一度よく取り調べをいたします」と穏やかにかつ円滑に申し上げることが肝要である。決して他店に対する悪口等は言ってはならぬ。

他店に比して高価なることを聞きとった場合には、直ちに上長へその旨を通報せなければならぬ。

(10)、値引のお尋ねに対して

○手前共は正札で皆様からご信用を戴いておりますので、一切正札でお願いいたしております。恐れ入りますが、どうぞこのお値段でお願いいたしとう存じます。

○手前共はお客様本位に少しでも他店様よりもお安くお願い申すように努めております。

○万一同じ品で他店様よりお高いようなものがございましたら恐れ入りますが、ご遠慮なくご注意下さいますようお願いいたします。当地は勿論東西の物価をも絶えず調査いたしまして他店様より少々でもお安くお願い申すよう専心注意いたしておりますから、その点にはどうぞご懸念なくご用をお願い申します。

(11)、値引に対しての注意

値引を要求せられたる時は、決して失礼な言葉や、無愛想な態度または冷笑的の説明などがあってはならぬ。また、ただマカリマセンのごとき挨拶は最も慎まねばならぬことである。

第八節　商品の説明について

一、商品をご覧に入れる場合にただ「これは立派でございます」「お値打ちでございます」「綿は交っていません」だけではお客様に充分腑《ふ》に落ちないし、物足りないのみならず無愛想だから、正確な商品知識により、その商品の長所、特長、要点等を具体的に説明申し上げるだけの才能を備えていなければならぬ。どんな商品でも必ず多少の長所があり、また販売要素が備っておるゆえ、柄相、値段、品質、形体等の内いずれかの点を見出し、ご要求に合致するよう説明せねばならぬ。

二、また比較的便利な点、経済的な点等も説明してその品物に興味を起さるるよう説明申すことも肝要である。

(例)

(客) この柄は私にどうでしょうか。

(店員) はい、大変おうつりがよろしゅうように存じます。

これだけではお客様が満足されてお買上げになるかどうか……この場合には「おうつりがよろしい」理由を付け加えて説明することが大切な要点である。

すなわち、上品好みのお客様であったなら「地色が紫色でございますからお顔うつりもよく、それに柄も草花模様でございますから、お仕立てになりましたならきっと上品なお羽織ができ上がります」

また、粋好みのお方であったなら、「地色の茶も極めて変わっておりまして、格子の取り方も今までの行方とは違いまして、誠に申し分のない出来栄えかと存じます」等とそのご嗜好によっていろいろ適当な説明が必要である。いれにしてもその理由を詳しく申し上げ「私には適当である。よくうつる」という決心をなさるよう仕向けねばならぬ。

三、商品知識が詳しくとも要領よくお話ができない時は折角の説明も不徹底に終わるものである。また不用意のしゃべり過ぎはお客様の注意を放漫させ、心を迷わす不結果になるから気をつけねばならぬ。お話する事柄の前後、順序、要点をよく考えて老人には老人向きに、若き方は若向きに、その調子その気持を表して充分ご納得の願えるようお話することが肝要である。

四、多少商品についての知識経験のあるお方と見受けた時は、その質問に応じて要点だけ明瞭に説明すればよい。またお分かりのないお方と見受けたならば充分に説明を加えねばならぬ。

五、お客様から尋ねられた商品について分からぬことは先輩、または主任者に尋ねてから確かなお答えをせねばならない。その場限りのよい加減な説明をすることは、お客様にご迷惑を掛け店の信用にもかかわるゆえ充分注意せねばならぬ。

第九節　お勧めする場合

一、お勧めする場合の用語と注意

(1)、実用向きをお好みのお方へ

○お為にはこの方がよろしゅうございます。

○これは少々お値段が張りますが、後々のお為にはかえってお徳用かと存じます。

○このお品は本場できでございますから、大変お持ちがよろしゅうございます。

○これはお値段の割合に大変お為向きでございます。

(2)、値安のものをお好みのお方へ

○この品はお値段の割合にお丈夫でございます。

○この方は割合にお値打ちが見えますかと存じます。

○一見本場と変わりがないように見えます。

○この品は大変お徳用向きでございます。

（注　意）

華客が値段の安いものをお尋ねになった場合「そんな安いものはございません」というがごとき素振りがあってはならぬ。これは非常に悪感を与えるから、ご希望の値頃品のない場合でも丁寧にお断り申し上げねばならない。

(3)、良い品をお勧めせんとする時

○少々お値段は張りましても、良いものはお飽きがまいりません。結局お徳用かと存じます。

○この品はちょっと見ました処、体裁よく見えますが、お飽きの来んことはこの方かと存じます。

○やはりお為を考えてみますと、結局良い品を永くお使いになる方がお徳用かと存じます。

○こうしてお比べになりましても交ったのは手障りが悪うございますが、この方は少々張ります代わり、やわらかでお召し心地がずっとおよろしゅうございます。

○こうしてお比べになりますと、純毛の方は少々お値段が張りますが、その代り温かで肌ざわりもよろしゅうございます。

○少々の違いでございましたら、宜しい品物をお求め遊ばした方が結局お徳用でございます。

（注　意）

良い品物を求め得らるるお方にはなるべく品質の良い品をお勧めして置くようにせなければならぬ。良い物は永く満足してご使用になるから、かえって当店の信用を益々高めるが、もし値段の安い品質の良くない物を願って置くとその時は安かったと快い感じを得られるが、後でその時の心持ちを忘れられて品質の悪いことばかりが心に残り、その品を見る度ごとに不満を抱かれる。従って当店の信用に関する訳であるから、暗に良い品物の徳用を認め得らるるように仕向けねばならぬ。

(4)、最初にそのお客様が実用好みか、安価好みかのご嗜好をよくお見分けした上、極めて円滑にお勧め申し上げねばならぬ。

(5)、体裁のよい品をお勧めする時

○大変体裁がよくお値打ちが見えますかと存じます。

○ご案内の通り、何々等のようにお為向きではございませんが、お体裁がよくお値打ちもありますから、皆様に大変お受けがよろしゅうございます。

○ご進物用として大変お体裁がよろしいように存じます。

(6)、お客様が迷いを生ぜられた時

○どちらもお格好な品でございますが、お仕立ていたしますと、この方がずっと引き立ってまいりますかと存じます。

○どちらも大変よろしい品でございますが、落ち着きのあることはこの方がよろしいかと存じます。

○これに遊ばしてはいかがでございましょう。

○売り切れますと直ぐまいらないかも知れません。今の内にどうぞお求めを願います。

○もしお気に入りませんでしたらお取り替えいたします。

○もし寸法が合いませんでしたらお取り替えしますが、時期の物でございますから、なるべくお早くお持ちを願います。

(7)、頼まれ物をお求めの時

○これならばお格好かと存じますが、もしお気に召しませんようでしたらお取りえいたしますから、ご遠慮なくお持ち下さいませ。

（注　意）

ほか様よりのご依頼品、またはご家族の物を見計い購求せられる時は、お客様の味方相談役となって誠意をもって安心を与えるようにお話を申さねばならぬ。

(8)、売れ行きのよい品をお勧めする時

○大層売れ行きがよろしいので品切れがちでございます。

○この体の品は皆様に大変お受けがよろしゅうございます。

○後は早速にまいらないかも知れませんから、今の内にどうぞお求めくださいませ。

(9)、お買い上げ品に関連した品物をお勧めせんとする時

○おついでにお裏地はいかがでございましょうか。

○おついでに帯芯はいかがでございましょうか。

○おついでにカラーはいかがでございましょうか。

○ただ今ネクタイの新柄がまいりましたが、いかがでございましょうか。

（注　意）

ご用品に関係のある物を考えてご紹介することは最も必要なことである。不意にお気がついて思わぬ商いができ、お客様にも親切となるのである。

(10)、流行品を紹介せんとする時

○これは今年の流行品でございます。

○ただ今の流行で一般のお受けも大変よろしゅうございます。

○これが今年の流行の色相でございます。
○大変色目が「あかるく、濃く」なってまいりました。落ち着いてまいりました。
○主に○○の模様が流行になりました。
○大変感じの「軟かい、重い、落ち着いた」ものが流行してまいりました。
○主に○○風のものが流行になりました。この品は極く新しい型で、一般にお受けがよろしゅうございます。
○これは流行と申す訳ではございませんが、こういう品ははやりすたりがございませんから、永くお召し遊ばすにはお徳用かと存じます。

第十節　華客の購買心暗示について

一、お客様のお買物はいろいろの動機からされるものであるが、まず大別して見ると左の三つの場合がある。
(1)、遊覧的に来店され、ふと思いついてお買物をせらるる場合
(2)、お買物の予定にて来店され、充分熟慮の上お買上げの場合
(3)、お買物の予定にて来店され別に躊躇なくお買上げの場合
この三つの場合に動くお客様の心理状態というものは、それぞれ違うものであるから、まず各々の場合から生じて来るお客様の心理状態をよく観察して、これに応じた適切な接客をせねばならぬ。
二、その内、一番難しいのは第一の場合である。何のご予定もなく来店され陳列場をご覧の中にふと目について、これがいろいろな道程をへて、ついにお買上げになるのである。

お買上げまでの誘致にはいろいろあるが、まず第一に商品の陳列法、第二に商品の紹介法、第三に店員の誘導法等である。

お客様が陳列場ご巡覧中ふと目にとまって立ち留まられ軽い注意が向けられる。さらに気を留めて熟覧されるこの機会を見抜いて店員が上手にお勧めをする。お客様からいろいろ質問が起きる。店員はこれに対して最も適切な説明を申し上げる。お客様は充分腑に落ちお気に召した。そこでお買上げに決定というような順序を辿るのである。

これまでにはお客様の心理状態は微妙な動きをするもので、これを上手く見抜いてお客様のお心持ちに合致するよう極めて適切な接客をしなければならないのである。

(例)

○いかがでございましょう。

○ただ今流行の型でございます。

○大変評判がよろしゅうございます。

○これはこの点が特長でございます。

それぞれその場合に応じ、最も適切のご得心の行くようお話を進めねばならぬ。

三、次に第二の場合「お買物を予定して来店され、その品に対し相当熟慮を凝らしてお買上げになる」これは第一の場合と相通ずる点も多々ありますが、この場合はお客様のその品に対するご希望の点を充分観察して、それにぴったりと合致するようお話を進めねばならぬ。例えばここにある一種の商品がある。これには三角、四角、六角、図形等色々多角形のものがある。お客様は三角にしようか、四角にしようか、それとも六角にしようかと決断がつかない。この場合の勧め方は充分な説明はできないが、要はその中のどれが一番お客様のお好みに合致しそうかということを鋭敏な観察によって判断するのである。簡単な方法としてはお客様の手の触れ方、視線の行き方、また言葉のご様子、素振り等によって看破《かんぱ》するのである。これらの点によって上手にお好みを見抜いて販売を進めて行くには相当な研究的態度と実際的経験とが伴わなくてはならぬ。いわゆる、これが販売接客のコツとでも言うものである。

第十一節　お買上げ決定の場合

一、お客様に品物をご覧に入れ、応対中それがいつ決定して戴けるか、その時機を機敏に知ることは大切なことであって、その好機を逸せぬように注意を払わねばならぬ。
売るべき好機があるにもかかわらず、漫然と話を続けていて機会を失ってしまったりすることはいけない。お客があれでもない、これでもないと種々ご覧になって、やがてお気に入ったと思う品が二、三種になった時が最も注意を払うべき時である。その時に適当な暗示を与えるよう注意すべきである。

第十二節　販売手続きの時

一、現金にて商品を販売したる時は直にレジスターまたは収納方へ入金の手続きをなし、領収証に現金を添え、引合係の引合を受け、包装の上お渡しするのである。
二、お通先（掛売先）へ掛売をした時は掛売伝票をまたお見分品をお渡しする時は預品伝票を発行して引合を受けお渡しするのである。レジスターにより入金する場合は現金伝票を作る必要はないが、戻入品のある時、部門を異にする商品を同時に売った時、お誂え物の場合、その他特種の場合には現金伝票を作らねばならぬ。
三、レジスターに入金すると、その金額が機械の上部に現れ、領収証にも印刷されるから、販売員は間違いの有無をよく確かねばならぬ。
四、お通先（掛売先）のお客様でお顔も存ぜず通帳のご持参もなくて品物をお持ち帰りになろうとされた時、または通帳をご持参になっても不審のあるような場合は直ちに主任者に相談し、場合によっては一応電話でお問い合せするなり慎重に確かめた上お渡し申すか、または店よりお届けすべき旨を丁寧に申し上げてご承知を願わねばならぬ。
時としてはお通先の使者と詐《いつわ》り不正を働く者もあるから充分注意を払わねばならない。
五、新たにお通先（掛売先）として適当と認めたお方があった時、またはお通先のお得意様にして、その信用状態が変わり掛売を危険と認めた場合には速かに販売部長または市内、地方部主任に申し出で、口座の開始、取り消しをするように取り運ばねばならぬ。
六、お誂え物の場合にはお通先（掛売先）以外のお方には通常半額程度のお手付金（売上票に記入の際、内金と書くのは間違い）を戴くことになっており、残金は納品の際、戴くのである。
七、すべて帳簿伝票類の記入は正確を期し、文字数字は明瞭に欄を誤らず整然と記載し、誤謬《ごびゅう》、書き損じのないようによく気を付けねばならぬ。
八、数字は所定の書体をよく練習して使用し、あまり崩さぬよう楷書、または行書を用い何人が見ても分かり易いように書かねばならぬ。
九、数字の誤記や位取りや計算の違いはあとで非常な手数を要し、大きな間違いの元になるから記入した後でよく照合計算をして置かねばならぬ。

一〇、もし記入を誤った時は乱雑に抹消することなく、所定の方法で訂正し責任者が認印して、その事跡を明らかにして置かねばならぬ。どんな場合でもこれを破ったり、切り取ったりせずそのままに残して置くがよい。

一一、数量はその単位の記入を忘れてはならぬ。例えば疋、反、尺、メートル、個、打、組、対、等の記入がない時は間違いを生ずる。

一二、商品の名称はよく研究して正しく記入せねばならぬ。素人に分からぬ商売上の通称やあまり省略したもの、誤字、当て字等ははなはだ見苦しいものである。

例えば左記括弧内の文字は使ってはならぬ。

銘仙（明仙） 縞（島） 緞子（屯子） 博多片側帯（博多九寸） 伊達巻（三寸） 手拭中形（手中） 花色瓦斯裏地（正花唐） 絽羽織地（絽羽）

一三、計算書その他お客様へお渡しする書類はなおさら丁寧に書かねばならぬ。文字数字の粗雑なのは失礼にも当たりご迷惑ともなり、また当店の恥ともなる。ことにご姓名の当字は禁物である。

一四、伝票等の記入方が粗雑であると往々左のごとき事故を生ずる。

(1)、掛売伝票や補助掛売票、預品伝票等の書き方の粗雑のため記帳違い、口座違い等を生じ、また集金の際にも不明確のため代金が戴けず、これが取り調べに二重手間を要することがある。

(2)、誂伝票の寸法の数字が不明瞭のため寸法違いを生じ、お客様がお召しになってから、初めて発見せられ遂にお役に立たなかったこと。

(3)、お客様へ発送する荷物のエフ（荷札）の宛名が簡略であったり、書き方が粗雑なため荷物が返し戻せられたり配達違いがあったりしてお客様のご入用の時に間に合わなかったこと。

(4)、お買上げ代金の計算を間違えたため収入不足を来したり、過分に戴いたりして、当店の手数は勿論お客様にご迷惑を掛けご不快を与えたこと等がある。

一五、日々の計算報告等は必ずその日の内に済まさねばならぬ。また処決済の伝票類はそれぞれ定められた通りに関係の係へ廻付せねばならぬ。伝票類の整理廻付の渋滞は全体の店務に影響を及ぼすから速く廻すがよい。

第十三節　お買上げ品包装の場合

一、お買上げ品包装の時の用語

(1)、包装の時

○ただ今お包みいたしますから、少々お待ち下さいませ。

(2)、瓶詰等破損のおそれあるものの場合

○壊れ易い品でございますから、どうぞお気を付け下さいますよう。

(3)、食料品等にて柔いものの場合

○柔いものでございますから、充分注意してお包みしてございますが、なるべくお受け下さいますよう。

(4)、お持ちの紙包みを一緒に纏《まとめ》めて包装して差し上げる時

ご一緒にお包みしてもご心配なものはございませんでしょうか。

二、お買上げ包装についての注意

(1)、お買上げ品の包装は所定の包紙、トップ、テープ等を使用して体裁よくご携帯に便利なよう、また商品の形を崩したり皺等できぬよう丁寧に取り扱わねばならぬ。また一面包装紙やテープ等は無駄にせず手奇麗に手早く包むことに熟練すべきである。

(2)、商品の性質により包装を異にし包装紙、箱、袋、防水紙、手提《てさげ》器具等適当に使用せねばならぬ。また華客より特にご希望のあった時はそのご希望に応ずべきである。

(3)、包装の場合は商品をよく点検（数量、破損、汚れ等）した上、品物によっては引合捺印のインクが商品に付着せぬように注意し、値札は二つ折りにして包装するのがよい。

(4)、缶詰、薬品、食料品等重いものや液汁の浸み出すおそれのあるもの、また臭いの移り易い品などは他の品と一緒に包装してはならぬ。

(5)、進物に仕上げた品を包装する場合は値札、受領証及び仮記などを包み込まぬよう注意せねばならぬ。

(6)、多数の品を包装する場合にピン、ペン先等のごとき極めて小さき物は往々取り落し易いものだから、なるべく小箱・小袋に入れるか、別紙に包んだ上をさらに包装して紛れぬよう注意を払わねばならぬ。

(7)、包装のトップは唾《つば》でつけぬよう、テープは噛み切らぬよう注意すること。これはお客様に悪い感じを与えるばかりでなく不衛生のことでもある。

(8)、お買物用の包装紙やトップ等を乱用散逸させぬよう注意せねばならぬ。

(9)、洋服着用のお方、または風呂敷をお持ちなきお客様のお買上げ品にはなるべく紐をかけて差上げるがよい。

(10)、お客様が紙包みを沢山お持ちの場合は風呂敷を拝借するか、または店の包み紙で一つに纏めてお包みして差し上げるとよい。

第十四節　ご勘定の場合

一、ご勘定の場合の用語

(1)、金額を申し上げる時

◯ありがとうございます。何円何十銭頂戴いたします。

(2)、代金を頂戴した瞬間

◯ありがとうございます。(少々声を低く)

(3)、頂戴した代金復唱(よく改めて)

◯十円で(十円券で)頂戴いたします。

◯少々お待ち下さいませ。

(4)、レジスター入金の時

◯(類番を言って)何円何十銭＝十円(十円券で)戴く

(5)、お釣銭をお渡しする時

◯お待たせいたしました。何円何十銭のお返しでございます。

(6)、お手付金申し受けの時

◯失礼でございますが、お手付金をお願い申します。どなた様にも一般にお誂え金高の半額以上お願いいたしております。

二、ご勘定の場合の注意

(1)、金銭の受け渡しは当座限りと申してその場限りのものだから、これが受け渡しには格別注意を払い念には念を入れて間違い等起さぬよう注意せねばならぬ。

(2)、十円紙幣と五円紙幣との間違いあるいは枚数の誤り等で華客の感情を害し、または損害を蒙《こうむ》ることがあるから、受け渡しの際は入念に検《しら》べて一応お答えして取り扱わねばならぬ。

(3)、お買上げ品二点以上の時計算は必ず二算あたること。これはお客様に安心を与え、また間違いを防ぐことにもなる。

(4)、お客様を間違えないために着物や帯の柄等ちょっとした所に何か目印を捉えておくこと。

(5)、釣銭は必ず釣盆を使用し、一応取扱者が改めてから見易くしてお客様へ差し出すこと。

(6)、世間には往々知らぬ間に贋造《がんぞう》、偽造の貨、紙幣が流通していることもあるから取り扱いの際注意を払わねばならぬ。

(7)、外国貨幣は為替相場に時々変動があるから、これを受け取る時には必ず出納係長に問い合わさねばならぬ。

(8)、レジスターの入金は必ずその都度手続きをなし受領証をお客様にお渡しせねばならない。いかに少額の場合でも数人様のを一纏《ひとまと》めにして入金することははなはだ不都合のことで、不正と見做《みな》されるようなこともある。

(9)、お手付金申し受けの時はお誂え物のでき上がり総額を一応申し上げ、その申し受け高は半額以上請求するのを普通とするが、お客様の都合により多少は臨機の処置によらねばならない。

三、商品券にてお支払の時

(1)、商品券は商品代金のお預り証として発行したもので、いつでもこれと引き換えに額面に相当する商品をお渡しすることを約束した証書で、無期限にご使用ができるようになっている。

(2)、商品券はお客様の利便をはかり各営業部共通である。

(3)、商品券でお支払いを受ける時は、額面金額を現金同様と心得て丁寧に取り扱わねばならぬ。もし額面以内のお買物の時は内渡し区分を所定の手続きにより切り取り、または少額の商品券でお渡しすることになっている。たまたま収納係等に商品券の持ち合せがないために現金で剰銭《つり》をお渡しすると、それを例にして後からまた商品券で現金引換を請求されることとなるから注意せねばならぬ。

(4)、商品券には往々偽造があるから、受け取る際に万一疑しいものはお客様の面前でその番号を控え置き、出納係長に示してその指示を受けるのである。

四、小切手でお支払いをせられんとする時

(1)、はなはだ恐れ入りますが、手前共ではすべて現金で戴いておりますので、どうぞ悪しからずお願い申します。

(2)、止むを得ずお支払を受くべき時

◯それでは一応係へ尋ねてまいりますから、一度拝借いたします。

五、小切手取り扱いについての注意

(1)、小切手を受け取る際はまず発行者の信用に注意し、なお左の事項に気をつけねばならぬ。

（イ）発行の日時（有効期限は十日間）

（ロ）金額その他文字の訂正

（ハ）発行者の捺印

（二）支払先及び支払銀行（交換組合に加入しおらざる銀行に注意）

(2)、小切手は時々不渡りがあって危険の伴うものゆえ、お通先（掛売先）から受け取ることは通常差し支えないが、一般お客様より提示せられた時はたとえお顔馴染みといえども部主任階係長、または出納係長に申し出でて指図を受けねばならぬ。

(3)、支払保証小切手は不払いの心配はないはずだが、中には偽造のものもあるゆえ、絶対安全ではない。

(4)、銀行の営業時間外、または休日にお客様より小切手を提示せられた時はなるべくお断りするようにしたがよい。

(5)、小切手を受け取った時は、扱った者は自らその裏面に捺印をすることになっている。

(6)、お客様より他人振出しの小切手を受け取る時は、裏面にお客様のご記名・ご捺印を受けて、さらに自分も捺印して置くことになっている。

(7)、郵便小為替券は有効期限（普通は発行後六十日詳細はその裏面に記載しあり）を経過しないものは現金同様に取り扱うことができるが、通常、為替券は払い渡し局の指定や指定受取人の委任手続き等に面倒があるゆえ、よく間違いのないように気を付けねばならぬ。

(8)、お通先（掛売先）顧客がお通帳をお持ち忘れの場合、または現金売りの華客より代金お支払なくお買上げ商品をお持ち帰りをご希望の場合

○誠に失礼でございますが、後から届けさして戴いてはいかがでございましょうか。

○その節お通帳につけさして戴きます。

○その節お代金をお渡し下さいますよう。

六、お勘定の場合その他の注意

(1)、お通先顧客がお通帳をお忘れでお買上げ品のお持ち帰りを要求された時は、後から届けさして戴くよう申し上げ、ご承知を願うのである。しかしお顔知りやお馴染みのお方に対してはお渡ししても差し支えない。

(2)、現金売の華客より代金のお支払なく「直ぐ後から支払うから」とてお買上げ品のお持ち帰りを要求された場合は感情を害せぬよう、後からお届けすべき旨を申し上げご了解を願い、お届けの時は代金引換の手続きを取らねばならぬ。

第十五節　お買上げ品及び合札をお渡しする時

一、お買上げ品及び合札をお渡しする時の用語

(1)、お買上げ品をお渡しする時

○お待たせいたしました。ありがとうございました。

(2)、お買上げ品を品渡場へ廻そうかどうかを伺う時

○お品物は品渡場へお廻しいたしましょうか。

○はい、かしこまりました。

(3)、品渡廻しにて合札を差し上げる時

○お品物は地階の品渡場へお廻しいたしますから（「ご進物は地階の品渡場の方でいたしますから」「お届け物は地階のお届け物係で承りますから」）どうぞこの合札をお持ち下さいませ。

○ありがとうございました。

二、お買上げ品をお渡しする時の注意

(1)、お買上げ品をお渡しする時包装トップの封印インクが他の商品に付着せぬよう、封印のある方を上向けて差し上げること。

(2)、お客様お持ちの紙包み（代済みの品）を共に品渡場へ廻す時は、該紙包みに合札番号を記入し、また合札エフにも紙包何個と記入し置くこと。

第十六節　売場お立去りの時及び最後の挨拶

一、お客様が売場をお立ち去りの時は最後の印象を与える最も大切な時であるから、態度や言葉遣いに注意を払い「ありがとうございました。毎度ありがとう存じます」の挨拶は必ず申し上げねばならぬ。これが形式的に流れず、心より感謝の意を表して丁寧に申さねばならぬ。

二、接客当事者以外でも居合わした店員は一緒に挨拶をするがよい。

三、売場をお立ち去りの際お忘れ物などなきよう一応辺りに注意を払うがよい。

お客様がまだ売場を立ち去られない内は腰を下したり、ほかの仕事に手をつけたりしないよう、またお客様お立ち去りの直後、店員同志私語を交えたり笑い合ったり等は非常な悪感を与えるから必ず慎まねばならぬ。

四、特別のお客様「慶事調度のお方等」はなるべくお帰り口まで丁寧に送り出すようにしたがよい。

五、最後の挨拶用語

(1)、普通お立ち去りの時

○どうもありがとうございました。
○毎度ありがとう存じます。

(2)、特別の場合

○どうぞ相変わらずご贔屓にお願い申します。
○今日は幸い何階に○○の催しがございますから、どうぞご緩りご覧下さいませ。
○何日頃には○○の陳列会（売出し）がございますから、ぜひお出掛け下さいますようお待ち申しております。
○どうもありがとうございました。
○毎度ありがとう存じます。

第四章　各種の場合の接客とその要領

第一節　品切れの場合

一、品切れの場合の用語

(1)、お尋ねの商品が品切れの場合

○ただ今ちょっとおあいにくにいたしておりますが、誠にお気の毒様でございます。

○こういうお品ではいかがでございましょうか。

(2)、現在取り扱っていない商品をお尋ねの場合

○あいにく手前共では扱っておりませんので誠にお気の毒様でございます。

○手前共ではまだ取り扱っておりませんが、折角でございましたのに誠にお気の毒様でございます。

○その品でございましたら○○店にございます。

(3)、品物が確かに入荷の予定の時

○ただ今ちょっとおあいにくにいたしましたが、何日頃にはまいるはずでございます。お急ぎでなければ、その節お見立てを願ってはいかがでございましょう。

○ただ今でき上り品はおあいにくにいたしましたが、早速お仕立ていたしましてはいかがでございましょうか。

二、品切れについての注意

(1)、受け持ち商品については常に品種、年向、柄相、値頃等の品揃いに注意し、品切れの場合は直ちに補充の手続きをなし、常に部門の充実をはからねばならぬ。品切れはその部の恥辱ばかりでなく、店の信用にもかかわる。お客様はすべて期待してお出でになるから品切れの時ははなはだ失望されるのみならず、これがため他店に販売力を移し、店の力を殺《そ》ぐことになり、売り上げの上にも非常に影響する。

(2)、もし当店で扱っておらぬ品をお尋ねになった時はその次第を丁寧に申し上げ、時によっては信用ある扱い店をご紹介申すのもよいことである。

第二節　代用品のお勧め

一、代用品をお勧めする時の用語

○こういう品がまいっておりますが、いかがでございましょう。どうぞご覧下さいませ。

○この品も非常に評判がよくて皆様もお持ちになります。

○○○も良い品でございますが、この品も○○に劣らない良い品でございます。

○○は○○が特長でございますが、この品もその点は保証のできる品でございます。

二、代用品お勧めについての注意

(1)、お客様よりお尋ねの商品が生憎《あいにく》品切れであった場合は必ず適当な代用品をご覧に入れなければならぬ。場合によってはご要求品より以上にお気に召すこともあり、またお気分よく思われるものである。単に「ございません」などと冷淡な挨拶は不熱心な店員のすることである。

(2)、また品物によっては直ちに仕入主任の問い合せ、確かに入荷の予定ある時はその日取りを申し上げ、ご猶予を願うのがよい。

第三節　お気に召した品なき時

一、お気に召した品なき時の用語

○誠にお気の毒様でございました。これに懲《こ》りなくまたどうぞお願い申します。

○折角でございましたのに誠にお気の毒様でございました。
○折角お越し下さいましたのに誠に申し訳ございませんでした。
○またどうぞお願い申します。

二、お気に召した品なき時の注意

(1)、お気に召したものがない時は折角のお越しに対し、相済まぬことをご同情申してお立ち去り易く仕向けねばならぬ。決して面倒を掛けられたというような態度表情があってはならぬ。極めて慇懃《いんぎん》に快く送り出さねばならぬ。

(2)、お気に召したものがなくてお帰りになられるのは品物のためもありますが、また販売員の接客に物足らぬ点等も関係するもので、折角のお越しにははなはだ相済まぬ訳であるから、よく自分の接客についての反省と研究とが肝要である。

お客様としても手数を掛けて気の毒だとの感じを抱かれるものであるから、たとえどんなにあれこれと見散らされた揚句であっても、店員は相済まぬとの意をもってお帰り易く仕向けねばならぬ。

第四節　下見のお客様に対して

一、下見のお客様に対しての用語

○ご覧を願って置きますれば、お後のご参考になりますから、どうぞゆっくりご覧下さいませ。
○まだ他にもいろいろございますから、ぜひまたお越し下さいますようお願いいたします。

二、下見のお客様に対しての注意

下見のお客様に対しては愛想よく待遇せねばならぬ。素気ない応対振りをしたり嫌な顔付等は禁物である。今日の素見客は明日の顧客となるから、この次にお買い上げを願うよう仕向けねばならぬ。

第五節　お見分品とお廻し品

一、お見分品とお廻し品をお預りする時の用語

○はい、かしこまりました。何点でございます。

○失礼ですがお名前は。毎度ありがとう存じます。私は何番売場の某《なにがし》でございます。どうぞごゆっくりご覧下さいませ。

二、お見分品とお廻し品についての注意

(1)、お見分品・お預り品の場合、その当日お取り決めのない場合「何日位お預りいたしましょうか」と一応承り置き、その場合お預り品には華客名、品名、取扱者名を記入して所定の場所に置かねばならぬ。

(2)、所定のエフに華客名、品名、取扱者名を記入して直ちにご指定の部係へ廻付せねばならぬ。

(3)、お見分品お廻し品のお預りは紛わしくならぬよう注意せねばならぬ。往々不注意のため紛失したり、不明になったりしてお客様よりお小言苦情を受けることがある。お客様が折角貴重な時間を費して、少なからざる苦心を重ねて選択された品物で洵《まこと》に相済まぬことである。

第六節　ご持参品

一、お客様がお取り替え、戻入、お誂え物等のため品物をお持ちの場合の用語
○はい、かしこまりました。お品物を拝見さして戴きます。
○失礼とお名前様は。毎度ありがとう存じます
○お持ち込みの印をいたしますから、少々お待ちを願います。
二、ご持参品説明についての注意
(1)、ご持参品に対してはその要点を軽くお伺い申して、ご持参品証明書発行の手続きを取るのである。
(2)、ご持参品証明書はその期限内に解決し、解決後は発行者に返還することになっておる。
(3)、店員が外部より商品を持ち込みたる時はお客様のものは引合係で、自己のものは店員受付で証明書発行の手続きを受けるのである。

第七節　商品のお取り替えまたは戻入の場合

一、当店はお客様のためにお買上げ品はお気に召すまで何度でもお取り替えする。
万一代品がお気に召さぬ時は、商品券とお引き換えをし、場合によっては代金のお返しまでもすることになっておる。

店員はこの主旨を了解し、お取り替えや戻入品の場合には快くことさら親切敏速にお扱いをなし、ご満足をはからねばならぬ。お取り替えのお客様はさなくともお気のひけるものゆえ、お客様のお心持をよく

察してその応対には一層注意せねばならぬ。

二、お取替品はたとえ他部の商品といえども売上数字などの拘泥《こうでい》せず、必ず受け付けた売場で快く承り解決せねばならぬ。

三、お買上げ品のお取り替えについては、単に「いつでもお取り替えいたします」と無責任に答えることは慎まねばならぬ。品物によっては一両日のうちとか、なるべく短い期日を申し上げるべきである。

四、お取り替えについてはその理由を極軽くお伺いすること。

五、進物到来品、裁切品、出来上り品、汚損品、一度使用されたように思われる品や、あまりに古い品や季節はずれの品等、特種の品のお取り替えはその訳をよく承り、部主任、仕入主任または商品部長、所管部長のいずれかに申し出で、その指図を受けなければならぬ。

六、お取り替えの場合は通常値札の引合印か受領証によって現品を確かめ、一通りその品物に目を通さねばならぬ。受領証も引合印もない場合は必ず部主任か階係長の指図を受けるべきだ。

七、商品券または現金でお戻しする場合は、階係長または部主任の承認を経て売場主任からお渡しすることになっている。

八、返金の場合は一層親切にお客様の感情を害せぬように、態度、言葉遣いに細心の注意を払い、必ずご満足を得るように努めなければならぬ。

九、代品のお見立てに際しては、店員は進んでその品物をご覧に入れご満足をはかるがよい。

一〇、進物品のお取り替えで先方様が極めてお心易き間柄の様子の時は、「お値頃はもしやお分かりになってないでしょうか」と軽くお尋ね申すもよい。もしこちらから申し上げる値段とお客様のご記憶と相異の時は同品をご覧に入れご納得を願うこと。

一一、進物品には他店の商品にても当店の商標、包装紙等を利用される場合もあるから、その現品につき当店の品か否かをよく確かめねばならぬ。

一二、進物品で季節外れの商品等は一応いつ頃おもらいになったのでございましょうか」とお伺い申すこと。

一三、不良品のためお取り替えの場合は勿論当店の手落ちであるから、誠心誠意の態度を表し、一層敏速に取り扱い、充分お客様のご足を期せねばならぬ。代用品がお気に召さず現金で返金を望まれた時は、快くそのご希望に応ずること。

もし値引を希望された時は、仕入主任、部主任、商品部長いずれかに諮《はか》り、その手続きを取ること。

一四、代りにご用品はお客様のご面前にて粗品でなきやを充分検《しら》べた上、お客様のご納得を願って差し上げねばならぬ。

一五、不良品はその箇所に事由を明細に記して商品部へ提出し置くのである。

一六、お客様が一度ご使用後、不良なることを知り、お取り替えの場合はよく事情(不良なる箇所、原因、理由等)を確かめ自己判断のみにて解決せず、一応部主任または階係長に申告し、その応対をも依頼した方がよい。

一七、不良の程度により修理または加工のできるものはお客様にその旨を申し上げ、ご内意を伺うこともよい。

一八、お客様の言語、態度あるいは事故の内容により、その売場にて応対解決することは他のお客様に対して不快の念を与えるゆえ、なるべく別室へご案内して静かに承らねばならぬ。

一九、流行品その他相場の変動により、もし曩《さき》に販売した時の値段にて戻し入れ、または取り替し難き場合の応対は主任者もしくは相当者に依頼すること。

二〇、お買上げ品にして使用方法が分からずお取り替えを申し越された場合は「それはこういう風にお使いになるとよろしゅうございます」という風に、その使用方法を懇切に説明申さねばならぬ。

使い方がよく分かり満足してそのままお持ち帰りになることも多くある。しかし使用法が充分お分かりになっても、取り替えを希望された場合は心易くお取り替えをせねばならぬ。

二一、他の営業部の商品でもご希望により快くお取り替えすることを本旨とすれども、一応商品部長の了解を得て取り扱わねばならぬ。

第八節　進物品ご用の時

一、進物のご用を承る時の用語
◯お使い向きはいかがでございましょうか。
◯普通のお使いものでございましょうか。
◯お祝い用でございますか。
◯ご慶事用でございますか。
◯ご仏事用でございますか。
◯ご不幸用でございますか。
◯お箱入りにいたしましょうか。
◯桐箱にいたしますと◯◯銭頂戴いたします。
◯桐張ボール箱にいたしますと◯◯銭頂戴いたします。

○白木台はいかがでございましょうか。
○なお、お祝いとして末広をお添えになりましては、いかがでございましょうか。
○この方は杉柾の箱入りで、この方は桐箱入りでございます。
○かしこまりました。なるべく体裁よくお包みいたします。

二、進物お買上げ品についての注意

(1)、進物用のお買上げ品はその用途及び様式等をよく伺って進物包装の手続きをするのである。
(2)、進物包装の時は必ず値札を取り除き受領証と一緒にして置くのである。
(3)、進物の包み方には丸包みと、雄蝶、雌蝶の折型包みとがある。
(4)、水引には紅白、金銀、紅、黒白、黄白等があり、結び方にも蝶結び、結び切、結び放し、華結び等がある。
(5)、熨斗《のし》には折花熨斗、別折熨斗、鮑熨斗等がある。
(6)、進物は簡単な掛け紙を用うる場合のほか、土地の慣習によって多少異なる所もあるゆえ、よくその様式を心得、行き違いのないように注意せねばならぬ。
(7)、販売員として進物包装のできぬのははなはだ不便ゆえ、平素から覚えて置かねばならぬ。
(8)、お買上げ品包装の良否は接客法と相俟《ま》って接客上大切な事柄である。ことにご進物品包装においては格別である。これが包装のいかんによっては折角お心尽しのお贈り物もかえって礼を失し、剰《あまつさ》えご感情を損ずるようなこともできる。

また、その優劣によっては品物の値打ちをも左右され店の信用上にも多大の影響をも及ぼすゆえ、ご進物品包装については格別に注意を払わねばならぬ。

第九節　届け物発送品承り

一、お届け物承りの用語

○はい、かしこまりました。なるべくお早くお届けいたします。

○恐れ入りますが、お届け先をなるべく詳しくこれへお記しを願います。

○ありがとうございました。紙包み何点でございます。

○これは承りのお印でございます。

○毎度ありがとう存じます。

○お急ぎでございますか。

○いつ頃までにお届けいたしましたらよろしゅうございましょうか。

○午前中にはいかがと存じますが、午後なるべくお早くお届けいたしましてはいかがでございましょうか。

○ただ今お届け物が一時込み合っておりますので誠に恐れ入りますが、○○までご猶予が願われないでございましょうか。

○それでは何とか都合いたしまして○時頃までには必ずお届けいたします。

○配達係の方へ一度問い合せますから、少々お待ち下さいませ。

○お待たせいたしました。それでは何とか都合いたしましてお間に合せいたします。

○どうもありがとうございました。

○毎度ありがとう存じます。

二、お届け物承りについての注意

(1)、お客様ご依頼のお届け物は最も迅速にかつ確実を期し、関係各係とはよく連絡をとり、遺漏なきよう注意せねばならぬ。
(2)、売場でお客様よりお買上げ品の配達を望まれた節は、誂え物またはお通先(掛売先)の分は自らお届け票を作り、その手続きをすることになっておるが、普通はお届け承り係にお申し付けを願うように申し上げた方がよい。
(3)、お届け票のお届け先、ご住所、ご姓名はなるべくご自署を願うようにし、店員が認めた時は読み返し、ご覧を願って間違いのないよう責任をもってお伺いせねばならぬ。
(4)、お届け物を承る時はお届け先のご住所、ご姓名をなるべく詳しく承り、お届け票には明瞭に書かねばならぬ。同町、または似寄りの町名の場所も多々あるから何区の何町というように、また広い番地などではその内の小字番号や付近の目当て、目標等まで詳しく伺って置かねばならぬ。
(5)、もし届け先が不明で持ち帰るようなことがあれば、配達遅延のため、お客様にはご迷惑をかけ、また店としても無駄な手数と費用をかけることになるから、承る時、認める時によく注意せねばならぬ。
(6)、お客様のご姓名を伺う場合に、中にはウルサク思し召さるる方もあるから、感情を害せぬよう単にご姓名のみでなく、お名前も程よく伺って文字を間違えぬよう書かねばならぬ。
(7)、時間指定の至急配達物や午後遅く(一定の時刻後)になってから、その日中に配達を要すべき物は必ず配達方(受渡係)へ問い合せた上お引き受けせねばならぬ。
(8)、お誂え物等で終業後出来《しゅったい》する見込みの品で、ぜひ共その晩の内にお届けせねばならぬ場合はあらかじめ、主任者へ打合せた上、当直長に依頼して夜間配達の手続きをして置かねばならぬ。定休日や自己の休暇、欠勤等の場合にもこの注意を要する。

(9)、夜間配達は特に多額の費用を要することゆえ、なるべく昼のうちに片付けるようにせねばならぬ。

三、発送品承りの用語

○恐れ入りますが、お送り先をなるべく詳しくこれへお記しをお願いいたしとう存じます。
○何便でお送りいたしましょうか。
○あちらは○○便がよろしいように存じますが。
○承知いたしました。そういたしますと、送料実費○○銭頂戴いたします。
○送料は荷具費とも実費○○銭頂戴いたします。
○これは承りのお印でございます。
○はい、確かにお引き受けいたしました。
○どうもありがとうございました。
○毎度ありがとう存じます。

四、発送お承りについての注意

(1)、お買上げ品を他地方へ送付するよう命ぜられた場合は、書留小包または鉄道便等便名のご指定を受け、送料及び荷具料の実費を戴いた上、発送の手続きをするのである。
(2)、送料荷具費の概算表は各売場等に備えてあるから、よく調べて不足や過剰のないように固く注意すべきである。
(3)、特に発送方法のご指定のない時は確実にして迅速に配達し得られ、しかも運賃のなるべく掛らぬ方法を選ばねばならぬ。また普通小包は不安心ゆえ、大抵の品は書留小包とするよう申し上げねばならぬ。
(4)、送品途中で腐敗、または汚損、減量等のおそれあるものはその理由を申し上げてお分かりするようにせねばならぬ。お客様がご承知でも発送後に間違いのあった時は、店の信用にもかかわることになるから注意せねばならぬ。

第十節　誂え物ご注文の場合

一、誂え物に対しては特に「正確」という観念を強く念頭に置かねばならぬ。正確ということはいかなる場合にも必要なことであるが、とりわけ誂え物にはこの二字を強調せねばならぬ。

二、誂え物はそのお客様に限った特有のご注文品であるから、ご注文の点を明細に承り、少しでもこれに相違せぬよう調達せねばならぬ。たとえそれが格別特殊な物と思われぬ一般向きのものであっても、特別の誂え物と同様に念を入れて承り、一分の違いもないように注意を払わねばならぬ。況《ま》して特殊のお誂え物においては念を入れるべきである。

三、お誂え物を一度誤れば結局その品物の価値を失うことになる。でき上がり品であれば、万人向きの性質を持っておるけれど、お誂え物はその顧客に限られた性質のものであるから、その顧客のご注文にちょっとでも違ってお断りを受けたならば、その商品は廃物同様となる。他に利用またはさし向けることができたとしても、本来の使命に対して死物同様になったのであるから相当の損害を免れることはできない。これは商品の損害についてであるが、それより最も大事な顧客のご用件が店員の不注意のため支障を来し、全く金銭にて償いのできぬ申し訳なき結果となり、ひいては当店に対する信用に大なる影響を及ぼすこととなるのである。

四、かくのごとく誂え物には正確を失することがあれば、二重にも三重にも悪影響を及ぼすことになるから、特に「誂え物は正確に」と正確の要目を当店信条の上にも強調されてあるのである。

五、実際問題としても顧客よりのお小言・苦情の最も多きはこの誂え物である。ご注文を受ける際には特に細心の注意を払い、「誂え物は正確に」の信条の精神を常に念頭に置き、万遺漏《ばんいろう》なきよう念を入れねばならぬ。

六、誂え物のご用を承る時の用語

○ありがとうございます。ご寸法をお承りいたします。

○「模様雛形、色見本」もいろいろございますから、ただ今ご覧に入れます。

○かしこまりました。精々入念に「お染みお仕立て」をいたします。

○失礼ですが（お見忘《みそ》れいたしましたが）お名前様は。

○お所はどちら様でいらっしゃいましたか。

○いつ頃までにお納め（お拵《こしら》え）申しましょうか。

○お染め物（お仕立て物）はできるだけ充分にいたさせとうございますから、なるべくご猶予をお願い申します。

○日限はお差支えのない限り、なるべく悠《ゆ》っくり頂戴いたしまして入念にお拵《こしら》えさして戴きます。

○ご案内の通り時節柄お誂え物が一時になっておりますので、恐れ入りますが、今少しご猶予は願われないでしょうか。

○一度係へ照会いたしますから少々お待ちを願います。

○お待たせいいたしました。折角でございますから何とかお繰り合せをいたします。

○お待たせたしました。ご案内の通りただ今はお誂え物が一時になって、非常に工場の方が閊《つか》えておりますのでお間に合い兼ねてはいかがと存じますが、今少しご猶予は願われないでしょうか。
○何日には（お約束の日には）必ずお納めいたします。
○お引き受けいたしまして、もしお間に合いませんとかえってご迷惑になりますから、誠に申し訳ございませんが、悪しからずご用捨を願います。

（注　意）

歳暮その他季節の多忙期にはなるべく多くの日数を戴くよう注意せねばならぬ。お客様も多少駆引きせられることもあるから誠意をもって確かめ、ご要求にはできるだけ応ずるように努め、また確信なき場合は必ず誂え係に照会した上お引き受け申さねばならぬ。

七、誂え物をお渡しする時の用語

○大変お立派によくでき上がりました。
○でき上がりましたら一層引立ってまいりました。
○どうも遅くなりまして相済みませんでした。
○誠に遅れまして申し訳ございません。実は念入りに「仕立屋、染屋、縫屋」の方でいたしておりましたので遂《つい》遅くなってしまいました。

八、誂え物お承りについての注意

(1)、華客とご懇意になり店の信用を高める捷径《ちかみち》は誂え物の出来栄えの親切からである。それでよく華客の趣味嗜好を洞察し模様柄合の選定を巧みにして、ご指定事項を確実にお誂え、工作を丁寧に、そして期日の正確を期せねばならぬ。
(2)、ご寸法その他のお誂え事項は承った時、さらに問い返して確かめ置くことは間違いを未然に防ぐ第一の手段である。なおご寸法を承る際は（鯨尺、曲尺、メートル、吋等）間違わぬよう注意せねばならぬ。

(3)、女物の羽織、事類の袖丈は着物の袖丈より幾分控目に仕立てねば着た時に合わぬ。仮《たと》えば絹布平織物類は三分乃至五分位、縮緬錦紗類は七分位控えるのが適当であるから、お客様によく伺わねばならぬ。もし着物の伝票で袖丈一つ記載してある場合は着物の寸法と看做《みな》し、右のごとく控目に仕立てることになっておる。また着物の襟肩繰越の点等にも注意を要する。

(4)、紋については左の点に注意を要する。

紋の数（一ツ紋、三ツ紋、五ツ紋）

紋の型（日向、陰、丸の有無及び丸の太さ）

（普通の丸、糸輪、細輪、中輪、太輪、雪輪等）

大きさ（曲尺、鯨尺、メートル等）に注意し、計り方は通常最も長き箇所を当たるものであるが、お客様によって区々だからよく念を押さねばならぬ。また菱形や丸無し等は同じ寸法でも幾分小さく見えるから、これらにも注意せねばならぬ。

紋鑑にない紋は見本を拝借するようにせなければならない。

(5)、お取り決めになった現品にはその値札の裏にもお名前を記入し、お誂え物票には地質、柄色合等を記入して間違わぬよう注意せねばならぬ。

セル等のお仕立てが一時に嵩《かさ》む時は往々間違いを生ずるから、お誂え伝票に裂《きれ》見本をも貼付し置くとよい。

(6)、寸法その他のお誂え事項を承った時は直ちにお誂え物票等に記入した上、改めて読み返し、間違いなきやを確かめねばならぬ。文字数字は特に明瞭に書き見積尺、付属品、工料等の積り違いのないように再検して置かねばならぬ。

(7)、お客様のご持参品の加工をお引き受けする場合は、現品についてキズ、シミ、ムラ等の有無あるいは裂や尺の不足などなきやをご面前にてよく改めねばならぬ。

(8)、お誂え物でき上がりの場合は、引き受け担当者は一応その品に目を通し調べてからお納めせねばならぬ。

(9)、お誂え物はお届けしない場合でもご住所、ご姓名を詳しく承って置かねばならぬ。万一事故の生じた場合に必要であるから。

(10)、お誂え物の出来期日にはそれぞれ標準があるゆえ、よく心得て置かねばならぬ。歳暮、中元等多忙の季節には別に出来標準期間が定められる。標準期間より短い急ぎ物のお引き受けは一応誂係へ照会せねばならぬ。

(11)、一旦お引受けした期日は各関係の係とも協力して必ず遅延せぬよう、その完納に努めねばならぬ。万一、引き受け期日に間に合わぬような場合には、必ず期日到来前に書面、使、電話等でその旨申し上げご猶予を乞《こ》わねばならない。

(12)、旅行、宴会、婚礼、不幸等期日の余裕なきご入用品はお引き受けの際の注意は勿論、納付完了まで常に意を用い、関係の各係員それぞれ責任をもって期日を正確にし完納をはからねばならぬ。

(13)、お誂え品は包装の時やお届けの際、皺《しわ》を寄せたり、文庫を傷めたりして折角の出来栄えを損ぜぬように丁寧に取り扱わねばならぬ。

第十一節　多忙中の接客

一、多忙の際は一人にて幾人《いく》ものお客様に応接せねばならぬが、敏活に如才なくできるだけ満遍なくご満足をはかるようせねばならぬ。多忙な時こそ販売員の手腕の奮い時である。

多忙で手の廻り兼ねる時は、他の店員に応対してもらってお客様を長くお待たせしないがよい。

二、一人のお客様に応接中他のお客様から（これをくれ）と、お声が掛った場合は直ちに「はい、ありがとうございます」と挨拶せねばならぬ。先きのお客様の様子によってはちょっとお断りして置き、後のお客様を早くすまして、先のお客様に対して「大変お待たせ申して相済みませんでした」と挨拶をして引き続き応接に当たるのである。

三、幾人ものお客様から声の掛った場合

Aのお客様に接客中、Bのお客様から「これの寸法のもう少し長いのはないか」、またCのお客様から「〇〇はどこにありますか」、Dのお客様から「これをくれ」等と後から後へお声の掛る時は、一々「はい、ただ今少々お待ちを願います」と挨拶してまずAのお客様をすませ、順次BCDと移るのである。場合によってはAにもBにもCにもというように上手に取り廻しをしなくてはならぬ。むやみに慌て気味になるのはよくない。

四、お客様と応対中内部より用事にて呼ばれた時はいかなる場合でも、お客様を完全に済ませて後、行くのである。

五、接客中電話が掛って来た場合は接客中のお客様に対し、「ちょっと電話で失礼いたします」とお断りして電話口に出て差し支えありません。しかしなるべく早く切り上げて「どうも失礼しました」と挨拶し再び接客に当たるのである。

六、二人のお客様が同時に「これをくれ」というて代金を出された場合は、お二人共一緒に取り運ぶのが最善であるが、熟練しない店員は一方お断りして置いて、お一人ずつ確実に手早く応接した方がよい。

第十二節　勘定間違いの場合

一、勘定違いにてお断り申す時の用語

○誠に申し憎いことでございますが、ただ今お願いしましたお品は○円○十銭になりますところを間違えまして、○円○十銭戴きまして差し引き○○銭の不足になりますから、はなはだ恐れ入りますが、頂戴いたしとう存じますが。

○どうも何共相済みませんことでございました。

○誠に申し訳ございませんが、ただ今お願いいたしましたお品は○円○十銭でございましたのを間違えまして、○円○十銭頂戴しましたので差し引き○○銭お返しをいたします。

○何共相すみませんことでございました。

二、勘定違いについての注意

勘定違いはお客様に対し非常に悪い感じを与え、ひいては店の信用上にも多大な悪影響を及ぼし、また関係の係においても二重にも三重にも手数を煩《わずら》わし事務の渋滞を来すゆえ、お勘定の際は綿密な注意をなし遺漏なきを期せねばならぬ。

第十三節　お小言苦情

一、お客様本位の当店において最も不面目に感ずることはお客様からのお小言である。当店のごとき組織の複雑な所では一店員の不注意から思わぬ行違いや、失策を醸《かも》すことがあるから、全店員がよく綿密な注意をもってことに当たり、これを未然に防ぎ、些《いささ》かのお小言なきを期せねばならぬ。

二、お客様よりのお小言は次に挙げるごとく多くは各自の不注意、過失、怠慢、あるいは係間の連絡や意志の疎通を欠くことなどから起こるものである。

(例えば)

(1)、態度の不遜、言語の不徹底等。

(2)、ご注文品、お見分品、廻し品等の忘却や紛失、期日の遅延、お届け物の遅滞。

(3)、お誂え物の寸法違い、紋違い、染違い、不出来。

(4)、商品、金銭、お預り品の渡し違い、取り扱い粗雑。

(5)、商品の品質粗悪、尺量不足または織斑、織キズ、破損、浸み汚れ等。

(6)、ご進物品の包み違い、水引の掛け違い、値札の除り忘れ等。

(7)、掛売記入の口座違い、未納誂え品の代金請求、計算違い、書き方の不明、粗略。

(8)、食堂における食品材料の不良、虫・芥《ごみ》等の混入、食器、卓子掛の不潔、破損等。

三、もしお小言を受けたら些細なことでも必ず部主任、または階係長に申し出で、その指図を受けて解決しなくてはならぬ。取扱当事者が直接に応対、申し開きをしたため、かえって一層ご感情を害した例もあるからよくその辺を弁《わきま》え、上役に解決してもらうがよい。自己の過ちを蔽《おお》うため反駁《はんばく》したり弁解がましき行動をとってはならぬ。
四、お小言の場合は兎角《とかく》お客様の感情が激しておられるから、まずもって仰せになることは終りまで一通り素直に承り、中途で弁解の辞を挿んではかえってご機嫌を損ずるものである。
五、もし当方に失態のあった場合は左の心得が必要である。
(1)、よくことの真相を審《つまびらか》にし、当方の利害を度外し誠意をもって当たること。
(2)、慇懃《いんぎん》懇切の態度をもって感情を和げ謝意を表すこと。
(3)、失態の点は潔く陳謝してお客様の温情に訴え決してことを曖昧にせぬこと。
六、商売上の問題はすべて円満に解決することが緊要で、その解決の仕方によってかえって先様の同情を買い、これが動機となり、一層ご贔屓《ひいき》になった例もあるが、再び失態を繰り返さぬよう特に注意せねばならぬ。

第五章　サービス係

第一節　サービスについて

一、**サービス**とは「華客のご便利を第一にご満足的の奉仕に専念する」ということで、これが近時一層重要視されて来て、近代商店の経営には最も必要な条件である。
二、**サービス**を大別して見ると、商品上の**サービス**、施設上の**サービス**、接客上の**サービス**の三つに分けることができる。

(1)、商品上の**サービス**は信条に示されあるごとく「清新にして善良なる商品を廉価に販売すべし」の実現である。

(2)、施設上の**サービス**としては種々な催事及びお買上げ品の無料配達、エレベーター、エスカレーター、休憩室等数多の施設機関で、これらのものはいずれも相当経費を投じたサービスである。店員はこれの施設をば努めて有効適切に、しかも経済的に活用すべく細心の注意を払わねばならぬ。また時々刻々に改良、進歩という点にも充分考慮して行かねばならない。

(3)、接客上の**サービス**は前の施設サービスと異なって、経費は要せず店員個人の才能、技量、熱意、勤勉等の実現であって、要点はお客様のお心持ちを充分察知してそれに適合した行動を取り、ご満足をはかる積極的の奉仕である。これは店員の努力によって無制限に発揮し得らるるもので、この接客サービスこそ最も大切である。いかに進歩した施設をしても、またいかに適切な広告をしても一時的には兎《と》に角《かく》本来の信用繁栄を得る力は到底不可能なことで、真実の信用は店員の真心からの**サービス**から得らるるものである。要するに**サービス**の完璧は誠意の二字を基調としたお客扱いによるものである。

第二節　お出入口

一、お出入口の用語

(1)、ご来店のどなた様にも

○いらっしゃいませ（いらっしゃいまし）

（二、三歩位前の所で頭を軽く下げ敬意を表すること）

(2)、ご携帯品お預りの時

○お手荷物をお預りいたしましょうか

○はい、かしこまりました。もしやワレ物や貴重品等はございませんでしょうか。

○お荷物は地階のお渡所へお廻しいたしますから恐れ入りますが、どうぞこの合札をお持ち下さいませ。

(3)、受付に据え置きお預りの場合

○はい、かしこまりました。あまりお長くなりますと混雑いたしますから、相済みませんが地階の方へ廻さして戴きます。

(4)、お手荷物を受け取りに来られた場合

○恐れ入りますが、お荷物は地階（地下室）へお廻しいたしてございますから、（手で方向を示して）あの階段をお降り下さいますと直ぐ右側にお渡所がございます。

(5)、お傘をお預りする時

○お傘は地階へお廻しいたしますから、恐れ入りますが、この合札でお受け取り下さいませ。

(6)、売場または商品所在をお尋ねの場合

○はい、何階のどの辺に（目標になるものを指して）ございます。どうぞごゆっくりご覧下さいませ。

二、お出入口のついての注意

(1)、お客様がまず第一に感ぜられるのはこの入口である。その係員の応対いかんによってお客様の感情を左右するものであるから、態度には最も注意を払い「よくお越し下さいました」、この観念をもって敬意を持し、しかも愛嬌よくお迎え申し充分好感を与えるよう努めなければならぬ。

(2)、お荷物ご携帯品等をお預りする場合は最も丁寧に取り扱わねばならぬ。

破損し易いご携帯品は置場に注意し、壊れ物注意の札を付し損傷せぬよう充分注意を加えねばならぬ。

(3)、お客様よりのお尋ねに対しては懇切丁寧に、しかも分かり易く応答し、近い所などはご案内申さねばならない。

第三節　陳列場係（ご案内係　接客係）

一、この係はお客様のご案内役として種々のお尋ねに対し懇切に応答、説明、またはご案内を申すと共に諸種のサービス的施設を有効適切に利用して戴くよう注意を払い、また接客上において販売員の気付かぬ細かな点にも注意を配り、ご来客に対してサービスの万全を期すべく努めるのである。よって係員は店内の生き字引であらねばならぬ。店の催事広告商品の所在、その他の施設等にも常に注意を払い、いつにてもお客様の質問に対し正確に即答し得らるるよう心掛けおることが最も大切なことである。

二、売場員不在、または多忙の場合、その他お客様よりお買物のご相談を受けた場合はでき得る限り、懇切に愛想よく最もよきご相談相手となって進んでご便宜をはからねばならぬ。また売場員の気付かざるコボレのお客様にも進んで接客に当たり、すべて奉仕的の活動に心掛けねばならない。

三、店内にて迷子のお世話、また急病のお方、怪我等の場合は適宜のお世話を申さねばならぬ。

四、店内の清潔、木の、お子様連れのお方、またご老人のお助け等種々気を配り、店内サービスの完全を期せねばならない。

第四節　エレベーター、エスカレーター

一、エレベーター用語

○次は地階でございます。

食堂、食料品、理髪部、お買上げ品お渡所がございます。

○次は一階でございます。

和洋雑貨、化粧品、玩具、運動具、靴鞄類がございます。

○次は二階でございます。

綿布類、既製品、お子様用品、婦人服、セル、モスリン、洋服がございます。

○次は三階でございます。

絹物、ご婚礼衣裳、夜具、半襟、小間物、貴金属がございます。

○次は四階でございます。

和洋家具、陶器磁器、美術工芸品、電気瓦斯《ガス》器具類がございます。

○次は五階でございます。

学用品、図書、お勝手道具、呉服雑貨の特売場がございます。

○次は六階でございます。

お食堂とホールがございます。

ただ今○○○の関係中でございます。

○次は七階これまででございます。

園芸部、写真部、美容室、松坂屋庭園でございます。

○上へまいります。混み合いますからご順に願います。

○混み合いますから、お年寄りとお子様からお先に願います。

○もう少し中程へお繰り合わせを願います。

○相済みませんが、定員を超えておりますから、お降りをお待ち下さいまし。

○お子様を中程にして戴きとう存じます。

○お子様のお手にご注意下さいまし。

○お子様は奥へお入れ下さいまし。

○扉にご注意下さいまし。お待ちどお様でございました七階までまいります。

○途中ご用のお方はお知らせを願います。

○こちら七階まで止まらないで直通でまいります。

○かしこまりました。次は三階でございます。

絹物、ご婚礼衣裳、夜具、半襟、小間物、貴金属がございます。

○ここは四階でございます。少々お待ち下さいませ。

○お待ちどお様でございました。上へまいります。

○申し兼ねますが、お見分品をお待ちの方は階段をご利用願うことになっております。

○お待ちどお様、次は一階お出口でございます。

和洋雑貨、化粧品、玩具、運動具、靴鞄類がございます。

○毎度ありがとう存じます。

○ご用のお方は地階までまいります。
○お買上げ品は地階へ廻っております。毎度ありがとう存じます。
○お待ちどお様、次は地階でございます。一番下でございます。
食堂、食料品、理髪部、お買上げ品、お渡所がございます。毎度ありがとう存じます。
○これは昇りでございますから、お降りの方は少々お待ち下さいまし。
○これはお降りでございますから、お昇りでしたら少々お待ち下さいまし。
○誠に恐れ入りますが、停電いたしました。ここに電気がつき次第動きますから少々お待ち下さいまし。
○申し兼ねますが、故障でございますから、お隣へお乗換え下さいまし。

（注　意）

(1)、言葉遣いはことにはっきりと快い調子で文明の利器にふさわしい使い方でなければならぬ。
(2)、売場、または商品の所在その他のお尋ねに対しては懇切にしかも簡明に応答せねばならない。

二、エレベーター係の注意

(1)、機械取扱につき格別注意を払うこと。なお、戸の開閉に注意すること。
(2)、老人及びお子さんの乗り降りには殊に注意を払い、万事懇切にして殊に混雑の場合にはお怪我などのないよう気を配ること。
(3)、機械については朝夕厳密に検査して使用中故障の起らぬように充分注意すること。

三、エスカレーター用語

○黒い所へおつかまり下さいまし。
○お歩きになりませんように願います。

○おまたぎ下さいまし。
○お傘をおあげ下さいまし。
○お足元にご注意下さいまし。
○お召し物の裾をはさみますから、おもたれに（おしゃがみに）ならないで下さいまし。
○お子様はお抱き願います。
○お馴れにならない方はお危のうございますから階段をご利用下さいまし。

四、エスカレーター係の注意事項

(1)、黒い手摺りにつかまり、おまたぎ願うこと。
(2)、真直ぐにお立ち願うこと。
(3)、お子さんと手をつながないようにご注意申し上げること。
(4)、幼稚園程度（六、七歳）以上のお子さん連れは必ず親御さんの前にお乗り願うこと。それ以下の小さいお子さんは片手にお抱き願い、片手で黒い手摺につかまって戴くこと。
(5)、帯なしでお子さんを背負ったご婦人は危険であり、たとえ帯で背負って見えても、その外に六歳以下の小さいお子供さんを連れた方はご遠慮申し上げること。
(6)、杖にすがったご老人はご遠慮申し上げること。

第五節　休　憩　室

一、休憩室用語及び注意

⑴、呈茶の時
○どうぞおあがり下さいませ。
お茶を差し出す時には頭を少し下げて目礼をして、お盆は高からず低からず適度の所に差し出すこと。

⑵、面会人取り次ぎの時
○はい、かしこまりました。伺ってまいりますから、少々お待ち下さいませ。
面会人のお取り次ぎをする時はお先方のお名前を承り、または名刺を戴き、面会者がおるともおらぬともはっきり答えず「伺ってまいります」と申して取り次ぎをなすこと。

⑶、名刺のお示しのない場合
○はい、かしこまりました。失礼ですが、お名刺をお持ちでございましたら。
○さようでございますか。相済みませんが、どうぞここへ（メモへ）お名前様をお願いいたします。
○恐れ入りました。ただ今伺ってまいりますから少々お待ち下さいませ。
名刺をお持ちでない時は（メモ）を差し上げお記しを願うこと。

⑷、面会ができる時の返事
○お待たせいたしました。ただ今まいりますから、少々お待ち下さいませ。

⑸、別室へご案内の時
○ただ今まいりますから、どうぞこちらへ（別室へ）ご案内いたします。

⑹、代理の者が面会の時
○ただ今外出中（旅行中）でございますので代理の者がまいりますから、少々お待ち下さいませ。

⑺、長くお待たせして面会人を再び呼び出す時

○大変お待たせいたしまして相済みません。もう一度申し伝えますから少々お待ち下さいませ。

○お待たせいたしました。ただ今まいりますから少々お待ち下さいませ。

お先方に対し「ちょっとお待ち願いたい」というような返事の時は「およそ何分位お待ち願いましょうか」と伺い、ご面会人様へその旨申し上げること。

再度呼び出す時は電話でも差し支ない。

(8)、面会をお断りする時

○お待たせいたしました。某《なにがし》はあいにく外出中（旅行中）でございまして誠に折角の所を相済みませんでした。

○今日はまだ出勤をいたしませんが、誠に相済みませんが。

(9)、本人が見当らず長くお待たせする時

○大変お待たせいたしまして相済みませんが、ただ今さがしておりますから、もうしばらくお待ち下さいませ。

（注　意）

時折店の内輪のことを聞かれた場合には「私は一向存じませぬ」と答えて、はっきりお話せぬ方がよろしい。しかし売場のことなどお尋ねの時は自分の知っている限りご説明申し上げるのであるが、詳しいことは陳列場係へお伝えして応接を願うようにした方がよい。

第六節　食　堂

一、食堂内はことに清潔でなくてはいけない。食堂に従事するものは常に身体及び被服を清潔に心掛くることが最も大切である。頭髪の手入、指先の清潔はことに必要である。

二、常に健康体の持主で、いつも清々しい感じのよい健康美を発揮せねばならぬ。青白い顔をしていたり元気のない応対はお客様に不快な感じを与える。完全なる接客サービスはまず健康からである。

三、食堂でのお客様の第一印象はお給仕する店員の一つ一つの動作である。お食事を美味しく召し上がるも、不味く召し上がるも、その給仕のサービスいかんによるものであることを忘れてはならぬ。

四、老人やお子供さんには格別懇切にし何とか気を利かさなければならぬ。

五、お客様のご注文は誤りなく承り、その持ち運びに軽率な取り扱いや粗忽《そこつ》などせぬよう注意せねばならぬ。

六、自己の受け持ちのテーブルのご不用品は少しも早く引き去るよう注意せねばならぬ。

第七節　お買上げ品お渡所

一、お買上げ品お渡所用語

(1)、華客をお迎えした時

○いらっしゃいませ。

(2)、合札を差し出された時

○ありがとうございます。少々お待ち下さいませ。
(3)、品物をお渡しする時
○お待たせいたしました。ありがとうございました。
(4)、手間取った場合
○どうも長らくお待たせいたしました。
○ありがとうございました。

二、お買上げ品お渡所の注意

(1)、この係はお客様に最後の印象を与える大事な係である。まずお客様をお待たせしないということが第一要件である。最も機敏にかつ親切丁寧に取り扱って心持よくお帰りを願うようせねばならぬ。
(2)、お待ちのお方には格別愛想よくしてお退屈のないようにし、お帰りの際には「お待たせいたしました。どうも長らくお待たせいたしました」と丁寧にお送り申すことが肝要である。
(3)、華客が喫煙のため、あるいはその他の用で合札を品渡台の上に置いたままその場を離れられるような時は「相済みませんが、どうぞ合札をお持ち願います」と申し上げ、合札の紛失や間違いなどを防がねばならぬ。
(4)、風呂敷をお持ちで、老人またはお子様連れのお方にはお風呂敷を拝借して「お包みいたしましょう」と進んで奉仕する態度に出ずること。
(5)、お客様違いや番号違い等の渡し間違いのないよう充分注意すること。
(6)、お買上げ品が棚になかった場合
○お品物は何でございましたか。ただ今お調べいたしますから、少々お待ち下さいませ。

○ただ今ご進物にお包みしておりますから、少々お待ち下さいませ。
○何番の売場でございましたが、お調べいたしますから、少々お待ち下さいませ。
(7)、事故またはその他の理由にて少々お待ちを願う場合
○お待たせ申して相済みません。ただ今お調べいたしますから、恐れ入りますが、少々お待ち下さいませ。
愛想よく丁寧に前の休憩所でお待ぬを願うようお勧め申すがよい。
大嵩《おおかさ》物のお持帰りにはポーターとの連絡を取り、その利用をお勧め申すこと。
(8)、品廻しがさらに後れた時
(品名を伺う時)
○大変お待たせ申して相済みませんが、お品物は何でございましょうか。
ただ今お調べいたしますから、少々お待ち下さいませ。

今一度棚及び引合係進物方等を検《しら》べて、まだ廻っていない時は催促して売場から確かな返事を求めること。
(9)、事故あるいはその他の事由により、なおお待ちを願う時
○大変お待たせ申して何共相済みませんが、ただ今売場からまいりますからしばらくお待ちを願います。
○どうも大変お待たせ申して何共相済みませんでした。ありがとうございました。
○どうぞ悪《あ》しからずお願い申します。
暫時《ざんじ》お待たせすることさえよくない。まして再調後、なおお待たせするような場合には早速その取扱売場につき督促をなし、またその経過事由等を丁寧にはっきり申し上げ、努めてお客様の感情を害せないよう気を配らねばならぬ。

あまり長くお待たせしたお客様のお買上げ品は、欣然《きんぜん》店員が持ってお出口までお送りするまでの奉仕的態度をとり「どうぞこれにお懲りなくまた」と、この次にもいと心易くご来店が願えるよう努力せねばならぬ。

第八節　お手荷物お渡所

一、合札を差し出された時

○いらっしゃいませ。ありがとうございます。

○お手荷物はどんなのでございましたか。（風呂敷包み、手提鞄、袋、バスケット）

○少々お待ち下さいませ（番号を引き合せ）

○お待たせいたしました。ありがとうございました。

○毎度ありがとう存じます

二、お手荷物お渡係の注意

(1)、お手荷物お渡しは迅速にかつ間違いなきよう充分に気をつけ、必ず一応品物の様子を承ること。

(2)、破損し易い預り品は特に置場に注意し損傷せぬようせねばならぬ。お預り中万一破損せし場合、当店の商品にては弁償し得ざるもの（他店にて購入せられたる物または土産物、特産品等）が相当あるから取り扱いには格別注意せねばならぬ。

第九節　お忘れ物承り係

一、お客様よりお忘れ物紛失等にてお尋ねを受けた時はどこまでもご同情の意を表して、最も懇切にお探し申し上げねばならぬ。都合よく判明した場合は「ありまして結構でございました」と申し上げ、共に喜びの意を表わすがよい。

二、もし都合悪しく不明であった場合は、ご同情を申し上げ「なお後でよくお調べいたします」と挨拶の上、心当たりを充分お探し申し上げねばならぬ。この際ご住所、ご姓名を承り置き、後から否やのご返事を差し上げることになっている。

第十節　松坂屋プレイガイド

一、プレイガイドにおいての接客は店内に関する事柄と店外に関する事柄と二つに分けることができる。そのうち店内のご案内は表受付、あるいは陳列場係の接客とほぼ同様である。店内にての遺失、紛失物のうち、金銭、貴金属品等はこの係にて取り扱うことになっている。店外のことに関しては市内における諸種の演芸催し物（劇場、活動写真、公会堂等の催し物）のご案内並びに、これらの入場券発売お取り次ぎあるいは予約のご便宜、その他市内の名所または飲食店、料理店、旅館等のお尋ねの応答が主なる事柄である。

第十一節　配達係

一、配達係は売場を始め各係から使い出しするお客様のお買上げ品、お誂え物、その他あらゆるお届け物を敏速に処理して販売戦線における後方勤務の役を全うするのであるから、配達員は当店を代表する間接販売員であって、これが振、不振は販売能率に、また店の信用上に多大の影響を及ぼすゆえ、その責任は寔《まこと》に重大なものである。ただ機械的に盲目的にお届けさえすれば、それで済むというがごとき単純な任務でないことを自覚せねばならぬ。

二、店運の隆盛につれ業務ますます繁雑を極め、従って配達件数の増加はさらに著しく特急品や容積巨大な品は逐次激増し、配達区域の拡張、交通路の混雑等諸般の困難は遠慮なく増発して来る。この多忙な現況に処して遺憾なく責任を果たすには一大覚悟がなくてはならぬ。その覚悟とは協力一致・奮闘努力、事に当たらんとする決心にほかならぬ。「迅速正確」の信条は自らこの覚悟より徹底せらるるのである。かくて外部はお客様に対し、内は販売員に対し十分その意志を体して相互の連絡を保ち、お客様本位の精神をもって任務の遂行を期せねばならぬ。

三、配達品取り扱いについて

商品はわれわれ店員にとりては生命とも頼むべきもので、その取り扱いに十分なる注意を払うべきことは申すまでもないことであるが、特に配達品の大部分はお客様が選定の上、お買い求めになった品物で、既にその所有はお客様に属したお預り品であるゆえに、その取り扱いについてはとりわけ注意を払わねばならぬ。取り扱いのいかんによっては種々な事故を惹起《じゃっき》し取り返しのつかぬ不始末が出来《しゅったい》する。

左の各項についてことさら注意を要する。

(1)、配達品包装中には種々な商品が混在しているからいずれも皆貴重品なりと心得、その上げ下し積込み等の場合には特に細心の注意を払わねばならぬ。

(2)、お仕立て物の取り扱いも前同様の注意を要するが、これは汚損したり皺《しわ》の寄り易いものであるから、その点特に心を用い、ご新調品としてどこまでも気持ちのよいでき上がりぶりをご覧に入れねばならぬ。

(3)、お仕立て物は軽い品が多いようであるが、容積は比較的大きいから決して片手で扱わず、必ず両手に受けて持ち運ばねばならぬ。持参の場合は行李《こうり》、または通板を使用するを本則としてある。他品と混積する際には勿論配達順も考慮すべきであるが、なるべく行李の底面にお仕立て物を置くように心掛け、他品の凹凸面に積み合せすることのないよう注意が肝要である。

四、受渡係内務員の注意

(1)、お届け品の仕訳をなす場合破損し易い品、その他取り扱い上注意を要する品には「われ物取扱注意」等の赤札を付け、なお包装用蒲団を使用し特に注意を払わねばならぬ。

(2)、配達区域整理の際、仕立て物及び汚損、破損し易き品は置場所につき特に注意せねばならぬ。

(3)、配達員扱いの戻品に対してはその手続きにつき遺漏なきよう注意せねばならぬ。

(4)、不明のためご依頼先の華客へ照会の場合は、直ちにこれが手続きをなし、放置等のことがあってはならぬ。

(5)、回答を受け明瞭した時は直ちにお届けの手続きをなし、その旨持ち戻った者、並びに一般の配達員にも周知せしめ置くこと。

(6)、配達受付簿、整理簿等は詳細に整理し置き、いついかなる照会があっても直ちに確答のでき得るようにして置かねばならぬ。

五、デリバリー服務上の注意

(1)、出発に際しては配達先の順序を考えて道順に無駄のないようすること。

(2)、お届け票と現品との対照をなし置くこと。

(3)、配達品は必ず所定の器物に入れ配達順に上積すること。但し仕立物は形を崩さぬよう、また皺《しわ》にならぬよう積載に注意を払うこと。

(4)、服装は正しく整えかつ自転車各部の給油点検をなし置くこと。

(5)、配達途中配達品の遺失汚損、破損等のないよう充分注意を払うこと。

(6)、必ず左側を通行し、もし急ぎの場合、前行者を乗り越す場合には右に出で、ベルをもって合図をなし充分注意の上行くこと。

むやみにスピードを出して事故を起こしてはならぬ。

(7)、交差点または雑踏の場所、電車やバスのすれ違いの場合等には不意に思わぬ交通事故を起し易いものゆえ、特に用心が肝要である。

六、配達先においての注意

(1)、自転車を門内へ乗り入れあるいは門内から乗り出しは失礼であるから、必ず門前において乗降せねばならぬ。

(2)、ご用品以外の荷物でもこれを門前等に放置することなく、必ず一緒に持ち込むこと。大嵩《おおかさ》物で持込みに困難な場合は目の行き届く処に置き、絶えず注意を払わねばならぬ。

(3)、配達先へ参上した時はなるべく勝手口（通用口）から案内を乞《こ》い、もし玄関口からせねばならぬ場合は、謙譲な態度で取り次ぎを願い、その扉の開閉にも注意せねばならぬ。

商店への配達品はまず店先にて挨拶をなし、先方様のご指図により奥（中の間）へ通るか、または店先にてご用を済ますのである。

(4)、配達先では慇懃《いんぎん》な態度を持し、いかんに多忙な時といえども必ず軽率な行為を慎しみ、勝手口または内玄関等の扉の開閉なども極めて静かになさねばならぬ。

(5)、お届け品伝票には必ず配達先のお認印を戴いて来ることになっている。

配達先で商品その他についてお尋ねを受け、その場でお答のできないことは帰店の上、係の方からご返答申し上げるようお答え申すこと。

また、ご注文あるいはご依頼等を受けた時は、直ぐ手帳に記してその旨漏れなく伝達せねばならぬ。

(6)、お届け品の点数はなるべく自分の面前にてお検《あらた》めを受け、もし不足品等のあった時は品名、値段、取扱売場、取扱者等を詳細に承り、その旨早速受渡係へ報告せねばならぬ。

(7)、配達品は必ず屋内においてお届け先の正否を確かめた上お渡しせねばならぬ。屋外、庭園、出入口、廊下、関所等では得て被害に掛り易いゆえ、特に注意を要する。

(8)、配達品に使用の蒲団、風呂敷、通函等は忘却せぬよう注意せねばならぬ。

七、ご不用品・お誂え物等戴きの場合

(1)、ご不用品、またはお誂え物でご寸法、またはご定紋その他を承る場合はなるべくお客様にご明記を願い、念のためさらに復唱して間違わぬようせねばならぬ。

(2)、ご不用品はお届け票に記入の有無にかかわらず(お届け物の際、そのついでに示さるることあり)快く頂戴してまいらねばならぬ。「後からまいります。また改めてまいりますから」などと申し上げるようなことがあってはいけない。努めてお客様のご便宜をはかり充分ご満足を期せねばならぬ。

八、ご依頼品お届けの場合

(1)、ご依頼品のお届けはそのご依頼華客を代理するものであるから、至極慇懃《いんぎん》な態度を示すべきである。

心付等を出された場合は丁寧にご辞退申し上げること。もしご辞退のできない時はその金品を係長へ届け出ることになっている。

(2)、ご依頼品お届けに対して先方様（ご依頼主）を一向知らないがと言わるる場合にはご依頼伝票をご覧に入れてご受納を願うようにするのである。

(3)、先方様をご承知であっても「そのような品物をもらう理由がない」と申さるるような場合は、「私は使いの者ですから預りを願う訳にはまいりませんでしょうか」と一応お伺い申し上げ、それでもお受付のない場合は快く持ち帰るのである。

九、代金引換の場合

(1)、代金引換の時、会社、病院、旅館等では事故が起り易いから、自らその包みを解き、必ず自分の面前でご覧を願わねばならぬ。

その他一般のご家庭においてもなるべく自分の面前で一応ご覧を願うことが必要である。

(2)、ご用品に対しては代金を戴きたる上、必ず受領証を差し上げ、その値札にもなるべく受領印を押捺することになっている。また判取帳に記入捺印を望まれたる時は快くそのお求めに応ずべきである。

(3)、代金引換の配達品に対してはあらかじめ係担当者より配達先の信用程度を尋ね置き、なおその家に入る前に家の構え、内情、生活状態等につきほぼ程度の推定をして置かねばならぬ。

(4)、代金引換お支払いに際し小切手を示されたる時、一応お断り申し上げ、止む得ざる場合には後程改めて持参する旨を慇懃《いんぎん》に申し上げ、ご了解を願うのである。あるいは電話その他の便宜な方法にて係へその旨照会するもよい。

(5)、小切手の受領に際しては発行先の信用程度に注意するは勿論、発行の日付、金額、その他文字の訂正、発行者の印鑑、支払地、支払銀行等にも注意せねばならぬ。

但し、銀行の営業時間外または休日の場合は一層注意し、なるべくお断り申し上げるようにせなければならない。

(6)、お客様より他人振り出しの小切手を示されたる時は、「他人様《よそ》の振り出し小切手は戴かないことになっておりますから」と慇懃《いんぎん》にお断りを申し上げねばならぬ。

(7)、代金引換にてそのご本人が不在のため再び持参するように仰せらるる場合は、その時刻を伺い置き再度持参に間に合うよう注意すべきである。

(8)、代金引換の受領金員は帰店後直ちに入金伝票に記入して入金の手続きを取らねばならぬ。

一〇、商品券を代金引換の場合

(1)、商品券はすべて現金引換で掛売の取り扱いはいたさぬことになっている。

(2)、商品券は往々詐欺、籠脱《かごぬ》け等の被害に罹《かか》ることがあるから、特にこれが受け渡しに注意を払わねばならぬ。殊に旅館、病院、ビルディング等公衆の出入りする所は格別に注意を払い、その受け渡しにはまず現金を頂戴してから商品券を差し出すようにせねばならぬ。
なお、路上は勿論、庭園出入口、廊下等の受け渡しは最も危険につき絶対厳禁せねばならぬ。

(3)、もし、お得意先（掛売先）にて商品券の月末勘定を要求された場合は、「商品券は何方様《どなた》にも現金引換にお願いいたしておりますので」慇懃《いんぎん》に申し上げ、その代金を頂戴せねばならない。

(4)、先方様のご都合にて引き換えに代金が戴けない場合は、改めて出し直す旨を申し上げ、参上の日時を伺い置き、さらに持参するのである。

(5)、商品券代金の受領証は通常差し上げないものなれど、特に要求されたる時は快く応じなければならぬ。

判取帳に受領記入の場合は「但し商品券代金」と付記するものである。
(6)、商品券を進物包装する場合は、その金額をお客様に一度ご覧を願った後「お包みいたしまして置きましょうか」とご内意を得て包装せねばならぬ。
(7)、商品券は現金同様の性質あるものにつき、その代金はお得意先（掛売先）を除くほか、すべて小切手をお断り申すことになっている。

一一、自動車運転手及び助手の注意

(1)、服務上の心得についてはデリバリーと同様であるが、自動車は運転上危険が多く、また相当に技術を要するゆえ、一層取り扱いの注意と研究とが必要である。助手は運転手を助け過失防止に努めなければならぬ。
(2)、平素車体の構造作用等を充分弁《わきま》え置き、常にその手入れ、給油等に心を配り故障のなきよう綿密な注意と車台愛護の念とをもってこれに当たらなければならぬ。
(3)、運転速度と通行路線は規定に基きてこれを厳守せねばならぬ。もし止むを得ずして狭い道路に立ち入る必要ある場合は、あらかじめ警察官の許可を受けたる上通行し、これが配達を終りたる際は謝辞を述べることを忘れてはならぬ。
(4)、いかなる場合であっても助手が運転をしてはならぬ。世間にはこれに反した無免許運転をして種々な面倒を惹起《じゃっき》した例も少なくない。また運転上にも故障を来し非常な悪結果となるから絶対の禁則と心得ねばならぬ。
(5)、運転手は平素助手に自動車の一般概念使用上の注意等を教え置き、手入れその他、執務上に支障を来さぬよう注意せねばならぬ。

一二、事故発生に際しての処置

(1)、配達途中事故に遭遇した場合は左の要項により最も敏速に適当なる善後策を講じ、でき得る限り被害の軽減に努めねばならぬ。

(2)、人身に被害を与えたる場合

直ちに応急手当をなし最寄り医師の診断を受け、一面電話その他の方法をもって店に急報せねばならぬ。この際自己の配達品及び被害者の携帯品にも留意し、自己の言動には充分慎重な態度を持し、被害者に対してはあくまで相済まざるの念をもって当たり、寸毫《すんごう》も悪感を与えないことが何より大切なことである。

一三、商品に被害を及ぼしたる場合

(1)、商品を遺失もしくは盗難に罹《かか》りたる際は、時を移さず発見し得らるるよう機宜の処置を取ると同時にその旨至急店へ報告せなければならぬ。

(2)、商品を汚損、破損したる場合はその度を増大せしめざるよう機宜の処置をなし、仕立て物等にありては包装紙を取り除き、陶器類にありては他の品物と区分し、いずれも店に持ち戻り処置を仰がねばならぬ。

(3)、従来発生したる事故の多くは配達閑散時の心の緩みか、あるいは規定に反して隘路《あいろ》を通行したるか、あるいは自動車を助手に運転せしめたるか、または規定以上の速度を出した場合等がその主なる原因をなしている。各自の注意いかんによって、起こるべき事故も未然に防止することができるのでありますから、常に周到な用意と細心の注意が肝要であることを忘れてならぬ。

一四、帰店後について

(1)、配達を終り帰店したる時は係長または主任者に挨拶の上、配達済のお届け票は所定の手続きを取り、始末をして置かねばならぬ。
(2)、不明、または不在等により配達不能の品はお届け票にその理由を記入し、品物と共に係担当者へ手続きをするのである。
(3)、戴き品はお客様より指示の通り入用品、仕立て品、不用品等の事由を記し、また複雑なる事項は扱員を呼ぶか、あるいは電話をもってなるべく詳細に漏れなく伝達せなければならぬ。
(4)、代金引換の入金は直ちに仮入金票にそれぞれ記載の上、その手続きを取らねばならぬ。
(5)、配達終了帰店後は次回出発まで、所定の場所において静かに休養するのである。

一五、標　準　用　語

(1)、普通の場合
○ご免下さいませ。松坂屋でございます。
○毎度ありがとう存じます。
○大変遅くなりましたが、ご用品を持参いたしました。どうぞお改め下さいませ。
○ご面倒様でございますが、これへお認めを戴きとう存じます。
○恐れ入りました。ありがとうございました。
○何かほかにご用はございませんでしょうか。どうもありがとうございました。

(2)、ご依頼品お届けの場合
○何町の某《なにがし》様からご依頼品を持参いたしました。どうぞお受け取り下さいませ。
(前後の挨拶は前同様)

(3)、商品券を代金引換にて持参の場合
○ご注文の商品券を持参いたしました。
○どうぞお改め下さいませ（十円券三枚でございます）お包みいたして置きましょうか。
○恐れ入りますが、代金三十円頂戴いたしとうございます。
○ありがとうございます。三十円頂戴いたします。
（前後の挨拶は前同様）
(4)、ご不用品またはお誂え物等戴きの場合
○ご不用のお品物（お誂え物）を戴きにまいりました。
○ありがとうございます。何点頂戴いたします。
○これはお受け取りの印でございます。
（前後の挨拶は前同様）
(5)、ご決定品を代金引換にてお届けの場合
○大変遅くなりましたが、ご用品を持参いたしました。どうぞお改めて下さいませ。
○ご勘定書でございます。恐れ入りますが、お代金を頂戴いたしとう存じます。
○ありがとうございます。何円何十銭頂戴いたします。
○そういたしますと何十何銭のお返しでございます。
（前後の挨拶は前同様）
(6)、お届けが遅れてお小言を受け時
○どうも遅れまして何共申し訳ございません。今後は充分注意いたします。どうぞ悪しからずお願いい

たしとう存じます。

速敏実誠	
迅速	分秒も競って早く届けるよう
好感	お届け品は丁寧に顧客奉仕を念頭に
責任	仕事の処理を正確に自己や苦情を起さぬよう
熱心	区域の地理に精通し骨身惜まず熱心に
親切	誠意を込めて応接し出入の作法感じよく

第十二節　ポーター

一、ポーター用語

(1)、お入り口

○自動車等にてご来店のお客様には直に車の傍に駆けつけ、ドアを開け緊張した態度で感じよくお迎えすること。

○いらっしゃいませ。（帽子を取って挨拶）

（お荷物があれば）

○お荷物をお預りいたしましょう。

（雨天の際は雨傘を差して）
○どうぞお入り下さいませ。（入口までお送りすること）

(2)、地階品渡場前

大嵩《おおかさ》な荷物や重そうなお買物等のお受け取りを見受けた時（直ちに近寄り）
○お持ち帰りでございますか。
○お出口までお共をさして戴きます。
（発送、またはお届けの場合）
○こちらの方でお承りいたします。どうぞこちらへ。（お荷物を持ってご案内すること）
（バスまたは電車、自動車まで来てくれと申された時）
○はい、かしこまりした。どうぞお供さして戴きます。
（お送りしてお別れの時）
○毎度ありがとう存じます。

(3)、沢山のお買物にてお困りの様子の時
○お持ちよくおまとめいたしましょう。
○お出口までお供いたしましょう。
○どうぞお乗り場までお持ちいたしましょう。
（お別れに際して）
○毎度ありがとう存じます。

二、ポーターの注意

この係は最初と最後の印象を与える大事な役目である。その応対振りいかんによってご来客の感情を左右するものであるから、最も親切をもって利かし充分ご満足を願うよう努めねばならぬ。

第十三節　傘お返し所

一、傘お渡所用語

(1)、お客様を迎えた時

○いらっしゃいませ。少々お待ち下さいませ。

○ありがとう存じます。

(2)、合札番号の傘が見当たらぬ場合

○まだまいっておりませんから、恐れ入りますが、少々お待ちを願います。

(3)、問い合せ調べても分からぬ場合

○どんなのでございましたでしょうか。

○いつ頃お入りでしたでしょうか。

(4)、不明の場合

○誠に相済みませんが、沢山の傘でどうも分かり兼ねますが、お急ぎでございましたら、恐れ入りますが、一時手前共のでお間に合せ願えませんでしょうか。

○後でよくお調べいたしました上、お宅までお届けいたします。………恐れ入りますが、これへお所とお名前とをお記しを願います。

○どうもご迷惑を掛けまして何共申し訳ございません………どうぞ悪しからずお願い申します。
(5)、お客様が合札を落された場合
○それはお気の毒様でございました。
○もしや合札番号をご記憶ではございませんでしょうか。
○はなはだ失礼ですが、万一お思い違いで、どこか他の所にでも入っておりませんでしょうか。
(6)、番号のご記憶もなく合札も分からぬ場合
○左様でございますか。それでは恐れ入りますが、一度中へお入り願いまして、傘をご覧下さいませ。
(7)、傘が見付かった時
○どうもお気の毒様でございました。
○それは結構でございました。
(8)、傘がどうしても見付らぬ場合
○どうもお気の毒様でございます。
○それでは、一時手前共の傘でお間に合せ願いまして、後でよく調べさして戴きましてはいかがでございましょう。
○恐れ入りますが、これへお所とお名前様とをお記しを願います。
どうもお気の毒様でございました。

二、傘お渡所の注意

(1)、お客様をなるべくお待たせしないよう、最も機敏にかつ親切丁寧に取り扱い、心持ちよくお帰り願うようにせねばならぬ。

(2)、お客様違いや番号違い等して渡し間違いのないよう充分注意すべきである。
(3)、一時に多数のお客様の場合はなるべく心を落ち着けて手荒くならぬように注意が肝要である。
(4)、お年寄りとお子様には特に注意して万事親切にし、ことに混雑の場合はお怪我等のないよう注意を払わねばならぬ。
(5)、お客様の自由を尊重して混雑の場合に際しても、あまり干渉的態度や注意呼ばり等をして悪感を与えぬよう心掛けねばならぬ。

第十四節　自転車お預り所

一、自転車お預り所用語
(1)、自転車お預りの時
○いらっしゃいませ。
○どうぞこの合札をお待ち下さいませ。
(2)、預り場満車の時
○ただ今満車でございますから、少々お待ちを願います。
(3)、直ぐ来るからちょっとその処に置かしてくれと申される場合
○誠に相済みませんが、直ぐあきますから、少々お待ちを願います。
(4)、入口満員のため外へ持ち出し難い場合
○誠に恐れ入りますが、お出ましの方がございますから、少々口元をお開きを願います。

二、自転車預り所の注意

(1)、お客様はその場限りのものでなく、永遠のお引き立てを願うのであるから、常にご満足して戴けるよう「親切、丁寧、愛嬌よく」応接し、いやしくも不快の念を与えるようなことがあってはならぬ。

(2)、混雑するような場合はなるべく心を落ち着けて手荒く言葉荒くならぬよう心掛けねばならぬ。

第六章　陳列場常識

第一節　陳列場注意事項

一、陳列場にあってはことに緊張した心持ちをもって常に上品にして慇懃《いんぎん》な態度を持し、一分の隙もないように心掛けねばならぬ。

二、たとえ閑散な時でも受け持ちの場所を離れたり店員同志寄り合って話などしてはならぬ。こういう売場へはお客様がお寄り付き悪いものである。

三、常に活動と研究とを念頭に置き、閑暇《ひま》があったら商品の整理をしたり、品物を調べたり、また商品の研究をしたりするがよい。

閑散な時にはことさら丁寧に接客し、販売応接の上達を心掛けねばならぬ。

四、お客様の前では上役の言い付けにはことに素直に服従しなければならぬ。また下役の者に手落ちがあってもあまり小やかましく言わぬよう気をつけ、注意すべき事柄や腑に落ちぬことはお客様のお帰り後に話をせねばならぬ。
五、お客様が商品をご覧の時、またはご対話中の時などにはその前を通り抜けぬようにせねばならぬ。
六、店内縦覧ご随意の趣意を忘れず、お買物の有無に関らず温容親切をもって接し、常に華客のご便利をはからねばならぬ。
七、お客様の動静に絶えず注意を払い、ご用あり気の時は進んでご用を承り、熱心に接客せねばならぬ。
八、お客様の風采を凝視したり横目を使ったりするのははなはだ宜しくない。また長い時間手数の掛るお買物や、たびたび心変わりのお客様に対しても決して不快な顔色や態度を表してはならぬ。
九、店員が寄り合って私語を交えたり大笑したり、あるいは一人のお客様を眺めつめていることは不体裁で、また失礼なことであるから慎しまねばならぬ。
一〇、店員はお客様用の設備を濫用してはならぬ。ことに休憩室、食堂、便所、スチーム、火鉢、扇風器、客用椅子等へ私用で立ち寄らぬようせねばならぬ。
一一、陳列台、売場台または商品の上に肱《ひじ》を突き、はなはだしきは腰を掛けたるするがごとき不体裁は絶対慎まねばならぬ。また商品の上で物を書くなども避けねばならぬ。
一二、陳列場において欠伸、頭のふけ落し、爪切り、頬杖、楽書あるいは窓から街路を覗いたり、売場を駆け巡ったり、鏡を見たり、お化粧をしたり等の不行儀は絶対慎むべきである。
一三、陳列場内においてはどんな係員でもお客様のご用は謹んで承り、親切を尽くしご満足をはからねばならぬ。何か変わったこと等ある時その方に気を取られ、肝腎なお客様を顧みないというような態度はよくない。
一四、お客様は自由に観覧を望まれるものであるから、軽々しく言葉を掛け、また尾行的にお買上を迫るような行為は避くべきである。
一五、商品はお気に入るまで豊富にご覧に入れ、売ることにあせり、無理勧め押し売りがましき態度は慎まねばならぬ。
一六、お客様にたとえご無理なことがあっても決して言葉や態度に表すことなく、甘んじてこれを受け、またことによっては徐《おもむ》ろにその了解を求めねばならぬ。
一七、心易いお客様であっても友達扱いのゾンザイな言葉は禁物である。また常得意様に対して見苦しいまでチヤホヤするのはお客様の感情を害することがあるから注意せねばならぬ。
一八、華客に応対中懇意なお馴染み客は来られると、今まで応対中の華客を捨て置いて早速お馴染み客に変わると言うような態度はよくない。
お客様の待遇はお相手をする販売員一人に任せず、その売場員全員が気を揃えて敬意と愛嬌とをもって迎え「我れ関せず」といったような冷淡な態度があってはならぬ。
一九、お客様により軽蔑な態度をしたり、ぶっきら棒になったり、冷淡な風をしたりすることは最も慎しまねばならぬ。どの華客に対しても尊敬の念をもって親切に応対すべきである。
二〇、お買上げ品の時は気持ちよく接客するが、お取り替え等の場合には無愛想、不親切な態度をなすというようなことは最も慎まねばならぬ。これは華客に対し非常な悪感を与えるばかりでなく、当店の信用上大きな悪影響をもたらすからである。
二一、自分の売場の売上げになる場合は熱心親切に接客するが、他の売場巡《まわ》しとなると、掌《てのひら》を返して冷淡な風を表す等の態度は絶対慎まねばならぬ。
二二、華客に応対中電話口へ出る場合は必ず一応挨拶して行かねばならぬ。

二三、最初お迎えの「いらっしゃいませ」、最後送り出しの「ありがとうございます」の挨拶は最も慎重な態度をもって精神的に申し上げねばならぬ。お客様に直面せず、他所の方に頭を向けたり、ただ形式的の挨拶等は宜しくない。

二四、終業ベルが鳴ってからでもお客様の見ておられる陳列台の商品を取り片付けたり、覆布《おおい》を掛けるなどお帰りを促すような態度は絶対避けねばならぬ。

二五、店員間の円満をはかること。上下、新旧の区別なく相親しみ、常に上は下を愛撫指導し、下は尊敬の念をもって上に従い、円満に各々の与えられたる職務の責任をまっとうすべきである。

第二節　店員徽章の注意

○店員徽章《きしょう》は所定の個所に正しく佩用《はいよう》し、お客様に対し当店員たることを明瞭に示すと同時に自己に取りては責任観念の強調に資せねばならぬ。
まぎらわしき他の徽章等の佩用は禁じられている。

第三節　清潔整頓について

一、陳列場内は常に清掃整頓し、商品も奇麗に手入れし、その陳列や配置にも充分注意してお客様の「お入りよくお買い易く」、また感じよく縦覧して戴けるように努めるのは最も肝要なことである。

二、売場員は毎朝受け持ち売場の整頓が終わったら、一度自らお客様になった心持ちで売場の外観にも眼を通すように心掛けねばならぬ。
三、陳列用グラスケースはいつも透明であるように掃除せねばならぬ。
四、陳列場内でたとえ紙屑一つでも見付けた時は誰でも直ぐに拾って紙屑箱に入れねばならぬ。場合によっては掃除人を呼んで掃除をさせるもよい。陳列場が不潔な時はお客様の感じが悪いばかりでなく新しい商品までも古く見える。
五、店内に掲示してある看板、額、ポスター等の破損、不備を見付けた時は直ちにこれを直すかまたは装飾方へ通告せねばならぬ。
六、窓飾（ショーウインドー）やケース内の陳列品をお客様のお望みにて取り出す場合には装飾方またはその部へ告げ、後始末をも必ずして置かねばならぬ。

第四節　華客の質問について

一、陳列場内においては何の係員でもお客様のご用は謹んで承り、親切、丁寧にご満足をはからねばならぬ。
二、お客様から商品所在、催し場、便所、休憩室、食堂、電話等の位置を尋ねられた時は階数、順路、目標、または方向（前後左右）を分かり易く申し上げ、近い所や分かり難い所などはなるべくご案内するようにせねばならぬ。
三、お尋ねの事柄が自分によく分からぬ時は、上席者に尋ねた上、間違いなく申し上げねばならぬ。いい加減な返答や「存じません」などと無愛想なことがあってはならぬ。
四、新聞、雑誌、通信記者、興信所員、その他の方より受け持ち商品以外の事柄を尋ねられた時は部主任、または係長に告げて返事をしてもらうようにせねばならぬ。

五、官公署よりの質問は自分一存にて返事せず、一応文書係または庶務係等、関係の係へ通じ適当に指図を乞《こ》うがよい。

六、重役室、部長室、その他各係の所在、係員の在否等を尋ねられた時は直ちにこれに答えることなく、まずそのご用向き伺い、その次第により最寄りの休憩室に案内し、係の女店員に取り次ぎを託するようにせねばならぬ。これは直接事務室等への無断出入者を防ぐために必要なことである。しかしまた一面当方から呼び迎えたお方もあり、その他いろいろ関係の方もあるから適当に注意せねばならぬ。

第五節　担当場所について

一、自分の受け持ち担当場所はどこまでも責任をもってこれに当たり、接客販売上に支障を生じないよう注意せねばならぬ。無断で受け持ち場所を離れたりしてお客様に対しご迷惑を及ぼすようなことがあってはならぬ。もし受け持ち場所を離れる時は主任者または隣接者に断って行くことになっている。

二、各々がその受け持ちの完全を期することが店全体を完全にすることになる。例えば品揃えのごときも部主任、仕入主任がいかに熱心であっても数多の商品にはなかなか行き届かぬもので、各々がその受け持ち商品の品揃えに責任をもって当たる時、初めてその売場の完全を期し、従って店全体の品揃えの完璧ができるのである。

第六節　収納・引合員の態度について

一、陳列場における収納・引合係員は販売員と同様、接客奉仕の心掛けをもってお客様のご便利をはからねばならぬ。また販売員の手の廻らぬ時にはこれが援助をもするように心掛け、お客様お呼びの時は代ってご挨拶をしたり、また差し支えのない時は代って接客をもしてお客様本位の実現に心掛けねばならぬ。

第七節　煙草のお断りの時

一、陳列場内で咥《くわ》え煙草のお客様を見受けた時は最寄りの喫煙室、休憩室、または灰皿、火鉢等のある所を（掌を上向けて）指して「恐れ入りますが、お煙草はあちらの喫煙室でお願い申します」と慇懃《いんぎん》にお断り申すがよい。

二、お断りを注意的に申し上げることは禁物である。必ず恐縮の態度でお客様に歎願するように申し上げねばならぬ。

お断り申し上げた時お客様が煙草を消された場合にはわざとらしくなく、その後片付けをなし置くこと。

第八節　遺失物と拾得物について

一、陳列場内にてお客様の遺失物（風呂敷包み、お子様の物その他）を発見したる時は、直ちに「お忘れ物承り所」へ届けねばならぬ。

現金、貴金属類は階係長、またはプレイガイドの方へ届け出でることになっている。
二、遺失物はすべて一週間以内はお忘れ物承り所で保管し、落し主の分からぬ場合は警察署へ届けることになっている。
三、遺失物の落し主が分かった場合は簡単にお渡しせず、お客様のご感情を害せぬよう、その品の内容等をよく伺った上お渡しせねばならぬ。
四、お客様が売場や休憩室、食堂等をお立ち去りの際はお忘れ物のないように気を付けるがよい。
五、お客様が店内で他の遺失物をお拾いになった場合は直ちに部主任または売場主任の立会を求め、そのお客様のご面前にて内容を調べた上、階係長へ届け出で引き継ぎをせねばならぬ。階係長はそのお拾い主のご住所、ご姓名をも伺い置き、それぞれ手続きを取る。

第九節　迷い児について

一、店内に迷い児のあった時は取り敢えず所定の休憩室へお連れして置くことになっている。休憩室の女店員は親切にお預り申すのである。
二、また迷い児をお捜しになるお客様があった時はその休憩室をお教えするがよい。

第十節　華客の急病の場合

一、お客様に急病者、またお怪我等のあった場合には、取り敢えず医務室もしくは静かな場所にご案内し直ちに階係長に通知して引続きをせねばならぬ。

第十一節　事務上事故発生の場合

一、事務上の事故のあった場合は直ちに部主任、または主任係長に申告して善後策を講じなければならぬ。決して自分の過失を隠蔽《いんぺい》してはならぬ。事故に対してはよくその原因を確かめて再度繰り返さぬよう注意すべきである。

二、自分の一存で弥縫《びほう》策を講じてはかえって失策の上塗りをすることがある。

第十二節　符牒使用の注意

一、店に従来慣用された符牒《ふちょう》がある。お客様の前にてはその使い分けに注意し、不審、不快の念を抱かれないよう注意せねばならぬ。

二、ことに値札の取れた商品の値段やお誂え物の工料等お尋ねの場合、自分ではっきりせず、他の店員に尋ねる時など余程の注意を要する。

第十三節　二十五匁（木）の注意

一、陳列場において店員は常に二十五匁に注意せねばならぬ。混雑の場合、喜座交替の時は勿論のこと、朝間や雨天などの閑散な時でも注意を怠らぬようにしなければならぬ。素人の二十五匁は得て混雑な時に出来心から行われることが多いが、玄人になると閑散な時、店員の隙のある時などにもよくするから少しも油断はならぬ。

二、二十五匁は被害を未然に防ぐよう常に充分の注意を払わねばならぬ。挙動不審者があった場合は充分自重して早まった態度に出でず、その旨階係長または店内係に知らせて引き継ぎするのである。決して自ら手を下してはならぬ。

三、二十五匁については本人や縁者の名誉のために絶対秘密を守らねばならぬ。また一つには店の不行き届きともなり、一般お客様にも悪い感じを与え、他にも往々誤り伝えられて問題を起した例もあるから、店外へは勿論店内でも話題に上《のぼ》せぬよう注意せねばならぬ。

四、店内に掏摸《すり》や掻攫《かっさら》いが入り込むことがあるから、お客様のご携帯品は勿論自ら扱う金品にも充分注意せねばならぬ。雑踏する時は店員の風を装って入り込んだものが、お客様から代金を受け取って逃げるようなこともあるから、これ等にも注意を払わねばならぬ。

第十四節　閉店時における注意

一、終業間際にはその日の伝票の計算や、誂え物の整理や商品の整理等のためお客様を粗略にするようなことがあってはならぬ。どんな用事をしておってもお客様のある時は快く直ちに進んで応接しなければならぬ。

二、終業ベルが鳴ってからでもお客様の見ておられる陳列台の商品を取り片けたり、覆布《おおい》を掛けるなどお帰りを促すような態度は絶対にあってはならぬ。どんなに時間がかかっても終わりまで親切に応接し充分ご満足をはからねばならぬ。

第十五節　接客上の連絡

一、当店のごとき分担的事務を掌る所においては事務上の連絡が接客上、最も肝要である。すなわち売場における収納、引合との関係、進物品における売場と進物係との関係、お誂え物における売場と誂方また職先との関係、お届け物における売場と受渡係との関係等々その間の連絡が極めて円滑に行わることが何より肝要なことである。

二、連絡機関のいずれもが共同責任を強く感じ、相寄り相助けて接客奉仕の誠を尽くすよう美しき心掛けをもってその任務を全《まっと》うせねばならぬ。

第七章　電話応答

第一節　電話応答心得

一、電話の応答は面前の接客と同様、慇懃《いんぎん》な態度で応接せねばならぬ。面と向っていないだけに言葉遣いには格別注意を払い、丁寧、明晳に、しかも感じよくお話せねばならぬ。また承る事柄も間違なきよう落ち着いて承り、万遺漏なきを期せねばならぬ。
二、電話用語は努めて簡潔に秩序よく、かつ丁寧に感じよき言葉遣いをして先様へ好感を与えるよう野卑な言葉、横柄な言葉、荒々しい言葉は禁物である。
三、言葉も調子も相手のお方によって適宜使い分けが必要である。例えば忙しそうなお方には能率的に、また老人向きにはゆっくりと、若い方には快活に、それぞれ時と場合を考慮して調子を合せることが必要である。
四、お話は電話口（送話器）に接近して姿勢を正して中声にて明瞭にお話すること。聞き悪い小声、荒々しい大声等は先様に不快な感じを与えるものである。
五、信号（ベル）が鳴ったら直ぐに電話口へ出ねばならぬ。たとえお客様と応接中でも丁寧にお断りして置いて直ぐ聞かねばならぬ。
六、電話はなるべく代人でなく、本人が自ら扱わねばならぬ。
七、外部よりの電話で名指しのない場合はなるべく事に通じた者が出て応接するがよい。
八、電話の用事は存外忘れ易いものだから、努めて書き留めて置くようにすべきである。
九、電話機を外したままにして置いてはならぬ。もし掛けてないのを見付けたならば、確かめた上で掛けて置かねばならぬ。
一〇、お客様との用談が済んだ後は、いずれもの場合でも最後に必ず「ありがとうございました。毎度ありがとう存じます」と丁寧に挨拶を申さねばならぬ。
一一、電話を切る時は先様がお切りになったのを聞き届けてから受話機を掛けるようにせねばならぬ。いくら忙しい場合でもこちらから先に切ることは失礼になる。

一二、親しい間柄の人や仕入先、職先等との通話の際も電話はやはり丁寧な言葉を用いなければならぬ。
一三、取引先への電話、複雑なる店務の電話、幹部訪問者の取り次ぎ電話等は陳列場内では避けてはならぬ。
一四、店員間の対話は階級のいかんにかかわらず決して横柄、粗野な言葉等見苦しい応対は慎まねばならぬ。電話の取り次ぎにも「誰さんお電話です」と丁寧な言葉を用いるのである。
一五、交換手と口論をしたり怒声を発してはならぬ。もし腹が立つような場合には一時中止するがよい。電話係に交換以外の用事を頼んではならぬ。
一六、長距離電話を掛ける時は申込票に記入して交換室に廻すことになっている。
一七、店内で使用の電話は遠慮せなければならぬ。

第二節　電話用語と注意

一、電話用語と注意

(1)、外部より直接電話を受けた時

○松坂屋でございます。どちら様でいらっしゃいますか。

電話へ出た時は冒頭に当店の名前を感じよく申し上げるべきである。これは先方様に対しよい感じを与えるものである。

(2)、電話係を通じて売場または係へ受けた時

○お待たせいたしました。こちらは何番売場(何々係)でございます。どちら様でいらっしゃいますか。

毎度ありがとう存じます。

この場合も冒頭に自分の売場名または係名を申すのである。

(3)、店員指名の時

○ただ今変わりますから、少々お待ち下さいませ。

(4)、本人が出た時

○お待たせいたしました。某《なにがし》でございます。毎度ありがとう存じます。

その間お待たせ申したことの挨拶を忘れてはならぬ。

(5)、指名された者が不在の場合

○ただ今、某はあいにく「外出、欠勤」いたしておりますが、「ただ今ちょっと見当たりませんが」、私は何番売場の某と申しますが、ご用向きを承って置きまして申し伝えましてはいかがでございましょうか。

指名されたものが不在の時は本人に代ってご用向きを承るようにせなければならぬ。その要件は間違いなきよう承り置き正確に伝達せねばならぬ。事情によりては後より本人が不在のお詫び旁々《かたがた》再度その用向きを伺うよう電話を差し上げるよい。

(6)、声の遠い場合、また混在の場合

○お声が遠うございまして聞き取り悪うございますので電話を代りますから、少々お待ちを願います。

○お話が混線いたしますので局へ注意いたしますから失礼でございますが、少々お待ちを願います。

○ちょっと分かり悪うございますから失礼でございますが、他の者と代りますから、少々お待ち下さいませ。

この場合、隣接の電話機に切り替えてもらいよく承ること。もし隣接の電話も使用中の場合は他の者に代ってもらい承るようにするがよい。無暗に「なんですか、なんですか」などと幾度も問いただすはお客様の感情を損ねるからよくない。

(7)、売場違い、また他と番号違いの場合

○こちらは何番売場でございます。電話係が間違えまして失礼いたしました。

○ただ今そちらへお継ぎいたしますから、少々お待ちを願います。

○こちらは松坂屋でございます。間違っているようでございます。お気の毒様でございました。

(8)、お尋ねの事柄が分からぬ場合

○ちょっと分かり兼ねますので聞き質してまいりますから、少々お待ちを願います。

この場合は主任者、または上役によく尋ねて確かなお答えをせねばならぬ。

(9)、先方様をお呼び申す時

○○○様でいらっしゃいますか。こちらは松坂屋でございます。毎度ありがとう存じます。お呼びたていたしまして相済みませんでした。

ご主人様にご用の場合はまずご都合の否やをお取り次ぎ願わねばならぬ。なるべくお取り次ぎにて済ますようにした方がよい。

第三節　ご注文を受けたる時

一、電話にてご注文を受けたる時はその要点（品名、数量、柄行、年齢、値頃等）をよく承って控え置き、遅れねよう適当な処置を取らねばならぬ。

お届けの場合、お得意様以外のお客様にはご住所、ご姓名をなるべく詳しく承って置かねばならぬ。場合によっては繰り返して聞き正し置くことも必要である。

第四節　ご照会の場合

一、電話にて商品、催事等ご照会を受けたる時は充分確かめたる上、間違いなきお答えをしなければならぬ。いい加減のことを言ったりなどして先様のご感情を害するようなことがあってはならぬ。

第五節　お小言を受けたる場合

一、電話にて誂え物、届け物の遅滞等についての催促その他お小言を受けたる場合は、まず慇懃《いんぎん》にお詫びの挨拶をなし、直ちに事情を充分調査して正確にその事由をお答え申さねばならぬ。

(例)

○誠に何共申し訳ございません。早速お調べいたしますから、少々お待ち下さいませ。

○大変お待たせいたしました。実は○○のため遂《つい》お約束より遅れましたような訳で洵《まこと》に申し訳もない次第でございます。早速お届けいたしますから、今しばらくご猶予をお願いいたしとう存じます。

この場合、一時逃れのことを申すと、ごまかしが暴露してかえって当店の信用を落とすことになる。

第六節　電話交換手の心得

一、電話応接の第一線に立てる交換手は内外共に交換の利便をはかり、ことに言葉遣いに注意を払い、接客サービスの信念をもってこれに当たらなければならぬ。
二、電話局係員に対しては常に融和をはかり共存共栄の質を上げねばならぬ。
三、店内の催事その他については常によく承知し置き、お尋ねに対し即時確答のでき得るよう心掛けねばならぬ。
四、お客様よりお尋ねの店員が不在の場合はご用件と電話番号を承り置き、その旨所属部係へ通知せねばならぬ。
五、外線より本社、重役主事等幹部への電話は先様のお名前を承り、指名者へ交換の良否を尋ねたる上、交換せねばならぬ。
六、外線への電話呼出しは電話番号を正確に、しかも敏速に行わねばならぬ。
七、受信の際「はい、松坂屋でございます。どちら様でいらっしゃいますか」、この用語は先様に対する第一印象であるからはっきりと感じよい調子で申さねばならぬ。
簡単な用語であるが極めて大切である。

第七節　電話使用者心得（名古屋中央電話局記事抜粋）

一、電話の成績は機械的設備、電話使用者の利用方の巧拙《こうせつ》、取り扱い振りと相まって初めて円満に行われ得るものであるから、使用者も電話というものに対して充分の理解と同情とを持って戴きたい。
二、単に相手の返事が遅いということでも仔細に調べて見れば、機械の故障もあり、相手の出方の遅いのもあり、使用方法の不適当の場合もあって一概に取扱者の過ちとのみ申されない。
三、取扱上について気付きたる点、または不審の点ある時は局へ尋ねるとよい。
四、以下、掲げたことは大体電話を利用するについて心得置くべきである。
電話の使用方（電話をご使用になる方はぜひこれだけは心得て置いて下さい）

(1)、自動式電話の取り扱い方

(イ)、電話を掛ける前に

相手の局番号と電話番号とをよく調べること。番号の間違いは無駄な料金と余計な手数を要する。

(ロ)、局番号と電話番号

自動式電話では局名も番号で表されることになっている。すなわち本局は2、中局は3、東局は4、西局は5、南局は6というように定められてある。

なお、電話番号は特殊のものを除いては全部四つの数字を呼ぶのである。従って局番号と電話番号とで五つの数字を廻さねばならぬ。例えば本局二千十番は（2.―2.010）、東局三十五番は（4.―0.035）というように五数字を呼ぶのである。

電話番号のどの位に「0」があっても一つの数字として扱わねばならぬ。

呼び出しの時「0」を漏らすと中途半端なものになって目的の加入者にはつながらない。

(ハ)、信号音を聞き分けて使用する

自動式電話は機械の動作につれ、色々違う信号音を機械的に送って使用法を指図している。この信号音は発信音、呼出音、話中音の三種である。

発信音は受話器を外した時に聞こえる信号でツー…………と聞える微《かす》かな連続音である。

呼出音は相手方に電話が接続された時に発音者側に聞える「ツーツー」と比較的間隔の長い断絶した信号音で、相手方の出るまで聞える断続音である。

話中音は相手方が話中の場合と局線が皆塞《ふさ》がっている時に発する信号で、「ジージー」と断続して聞えてくる音である。

廻転盤《ダイヤル》を廻す途中でこの信号があったら、それは局線の塞《ふさ》がっていることを知らすのである。

五、相手方を呼び出すにはまず受話器を外し、発信者を聞いてから呼出器の廻転盤を廻す。電話器を静かに外して耳に当て発信者が聞えたら局番号、次に電話番号と順次に廻転盤を廻転すると、機械的に相手方につながるのである。

呼出器の構造は極めて複雑で微妙な働きをするものだから、正規の取り扱いを厳守しなければ誤接続や故障の因となる。

受話器を外しても発信者の聞こえぬ時は故障、または局内の中継線が塞《ふさ》がっているのであるから、一旦受話器を掛けてしばらく時間がたってから、また掛けるべきである。

六、廻転盤は右へ指止めまで廻す

廻転盤は右手の食指を使って右の指止めまで早く確《しっか》り廻してから指を抜くこと。指を使わず鉛筆やペン軸などで廻すと、往々呼出器を破損することになる。

七、廻転盤を廻す時の注意

廻転盤を廻す場合に数字の孔《あな》を間違えたり、途中で止めたり、また後戻りなどせぬように指止めまできっちり廻すこと。もし呼び出しの途中にこのような誤りがあったら、直ぐに受話器を掛けてさらに初めから呼び直すこと。正しく廻さぬと接続ができないばかりでなく、往々誤接続となり多数の人に迷惑を掛けることになる。

また廻転盤が自動的に後戻りして、元の位置に復する速度を早めたり遅くしたりせぬこと。

自動式電話では廻転盤が後戻りして旧位置に復する時に機械が働いて接続されるのであるから、勝手に早くしたり遅くしたりすると機械の働きに狂いを起さしめるので誤接続や接続不能になる。

八、呼び出しの手続中に話中音が聞えて来たならば、直ぐに受話器を掛けてしばらくたってから改めて呼び出すこと。

話中音は局番号、電話番号のどの数字を廻した後にも聞かれることのある信号で、全部の数字を廻し終わってから聞えてくるのは相手方加入者が話中の時で呼び出しの途中で聞える時は、局線が塞《ふさ》がっている時である。

この信号は一旦聞えだしたら受話器を外している間は、例え相手方加入者の話中が済んでもいつまでも止まない性質のものであるから、もし話中音が聞こえたならば、一旦受話器を掛けてしばらくたってから改めて呼び出すこと。

九、番号を全部廻し終って呼出音が聞えたなら

局番号、電話番号の順に全部の数字を廻し終って呼出音が聞えたなら、相手方の出て来るまで待つこと。

呼出音は相手方の電話機につながると同時に、発信者側に聞える信号であって、相手方が出るまで機械的に呼び出すのであるが、もし相当の時間待っても相手が出なければ、相手方加入者が留守か、または

電話機の近くにおらない時だから、一旦受話器を掛けてしばらくしてからまた改めて掛けること。

一〇、通話中に受話器の掛金物に触れぬように

通話中に受話器の掛金物を上げ下げしたり、または袖などが触ったりすると、接続が断たれて終《しま》う。手動式は電話を使った慣習で話が遠いからとか、または出方が遅いかといってこれを動かさぬように気を付けることが大切である。

一一、通話中に呼出器の廻転盤を動かさぬように

呼出器はいながら相手を呼び出すという極めて微妙な働きをする機械で、わずかな無理にも故障を起し易いのだから、通話中には動かしたり、またはいじったりすることのないように注意すべきである。もし動かしたりすると通話が途切れたり、または接続が断たれたりする。

一二、話が済んだ時

話が済んだら直ぐに受話器を元通り掛金物に掛けること、話が終ってても受話器を掛けることを忘れるといつまでも局内線につながっていることになるから、この間に他から呼んで来ても、話中音が出て断られることになる。受話器の掛け方が不完全であったり、または掛けることを忘れてあることを局の方で知ると、このことを加入者に注意するために局から強度の信号を送る。それでもなおそのままにして置くと、故障と見なして一時その線を切るから電話は不通となって終《しま》う。

一三、共同線加入者の掛け方

自動式局の共同線加入者から、他の加入者へ掛ける場合の取り扱いは、自動式局の一般加入者の場合と変わらないが、同一共同線相互間の呼び出しは受話器を耳に当てて、まず局番号を付けず（115）を呼び出して、そのまま一旦、受話器を掛けて待つ。（廻転盤の廻し方は一般に例による）すると自己の電

話の電鈴《ベル》が鳴りだすと同時に相手方の電鈴も鳴って相手方を呼び出す。相手方が出て受話器を外すと電鈴が鳴止むから、それを合図に通話するのである。

もし電鈴がいつまでも鳴り止まぬ時は相手方が留守か、または電話機の付近にいないのだから、一度受話器を外して、また受話器を掛けておくこと。電鈴の鳴っている間に受話器を外すと接続が断たれて電鈴が鳴り止むからさらに初めから掛けるのである。

一四、代表番号の電話に掛ける時

代表番号を呼び話中の時は、機械が代表されている電話を全部調べて後に話中音が聞えるのだから引き続き他の番号を呼んでも無駄である。

一五、夜間兼用電話について

何番夜間兼用または何番夜間、休日、宿直、兼用とあるのは、午後六時以後宿直に設置してある電話に接続するため定めてあるものゆえ、代表番号の加入者でも夜間はその電話を呼ぶべきである。

一六、局から呼ばれた時

電鈴が鳴ったら直ぐに出ること。電鈴が鳴っても出るのが遅いと相手方に迷惑を掛けるばかりでなく、話中が多くなって電話の使用上に差し支えを生じることになる。

また話中に電話が切れた時は、受話器を掛けて、再び先方から呼んで来るのを待つがよい。この場合に双方から呼び合うとどちらも話中の状態になって接続されない。

(2)、手動式電話の取り扱い方

一七、局を呼ぶ時

(1)、受話器を外し、耳に当てたまま、取扱者の出るのを待ち相手方番号を告げる。

(2)、電話はなるべく代人に呼ばせずに直接掛けるのがよい。

(3)、取扱者のでた時は直ぐ番号を告げ、空《むな》しく取扱者を待たせぬようにするがよい。

(4)、局を呼ぶのに受話器掛金物をあまり長く上げ下げして局に信号する時は、取扱者が出たくとも出られぬことがある。

一八、事故の時は直ぐに申し出でを

次ぎのようなことがあった時はそのまま直ちに取扱者に申し出ると無料になるが、申し出がないと取扱者が気が付かないから料金を課せらるることがある。

(イ)、取扱者の誤りで違った加入者が出た時。

(ロ)、相手方の返事のない前に中止するか、または他の番号へかけ直した時。

(ハ)、取扱者の誤りで切れた時。

(ニ)、二重接続となった時。

(ホ)、通話途中に故障の起きた時。

一九、口を送話器に寄せて

大きい声をするよりはむしろ送話器にまっすぐに近寄せて話すがよい。

二〇、相手が通話中の時は取扱者から「お話中」と答えるからしばらくたってから改めて呼ばねばならぬ。

二一、「連続」加入者と通話する場合はまず本加入者を呼び出し、本加入者が出たら、さらに「連続」と告げて連続加入者の接続方を依頼すること。

二二、代表者番号の加入者へ掛ける時は代表者番号以外の番号を呼んではならぬ。

番号簿に東（4—2.310（9））とあるのは（2.310）番から（2.319）番まであるという事故、この加入者に掛ける時は、東（2.310）番と告げる取扱者は東（2.310）番から（2.319）番までを調べて話中でないのに接続してくれる。

もっとも長距離通話はその装置のある電話に限る。

代表番号の加入者が相手方から番号を聞かれた時は代表以下の番号を答えてはならぬ。掛けた方は相手違いと思うから。

二三、取扱者が左記のお尋した時は明瞭に答えること

(イ)、共同線または連続加入者が他へ掛ける時、その番号または加入、連続加入の区別には局からの尋ねに対し答が明瞭でないと通話度数の計算が混同する。

(ロ)、相手番号を問い返される時、または取扱者の問い返しが間違っていたのを訂正せぬと相手違いを起こす。

(ハ)、相手加入者が出ないために取扱者を呼び出した時、番号の問い返しに対して答がないと間違いなく接っいであるかどうかを確かめることができない。

取扱者へは交換以外のことは話してならぬ。取扱者は忙しくて迚《とて》も満足の行くように答えられない場合が多いばかりでなく、他の取り扱いが遅れ一般加入者まで迷惑するから、「監督」またはその局の（4.000）番自動式局では局番なしの（116）番（市外は本局（106）番）へ掛けて課長、分局長または主事へ直接話すがよい。

二四、番号の呼び方

(イ)、相手方の局名、番号が曖昧であったり、呼び方が不明瞭であると間違いの因《もと》で、お互いに迷惑をする

から、局名と番号とは番号簿でよく確かめてから「ハッキリ」と呼ぶこと。加入者の過失で相手方の番号を間違えた時は有料であるから前もってよく調べねばならぬ。

(ロ)、三《さん》と千《せん》（例えば三十と千十、三百と千百）、一《いち》と七《ひち》と八《はち》（例えば十一と十七と十八）、六《ろく》と八《はち》（例えば六百と八百）、十《じゅう》と九《きゅう》（例えば百十と百九）等は間違い易いから、一《いち》、二《ふた》（千位百位の時）四《よん》、七《なな》、九《きゅう》、一千《いっせん》は振り仮名通りに呼ぶがよい。

二五、局から呼ばれた時

(イ)、ベルが鳴ったら直に受話器を掛金物から外し、耳に当て「何某《なにがし》です」または「何局何番です」と、自分の名、または番号を答えるがよい。返事は「モシモシ」といわず、直ぐに名前を答えることにすれば掛けた方は相手を確かめる必要もなくお互いに時間が省ける。

(ロ)、通話中取扱者から「モシモシ」と呼ばれた時は直に「話中」と答えねばならぬ。答えがないと話済みと認めて取扱者は接続を断ってしまう。話はなるべく手短に済ませるようにするがよい。他の掛ける人が通話ができないばかりでなく限りある中継線を塞《ふさ》げて、一般の加入者にも迷惑をかける。公衆電話や市外通話などではことに双方の迷惑になる。

(ハ)、通話中切断された時は、受信者は受話器を掛けた発信者からさらに呼び出して来るのを待つがよい。

(ニ)、話済みの時は直ちに受話器を掛金物に掛けるべきである。受話器を外し放しにすると故障となり、他から呼んで来ても接続ができない。

受話器は細い方を上にして掛けねばならぬ。

(ホ)、話の中途で取扱者を呼び出すには、手で受話器の掛金物を静かに（一秒間に一回上下する位の速さに）三、四回上下に動かすとよい。通話中電話機を離れる場合には決して受話器を掛けてはいけない。もし掛けると話済と認めて切断される。

二六、共同線加入者の掛け方

他の加入者へ掛けるには受話器を外し、その相手方が他と通話中でないことを確かめ、もし他と話中の時は受話器を元通り掛けて、話が済むのを待たねばならぬ。同一共同線の相手方に掛けるには、取扱者に相手の番号を告げてから取扱者の合図により一旦受話器を掛金物に掛け、（取扱者が相手へ信号する間）しばらく経って外して相手が出るのを待つのである。

二七、私設交換機を有する連続番号の加入者に対する共通接続

私設交換機を有する加入者で二個以上の電話が連続番号である時は、その連続番号中のいずれの番号を呼ばるる時でも共通に接続の手続きをする。

二八、市外通話の掛け方

市外通話の申し込み

市外通話の申し込みをするには局を呼んで単に手動式局では「市外」と告げ、自動式局では局番号なしの（101）番へ掛けると市外係の取扱者が出て「市外でございます」と答えるから、相手の地名、電話番号と自分の電話番号と通話種別（並報急報）とを告げて一旦電話を切るのである。後刻通話の順番が来た時局から呼んで来るのを待つ。

市外係が地名、番号、通話種別（並報急報）を反復した時は、間違いがないかよく注意せねばならぬ。

長距離通話は長距離加入者相互間に限る。

代表番号の加入者が市外通話を申し込む時は、代表番号を取扱者に告げねばならぬ。

なお、長距離通話は必ず長距離に加入してある番号を告げねばならぬ。

市外通話申込後は、通話の順番がいつ来ても通話をする人が直ぐ掛けられるように支度をして置くべきである。
通話区域…………通話区域は電話番号簿の巻尾に掲載してある。

二九、至急通話
市外電話の取扱順序はすべて受付順であるから、特に急を要するものは「至急通話」として申し込むと「普通通話」よりも先順位に取り扱われる。料金は普通通話料の二倍である。

三〇、夜間通話
夜間通話は午後八時から翌日午前七時までに取り扱う。普通通話料三十銭以上の土地との通話で申込者は午後「一　時から受付ける」料金は二、三割安くなっている。

定　時　通　話
定時通話は一定の時間に相手加入者と通話する必要のある場合に利用する。大変便利で料金は普通通話料の四倍である。
現在名古屋から定時通話のできるところは次の十八ヶ所である。

東京、　大阪、　京都、　神戸、　豊橋、　浜松
静岡、　津、　四日市、　岐阜、　大垣、　福井
金沢、　飯田、　岡谷、　横浜、　山田、　敦賀

三一、定時通話は前日午後六時以後指定時刻の一時間以前に請求すればよい。
申し込みの際には「定時」と言って、希望時刻と時数を付け加えるのである。
定時通話は取り扱いの都合によっては指定時刻の前後十五分間繰り上げ、または繰り下げを取り扱うこ

とがある。

三二、市外通話用市内専用電話

市外通話用市内専用電話で通話をする場合は、申し込みの際、請求者電話番号の外に専用電話番号を告げねばならぬ。

三三、横浜港並びに大阪港船舶への市外電話

横浜港並びに大阪港の岸壁、または桟橋に繋留する船舶に市外通話を申し込むには手動式では（101）番（局番なしの三数字）を呼んで船舶名を告げねばならぬ。

三四、呼出通話

呼出通話は電話に加入していない人を付近の通話局へ呼び出してもらって通話する方法である。この請求をするには手動式では「本局（108）番」、自動式では（108）番（局番なしの三数字）を呼んで相手の住所氏名と自分の電話番号を告げねばならぬ。

三五、市外通話の用意

市外通話の請求後は、通話接続の順番がいつ来ても通話のできるよう次の用意をすべきである。

(イ)、申し込んだ番号の電話をなるべく空けて置くこと。

(ロ)、通話者が直ぐ電話にかかれるようにすること。

(ハ)、特に定時通話や予定通話は指定時刻に注意すること。

接続の順番が来た時、その電話が話中の時は後廻しとなる。但し長距離定時予約通話等の場合は市内通話を中断することがある。

三六、市外通話時間

(イ)、市外通話三分間を一通話として一度の通話は、他に通話のない場合のほか三通話(九分間)を超えて通話することができない。但し他の申し込みが普通通話ばかりの時は四通話目からを至急通話に変更すれば、なお通話を継続することができる。

(ロ)、通話中時間が来た時は取扱者から、その旨を各通話時間の終わりごとに「これから何通話になります」と知らせて来るから、引き続き通話の時は直ちに「継続」と申し出ねばならぬ。

もっともこれは念のために知らせて来るのであるから、別に承諾の辞がなくとも三通話までは通話時間をそれぞれ計算してくれる。

三七、市外通話の申し込み取り消し

市外通話の申し込み取り消しは手動式では「本局(104)番」、自動式では(104番)(局番なしの三数字)を呼んで申し出ればよい。

次の場合だけは取消料がいる。

(イ)、通話の順番が来て接続する旨を取扱者が知らして来たのに対し、請求者または相手方が不要不在等のため通話をしない旨を申し出でた時。

(ロ)、機械線路の故障でなく、通話の開始を取扱者が知らせようとした時に、請求者または相手方の応答のない時。但し(イ)及び(ロ)の場合、通話申込後、普通通話は(40)分、至急通話は(20)分を経過した時は取消料はいらぬ。

(ハ)、定時通話の請求を取り消し、または接続前に時数を減少した時。

(この場合は時間に関係なく取消料がいる)

三八、通話時数の間合

通話が済んでから程へて通話時数を問い合わせると、一旦終了後はその取り調べに非常に手数を要するから、必要の場合は通話終了の際直ちに取扱者に尋ねるがよい。

【以下省略】

第八章　訪問接客

第一節　訪問販売について

一、外商員は市内及び地方お得意先のご便利をはかるために設けられたものであるから、いかにわずかなご注文に対しても迅速にかつ熱心にご用を承り、ご便宜をはかるは勿論、これが出入りに応接に格別意を用い、ますます華客のご信頼を深くするよう努めねばならぬ。

二、外商員は常に外部の第一線に立ち、しかも一人一役にして、その言行は当店を代表するものであるから、充分なる責任をもってその態度に注意し、ご注文に対しては誠実敏速に、これが販売に努め販路の拡張と新得意の開拓に尽くさねばならぬ。

三、店内にありてもお得意先のご便利をはかるは勿論、売場との連絡を常に密接ならしめ、顧接ご来店の吸引に力を注ぎ、販売能率の増進に意を用いなければならぬ。

第二節　外商員心得

一、外商員は特に左の点について注意を要する
(1)、勤務に対しては熱心に真面目であること。
(2)、外商員は店外における勤務ゆえ、その行動を明瞭ならしめ、出入りに対してはどこまでも真面目でなければならない。

二、何事にも誠実敏速であること
(1)、お客様に対し最もよきご相談相手になり、何事も言行一致確実であって、しかも誠意が伴わなくてはならぬ。これにはお約束を違えず正確に、しかも敏速が第一要件である。
(2)、職務に精通し一般常識をも具備すべきこと。外商員は事務一般に精通し、商品知識には不断研究を怠らず、お客様よりのご注文に対しては自信ある説明のでき得る用意がなくてはならぬ。
(3)、また時代に伴う一般の常識をも養い置くことが肝要である。

三、勤勉で積極的であること
(1)、店内における販売とは違い、当方より進んで訪問し、ご用達をする職務であるから、ことに勤勉が第一で、しかも快活に進取的態度がなくてはならぬ。
(2)、お得意先に早くお馴染みとなること
お得意先のご家風に応じ、そのお気持に添うよう心掛け、どこまでも誠実をもって当たり、自然のお親しみを受けるよう勤めねばならぬ。

しかし馴れたるがままに不作法に流れてはいけない。どこまでも当店員としての態度を保持することが

肝要である。

四、お得意先の趣味嗜好を充分会得すること

訪問販売にはことに先様のご趣味嗜好を早く承知して、それに向きそうな物をご覧に入れることが最も肝要である。ゆえにそれぞれのご趣味を早く見出して応接中にも努めてご嗜好に合うようお話を進め、何かとご相談相手となり得らるるよう心掛けねばならぬ。

五、店内催事の紹介に努めること

店内における種々の催事に不断注意を払い、訪問の際、これのご紹介に努め、精々ご来店を願うよう宣伝に心掛けねばならぬ。

六、新得意の開拓販路拡張に努むべきこと

自己の受け持ち区域は勿論常に信用ある新お得意の開拓に心掛け、販売能率の増進をはからねばならぬ。しかし先様の信用程度につき充分所定の手続きをもって調査が肝要である。

第三節　訪問先における作法

一、接客に当たりて礼儀作法の必要は陳列場においてもその他いかなる場合にも変わりはないが、とりわけ平素格別のご贔屓を戴きおるお得意先においては、特にこの点に意を用いなければならぬ。

二、お得意先訪問の時は内玄関、またはお勝手口より案内を乞《こ》うべきである。もし表玄関よりの場合には格別謙譲な態度でお取り次ぎを乞わなければならぬ。

三、訪問先においてはことに礼を厚くすべきであるが、あまり堅きに失せず、また馴れたりといえども不作

法に流れず常に尊敬の念を失わず、お先方のお心持ちに添えて感じよく応接しなければならぬ。

四、お得意先に付いたならば、自転車は出入りや通路の邪魔にならぬよう置き場に注意を要する。

五、訪問先における接客用語及び注意

(1)、最初の挨拶

○ご免下さいませ。

(2)、先様が見えた時

○松坂屋でございます。毎度ありがとう存じます。ご注文の品を持ってまいりました。

○（または）今日は何かいかがでございましょうか。

お女中、その他ご使用人の場合はご主人（奥様）の在否をお尋ねしてお取り次ぎを願うのである。

(3)、上へあがる時

○ご免下さいませ。

(4)、時候の挨拶

○今日はよいお天気で結構でございます。

○生憎なお天気で鬱陶《うっとう》しゅうございます。

○大変よい時候になりました。

○毎日お暑いことでございます。

○大層暮しよくなりました。

○大変お寒いことでございます。

朝ならば「お早うございます」とか、その他時に応じたそれぞれの挨拶を心得置き適当に申さねばならぬ。ちょっとした一言の挨拶が親しみ深い感じを与えるものである。

(5)、茶菓に接した時

○どうもありがとうございます。

○どうも恐れ入りました。

○遠慮なく頂戴いたします。

戴く時には多少遠慮気味に戴かなくてはならぬが、あまり遠慮が過ぎてはかえって失礼になる。

(6)、喫煙の時

○失礼いたします。

無遠慮にポカポカふかして部屋中を煙にするなどは慎まねばならぬ。また煙草を嫌《いと》わるる向きもあるから注意せねばならぬ。

(7)、床の間を拝見の時

○お立派な（結構な）お掛物でございます。

○奇麗な（珍らしい）生花でございます。

○お嬢様のお手なみでございますか。

○結構な（お立派な）花器でございます。

(8)、お家構えを賞する時

○お邸は清楚で、いつお伺いいたしましても気分がよろしゅうございます。

○大変お庭のお手入れが奇麗にできましてお立派でございます。

部屋の中をジロジロ眺め廻す等はよろしくない。

(9)、お子さん達に対して

○お坊ちゃん大変お元気ですね。

○お嬢さん、おりこうでいらっしゃいますね。

（学校から帰られた時）

○お帰りなさい。大変ご勉強でございますね。

お子さん達に対してはなるべく愛想よく挨拶をなすこと。

(10)、立ち去りの時

○どうもありがとうございました。

○大変お暇ざえ（お邪魔）をいたしました。

ご用が済んでも先様のお話の模様によっては余裕を表して、世間話またはご趣味等のお話相手も結構であるが、暗に長居は遠慮せねばならぬ。

立ち去りの時、座蒲団を戴いておった場合は席を外して「ありがとうございました」とお返しの挨拶を申さねばならぬ。

(11)、催事ご紹介の時

○何日から〇〇の陳列会がございますから、ぜひお出掛け下さいますようお待ちいたしております。

○何日から〇〇のご内覧がございますから、ぜひお越し下さいますようお待ちいたしております。

○何日から絵画（陶器）の展覧会がございますから、ご主人様にぜひお出掛け下さいますようお話置きを願います。

○何々の展覧会はお嬢様、お坊ちゃん方に大変ご参考になるようでございますから、ぜひ皆さんお揃いでお越し下さいますようお待ちいたしております。

店内における催事はなるべく吹聴して精々ご来店を願うよう努めなければならぬ。

(12)、他のお客様のありたる時

○失礼いたします。

訪問先にて他のお客様ありたる時は愛想よく挨拶を申さねばならぬ。

(13)、ご主人様がわざわざ玄関まで送って見えた時

○どうぞもうこれで失礼さして戴きます。

(14)、出口にて挨拶

○どうもありがとうございました。

○どうぞまたお願い申し上げます。

○ご免下さいませ。失礼いたします。

丁重に挨拶をして心持ちよく去らねばならぬ。ことに戸障子の開閉は静かになすこと。

第四節　ご使用人に対して

一、お得意先のご使用人に対しては努めてお親しく願うように心掛け、その分に応じて相当の礼を尽くし、いささかも軽侮の念などもあってはならぬ。感情の動き易いは人の常であるから、場合によってはご主人に対すると同様に礼を尽くす必要もある。

第五節　掛売帳合について

一、お得意先になす掛売帳合は常に細心の注意を払い、仮初《かりそ》めにもお小言等なきを期せねばならぬ。

二、お得意先への掛売は月末勘定につき、ご勘定の事故は金になるから、帳合の際格別注意せねばならぬ。

三、帳合事故の例

(1)、口座の誤記により他様のご勘定書へ間違って記載のこと。

(2)、お通帳とご勘定書との値段違い。

(3)、品名の間違いまたは不詳等

四、お得意先の信用状態はもとより掛売先として確実のはずなれども、財界の変動事業の失敗その他による破産は保証し難く、これらの点にも不断に充分注意を払わねばならぬ。

五、お得意先以外の方に対してはいかに家構えが立派であっても、自分一存で掛売したり、商品をお預けなどしてはならぬ。

六、お通帳の紛失、掛売中止、特別掛売等に対しては格別注意を払わねばならぬ。

第六節　お預け品について

一、お預け品については第一に商品の回転に意を用い、一日も早く解決をつけるよう心掛けねばならぬ。お得意先でも不用の品を長く預って置くことはご迷惑でもあり、店においても商売に差し支えを生ずるばかりでなく、商品によっては季節外れとなる恐れもあることゆえ、特殊品のお預けの場合はあらかじめ期間を伺い置き、これが回収整理には格別注意を払わねばならぬ。

第七節　集金について

一、掛売は集金を完了して初めて真実の売上となる訳であるから、これが集金回収の確実を期せねばならぬ。
二、集金に際して集金員が能率の関係上、とかく性急勝ちな態度になり、これがため先様の感情を害ねぬよう格別注意せねばならぬ。
三、金銭の受け渡しは当座限りのものゆえ、念には念を入れて間違い等起こさぬよう心掛けねばならぬ。
四、集金の際には被害等に罹《かか》らぬよう特に注意せねばならぬ。

（注意）

⑴、偽造貨、紙幣または商品券。
⑵、不渡り小切手。
⑶、変造為替。
⑷、金銭の掏摸《すり》や掻《か》っ攫《さら》い等。

第八節　残金について

一、掛売に対して常に残金苦情等のなきよう注意せねばならぬ。もし残金のありたる時はその理由を明瞭にし、決して放置することなく速やかに処理せねばならぬ。

事故のための残金は日時の経過するにつれ一層手続きが面倒になるものゆえ、速やかにその内容につき充分調査して適当の処置を取り、少しも早くその解決をはからねばならぬ。

第九節　お得意先の吉凶禍福について

一、お得意先における冠婚葬祭等に対しては常に格別の注意を払い、これを知りたる時はその旨所属主任に報告し、ご調度品の注文を引き受けるよう努めねばならぬ。

二、お得意先の災害、お見舞、弔詞のご挨拶、病気、お見舞等については最も早くその手続きを取らねばならぬ。

三、災害不幸等によるご用伺いのごときはお先方のお心持ちを充分汲み取り、いやしくも失礼に亘らざるよう応接に注意せばならぬ。

第十節　被害について

一、外商員は常に相当高価なる商品を持ち廻ることなれば、被害防止については格別注意を払わねばならぬ。

二、お得意廻りの際、往々不正漢のために被害を蒙《こうむ》ることがある。左記の場合等、ことさらに注意を要する。

(1)、荷物は常に目を離さぬよう注意すること。お得意先の門前や路次の入口等に荷物積載の自転車等を置いたまま、中へ入らぬようにすること。

(2)、旅館、会社、官署、病院等へ注文品持参の場合は、いわゆる籠脱けと称する詐欺被害あることに注意のこと。

三、お得意廻りの途中、交通頻繁なる通路及び交差点また雑踏の場所等にはことさら注意して事故を起こさぬようにすること。また夜間の点灯等も犯則にならぬよう注意が必要である。

第九章　その他

第一節　通信販売

一、通信販売の場合は単に一通の手紙でもそれが当店を代表することになるのであるから、その文字、用語から形式に至るまで充分注意して親切丁寧に書かねばならぬ。

二、ご注文品に対してはその地方の風俗慣習等を考慮して商品の選択に細心の注意を払い、お客様のご満足を得るよう心掛けねばならぬ。

三、もしご注文書に不明の点があったならば折り返しお問い合せをせねばならぬ。

四、ご注文品は敏速にお送りするよう心掛け、もし品切れなどで遅れるような場合は、即時その旨をお知らせし放任などのことがあってはならぬ。

五、お通先（掛売先）以外のお客様からご注文を受けた時は代金引換にてお送りすることになっている。お手付金を受けた時は残額を代金引換としてお送りする手続きを取らねばならぬ。

第二節　見積書提出

一、官公衙、学校、大会社等にてそのご用により見積書等提出の場合は一存ではからわず、外商部主任を経由し一定の様式により正規の手続きを踏んで提出することになっている。

二、大量注文の見積、または入札の場合等は売価その他につき商品部長の指図を受けねばならぬ。

第三節　市価調査

一、当店の商品は必ず廉価であって、たとえ一品たりとも他店に比して高価なもののないことは当店の特色であり、かつ誇りである。

二、店員はそれぞれ定むる処に従い、常に市価調査に努め、もし当店と同品を他店で安く売っていることを発見した時は、この旨所定の用紙に認め、時宜《じぎ》によっては現品を買い取り添付の上、商品部長に届け出るのである。

三、係以外のものといえども発見した際は直ちに届け出るのである。

斯かる際には一見同品のごとくでその品質、実量等の著しく劣等なものが往々あるから、よく注意せねばならぬ。

四、市価調査の際はただ商品の価格ばかりでなく、その数量や品種や柄の取り合せなどにも注意せねばならぬ。

五、当店の商品は産地直接の現金仕入れをなし、なお東西の各営業部が共同取り引きをするから自然他よりも安く仕入れらるる上に、他の追従を許さぬ最低の利率をもって値札を付するから必ず他店より廉価であるが、爾後《じご》他店の価格変動に対しては、一に店員の熱心なる市価調査によって当店の「絶対廉価」の特色を保持しなければならぬ。

第四節　度量衡取り扱い

一、尺度や枡衡を使用して販売する場合は、ことに綿密に注意を払い、計量の絶対正確を期せねばならぬ。
二、不足して販売する時はそれが過失であっても、お客様の迷惑は勿論、度量衡法違反になる。また多く量り込む時は店の損失となり、お客様の方としても物によっては何の役にも立たぬものである。
三、度量衡器は充分検査したるものが各係に渡されてあるが、衡などは往々狂いが生じ易く、尺度は反り易く割れ易いものであるから、検査の方法を会得し置き、毎朝必ず検《しら》べた上、使用せなければならぬ。
四、尺度の先の割れたのや目盛の欠けたもの、衡の工合の悪いものは直ぐに庶務係へ廻さねばならぬ。使わなくとも陳列場内に置く時は度量衡違反になる。
五、布裂類の測り方は物によって、その要領が違うから平素からよく会得して置かねばならぬ。例えば絞り類は延し尺、縮緬類は垂尺、その他表尺裏尺等の測り方がある。
六、裁売の場合には尺値の割出し方にもそれぞれ規定があるから、これに準拠して間違いのないようにせなければならぬ。
七、量り売の際は必ず風袋や付属物を除いた正味量を掛けねばならぬ。また量るには最初たくさんかけて後から減らすのははなはだ下手な量り方で、お客様にとっても感じのよくないものであるから、まず見込みより少なくかけて順次加えるようにするがよい。
八、量目を表記した商品は常に実量を検査して置かねばならぬ。量目不足を発見した際は直ちに商品事務部へ返戻せなければならぬ。
九、自然に減量する物もたくさんあるから注意を要する。
一〇、メートル法販売はすでにある部の商品に対して実行しており、やがて全般に採用することになっているから、要領よく会得して置かねばならぬ。
一一、メートル売の場合、単に一メートルが三尺三寸と言えば、お客様の中には鯨尺と思い違いしてお買いになる場合が往々あるから、気を付けてお話し申し上げねばならぬ。

第五節　華客の心理判断

一、華客の種別
華客の種別として大別して見ると概ね左の三通りに分けることができる。
(1)、最初買う気のなかったお方（素見客《ひやかしきゃく》）が、つい販売員の接客振りやら商品がお気に入ってお買物をせらるる場合。
(2)、最初から買う気でお越しになって商品につき、「あれや、これや」と選択に思案・考慮をめぐらしてお買物をせらるる場合。
(3)、最初から何の躊躇《ちゅうちょ》もなく「あの品を下さい」とご自身がきめてお買物をせらるる場合。
(4)、第一、第二の場合には華客心理の観察やら販売の呼吸経験、商品の知識等いろいろな素養を要する。

これが販売員として最も研究せねばならぬ要点である。

(5)、第三の場合は左様に深い判断は要しないが、感じよき言葉と快い表情とをもって応待すべきは勿論のことである。そこで最初お客様に向かった時には、この三つの場合を頭に入れて巧妙に応待すべきである。

二、お買物が決まるまでの順路

(1)、最初から買物をしようとも、この品が欲しいとも思われない無意識なお客様に対して販売をする場合、すなわち売場における素見客、また市内地方外商員のお得意先訪問の振り商い等の場合で、これは販売中一番むつかしいものである。

(2)、お客様のご都合により「あれや、これや」とお迷いになって容易に決まらぬ場合、これもなかなかむつかしい手腕を要する所である。こういう場合にはまず販売員の熱心が欠けてはならぬ。しかしあまり熱心が過ぎてシツコイ商い振りや押し売りがましい態度はかえって不成功に終わり、お客様に対し悪い感じを与えるものである。それにはお客様の心理の動き方、すなわちお買い上げまでの順序をよく呑み込んで自然の中に纏《まと》める。これが商いの呼吸秘訣というものである。

(3)、そこでお客様が無意識の中からお買い上げまでには大略、左の順序をへて決めるのが普通の行き方であるが、実際の場合はその順路通りには運ばれない場合も往々ある。そこは販売員めいめいの研究と経験とにより感じよく順調に運び進めて行かねばならぬ。

三、普通経路

(イ)、無意識。

(ロ)、注意を寄せらる。

(ハ)、興味を持たれる。
(ニ)、種々連想を起こされる。
(ホ)、購買の希望を起こされる。
(ヘ)、品物について比較思案をせられる。
(ト)、購買欲を起こされる。
(チ)、購買の決行。

(1)、「注意を引く」…以上のごとく最初無意識のお客様に注意を引かるるように仕向ける。これが最も必要なことである。そこで「あれを見せてもらいたい」とお声が掛かり早速ご覧に入れる。その中にご希望の点やお好みの点等を早く見抜いて、それに添いそうな品をお勧めする。「これがよくお似合かと存じます」「この方がおよろしいかと存じます」等と、やや決定的の言葉を用いるのは注意を引く力があって進行を早めるものである。これは各自が場合場合をよく考えて適切に用いなければならぬ。

(2)、「興味を引く」…お客様が品物を手に取って見られる。これがすでに興味を引かれたことになる。そこでお客様がどの点に嗜好や興味を抱いておられるかという中心点を見抜くことが肝要である。これには品物をご覧に入れ、またお話しする中に判断ができるもので、そこでその要点に当てはまるよう説明を申し上げたり、また弁解もしたり、さらに好奇心をも持たるるよう一歩一歩と興味を深めて行くことが肝要である。

(3)、「連想を起こさしめる」…興味を深めて戴くには、種々な連想を起されるよう仕向けることが必要である。しかしその連想はお客様自身がいろいろと勝手に考えられることで、こちらには充分分からないが、連想も快い連想と不快な連想とあって、勿論お客様には快い連想を与えるように仕向けねばならぬ。

快い連想には実益と快感とが伴うものでそれには快い暗示を与えることが必要である。

（例）

○この品は仕立て上がりますと一層引き立ってまいるかと存じます。

○床の間に飾って戴きますとお座敷が一層引き立ってまいります。

○この品はこの点が特徴でございまして、ご家庭向きには非常にご便利でございます。

商品の流行特長等を説明して快い憧憬を持たせ申すとか、色々な例などを引いて快い暗示を与えるのである。そこで華客は頭の中でいろいろと連想を起こされて使う時の愉快な気分、あるいは便利なこと、あるいは利益となることなどに考えがつかれて自然に欲しくなられる。しかし欲望を起こされても直ぐに買う気にはなられぬもので、この間に比較思案が始まるものである。

(4)、「比較思案」…比較思案には甲品と乙品との価格の比較、また品質や柄相などいろいろと比較研究して迷われるもので、この場合店員は辛抱をこわしてじれったくなって、あせったりあるいは無愛想な様子を見せたりして商機を失うようなことがあってはならぬ。

(5)、ここまでは比較的楽に進行しても、ここでしびりを切らしては何にもならぬ。お勧めする場合の用語の熟練はこの場合である。そこでお勧めや説明や、または弁解などで漸《ようや》く納得が行き、購買欲も起こされ進んで購買決行の運びに至るのである。

(6)、購買決行はほんの微妙の裡《うち》に働くもので、以上が販売進行の普通における経路であるが、これは各自が実際経験を積んで行く裡《うち》にめいめいの特色技能が発揮され、巧みに感じよく商いをすることができるのであって、必ず以上の経路を経なければならぬ道理もないので、臨機自在にその熟練を重ねるのである。

四、お客様によっての注意

お客様のご性質、またはその時のお気持により接客振りを斟酌《しんしゃく》することがまた肝腎なことである。従ってお客様の言葉や態度等によってその心持ちを観察して、それに添うべく心掛けご満足をはからねばならぬ。お客様のご性質によっての接客振りを挙げて見れば、

(1)、「気短かなお客様」にはでき得る限り手早く、しかも誠意をもって当たらねばならぬ。言葉は和やかに態度は平静に滑らかに応接するがよい。決して口答えをしたり、逆ったりしてはならぬ。

(2)、「考え深いお客様」は相当お買物に時間が掛かることが多い。従って気長にお相手申さねばならぬ。商品の説明を申す場合には第一、第二、第三と順序よく充分ご納得の願えるように説明申さねばならぬ。そこで要点を了解される。充分納得ができればお買上げになる。お客様が黙しておられる時に店員のみが種々働きかけても、それは多くの場合無意味に終わるものである。

(3)、「話好きのお客様」は多忙な店員もかまわず、捕まえて自分勝手なお喋言をなされるもので、店員はよく辛抱してどんなお話でも謹聴《きんちょう》するの雅量《がりょう》がなければならぬ。

(4)、「疑い深いお客様」は店員の言う説明にも商品の品質にも、また価格等にも疑いを挟まるるお方で、店員は忍耐強く、そうして正確な認識を得て戴くように努めなくてはならぬ。言葉は明瞭にかつ要点を簡潔に説明申すがよい。

(5)、「決断に富むお客様」には先様が説旨を求められないのに、こちらから説明がましいことを申すは禁物である。また軽々しいお世辞や駄弁《だべん》などは最も慎まなくてはならぬ。

(6)、「手数の掛かるお客様」はお買い上げまでに相当長い時間の掛かるお客様である。この品は少し高過ぎはしないか他にもっと良いものがあろう、もっとよい柄があろう等とむやみに迷わるるのであって、

この向きのお方には最も辛抱強く、そしてその品に対して安心を与えることが肝要である。安心がつけば自然お買い上げになるものである。

(7)、「お子様連れのお客様」は母を得んとせばまずその児を得よという心理を解さねばならぬ。ゆえにお子様に対して快い感じを持って戴くよう注意を払わねばならぬ。

例えば、お子さんの好い所を見い出してお褒め申すなどよいことである。

(8)、「お嬢さん連れのお客様」はお嬢と申してもまず十五、六歳以上のお方である。存外お嬢さんにお気に召したものが奥様にお気に召さないことが多いもので、かような場合は奥様にもよくお嬢さんにもよくというように、その潮時を上手に見抜いてお相手申さねばならぬ。

(9)、「か弱いお客様」は少年少女方が独りぼっちで買物に来られた場合である。この場合迅速に、しかも親切にかつ辛抱強くもてなさねばならぬ。今日のお子さん達は将来の大事なお客様である。なお、少年少女の方々は観察がなかなか鋭敏であるから、その応対の善し悪しが鋭敏に反映する。それをそのままご家庭なり友人なりに吹聴されるゆえに充分注意し決して粗略の取り扱いがあってはならぬ。

(10)、「団体または友達連れのお客様」は一人のお客様ならば一人の方をお相手すればよいが、こうしたお連れのあるお客様にはこれらのお方を一所にお相手せなければならない。この場合どのお方が個性が強くあられるかを見抜いて、そのお方を主として応接するように注意すれば結果がよい。

(11)、「田舎向きのお客様」は店内の様子が十分お分かりがないので、お気分の落ち着くように留意して極めて懇切に待遇し、言葉も親切に気持良く応接せなければならぬ。なお、ご希望の商品はお気に入るまで充分にご覧に入れ、熟考して戴くだけの余裕を与え辛抱強く接しなくてはならぬ。

第六節　接客のコツ

一、すべてどの方面においても研究を積み熟練を重ねると、そこにコツ、調子、呼吸などというものが見い出されてくるものである。

例えば、どことなく調子がよい。アノ呼吸を呑み込んで、その調子などということを言うが、これを具体的に言葉の上に言い表すことはなかなか至難であって、その感じ微妙な作用を申すのである。

接客法の上にも実際に当たって、このコツ調子、呼吸を充分に呑み込まねばならぬ。

(1)、なんとなく愛嬌のある店員と言われるコツ。

(2)、なんとなく親切な店員と言われるコツ。

(3)、知らず知らずに買う気に引き込まれてしまうと言われるコツ。

(4)、ヒョット買う気になってしまうと言われるコツ。

(5)、愉快にお買物をして戴くコツ。

コツを挙げればいくらもあろうが、右の五つだけでもなかなか完全に行われ難いものである。

接客法は、実はこのコツの塊りのようなもので大いにこのコツ調子、呼吸と言うことを研究する必要がある。

このコツを充分会得したならば自然に親切な行き届いた接客ができ、お客様に対するサービスも満足して戴き、永久の顧客としてご贔屓を願うことができるのである。

第六章

戦前・戦後の接客法の普及

1　戦前の呉服系百貨店の接客法―大丸の専務里見純吉と『店員読本』―

松坂屋以外の大都市における呉服系百貨店の接客法に関する史料の残存状況はどうであろうか。現時点までで調査した限りでは、老舗百貨店である(前)株式会社大丸において貴重な史料が残されている。大丸は戦前において大阪心斎橋を本店として関西地方で発展をみせた呉服系百貨店で、現在は松坂屋と経営統合(株式会社大丸松坂屋百貨店)している。

その史料とは、昭和元年(1926)頃から同3年(1928)にかけて当時の株式会社大丸呉服店(以下、大丸)が発行した『大丸店員読本』(以下、『店員読本』)である(1)。

ここでは、『店員読本』が大丸の経営の近代化において店員のサービス技術の向上に果たした役割と発行背景に関して、当時専務取締役であった里見純吉の経営改革を交えてみておこう。大丸では「接客」技術という表現は少なく、「サービス」技術と表現されることが多かった。そのため、以下では接客＝サービスと解釈して論を進める。

里見がサービス技術の向上を目指して発行した『店員読本』の活用による店員教育・養成(以下、店員養成)が、大阪・京都・神戸の各店舗において営業展開するまでに急成長した要因の一つであったと考えられる。これにより大丸は、昭和初期以降に三越と松坂屋に追随する日本の代表的な呉服系百貨店にまで飛躍した。すなわち、店員のサービス技術の向上が、里見が実行した経営の近代化という経営改革＝到達目標と直結していた(2)。

大丸は大正後期から昭和初期にかけて経営の近代化を果たし、呉服系百貨店として戦時期までに躍進した。この要因としては、百貨店・大丸の創業者である十一代下村正太郎と専務取締役里見の両活動があげられる。下村は明治後期において大丸の存亡危機を脱するためにあらゆる策を講じ、近代的な商業経営の組織への転換として、百貨店化を果たした。下村は、この過程で経営強化を図るために、大正12年(1923)2月に里見を入社させた。里

表6　『大丸店員読本』各巻の表題と目次一覧

巻次と発行年月日	表　題	目　次
第3巻 昭和2年(1927) 2月25日発行	商品に値打ちを付けるについて(応用販売術、其3)	(1) 商品の使い途の説明に就いて ①商品は実際に試して見ること ②販売に必要な5つの感覚 ③商品の使い途を知ること ④商品の産地と製造者を知ること ⑤商品製造の方法を知ること ⑥商品には特別な製造法を用いたか ⑦商品の瑕を検べたか ⑧製品の保証に就いて知って置くこと ⑨商品に手工を施してあるか否か (2) 説明の材料は何処から得るか ①商品を研究すること ②商品の歴史を学べ ③広告や一般の出来事を注意すること ④書籍や雑誌を読む事 ⑤商品やサービスに値打を作る為の私の希望 (3) 人の心の持ち方で色々値打ちが出来る ①成功は努力の賜ものである ②働いて居る間の時間の浪費 ③「自分の為に働いて居ない」と云う人 ④資本と労力は互いに助け合うて働くべきもの ⑤速記者の実例 ⑥色々の値打を作る、笑顔、言葉、礼儀 ⑦自分の仕事を知る店員 ⑧主人を尊敬して長所を見習え ⑨自分は自分の運命を作るものである ⑩成功は色々の値打が共に働いて得られる ⑪協同の強味 ⑫仕事の為に自分を組織立てよ ⑬お客様の注意を惹け ⑭お客様は店の神様である
第4巻 昭和2年(1927) 5月10日発行	客のタイプ(応用販売術、其4)	(1) 人を判断する普通の方法 ①早呑込の判断 ②骨相学 ③性格の分解 (2) 動作に依る人の判断 ①感情的な神経質の客 ②考え深い客 ③迷い易い決断の鈍い客 ④自信の強い勝気な客 ⑤話好きの気軽な客 ⑥無口な或は陰気な客 ⑦疑い深い客

第5巻 昭和2年(1927) 6月20日発行	お客の買物心理 (応用販売術、 其5)	(1) 基礎的の本能 (2) 最も強い自衛の本能 (3) 販売の9割は所有の本能に依る (4) 社交的、好友的の本能 (5) 傷付けまいとする虚栄と誇り (6) 模倣性―他人を真似る (7) 販売に有力なる好奇心 (8) 親として持つ愛情
第6巻 昭和2年(1927) 9月1日発行	個性の販売 (応用販売術、 其6)	(1) 何が個性を作り上げるのか？ (2) 熱心―精力 (3) 真摯―正直 (4) 機敏―機転 (5) 最も困難な自己の分析研究
第8巻 昭和3年(1928) 2月1日発行	販売の過程 (応用販売術、 其8)	(1) 販売に於ける4つの過程 (2) 顧客の注意の喚起 (3) 顧客の興味の喚起 (4) 所有欲の喚起 (5) 顧客をして実行に移らしめる事

出所）上記の『大丸店員読本』各巻（株式会社大丸松坂屋百貨店所蔵）より作成。
備考）目次については各史料の表紙と中身において書かれた表現が一致していないものもあるが、本表では表紙の通りに記載している。ただし、見易くするために目次に番号を付け、すべて算用数字に直している。

見は、三越本店に庶務係長として入社し、以後営業部次長、雑貨部長、本部秘書課長兼参事まで上り詰め、三越の次期経営陣候補の一人にあげられるほどの人物であった。

社長下村の意思を受け継いだ里見は、入社直後から呉服店時代の古い慣習を排除しながら、戦前期にかけて部門管理制の実現・強化と経営組織を店員制度の充実策を中軸に変革することに成功した。里見はまず従来の番頭丁稚の気風を一掃し、人事行政を合理化して店員の服務規程を制定した。これにより里見は、店員の活動が顧客本位を第一義とした大丸経営において最も重要であると組織全体に自覚させ、サービスと商品の品質の向上を心掛ける経営組織作りに成功した。

史料自体や大丸の社史には、『店員読本』の発行経緯が詳しく記されていない。しかし『店員読本』は、里見が店員養成を強く意識し、経営改革の一環として発行させたものであると推測される。この理由は詳しく後述する。

残存する『店員読本』の表題と目次について表6に掲げた。表6の目次を一覧するだけでも、店員のサービス技術の向上を目的として店員向けに発行したことが十分伝わってくる。なお、残念ながら第1・2・7巻は残存していなかった。

そのなかで第8巻の表題は、表6にあるように「販売の過程」である。この概要は、目次から「販売における四つの過程」「顧客の注意の喚起」「顧客の興味の喚起」「所有欲の喚起」「顧客をして実行に移らしめる事」の五つであったことがわかる。表6の目次には「顧客」の表現が三度みられる。また「販売の過程」のなかで店員が顧客に対し、どのような応対を行うのが適切であるかに焦点が置かれ作成されたのではないかと考えられる。加えて、この時期の大丸の店員が、どのようにして顧客応対力を速やかに向上させることができたのかという過程を知るうえで有意義な史料である。

そこで、表7に第8巻の詳細な目次を作成した。例えば迅速、顧客に対する態度、話振り（即時のサービス）、声の調子の部分など、店員と顧客の応対が具体的に載せられている。第二〜五章で紹介した松坂屋の接客法の史料と比較できる大丸の接客法に関する最重要な史料の一つといえよう。あとは表7を一読してもらえれば、大丸が実践した販売ノウハウの奥深さを読み取れよう。

さて、『店員読本』の発行に関わった編者について触れておこう。本史料の奥付からは、「大丸呉服店本部調査課」（以下、調査課）が「発行兼編輯人」であったことがわかる。『店員読本』のほかに調査課が発行したものが残っており、表8に整理した。これを一覧すると、調査課が発行時の世界・日本における百貨店の展開状況や、海外では米国の百貨店について詳しく調査したことを容易に理解できる。店員のサービス技術の向上に関わるものとしては、（6）の「所要時間の研究と販売員の訓練」、（14）の「サービスの研究」を発行していた。

表7　『大丸店員読本』第8巻の詳細な目次一覧

販売における4つの過程	
顧客の注意の喚起	一、心は無意識に働くものに非ず 　A　販売語は明かなる事 　B　販売に必要な条件は普通整って居るものです 二、買いに来る顧客 　A　小売店にては顧客の注意を惹く事が肝要である 　B　5つの注意を惹付けるもの 　　1、迅　　　速 　　（イ）何時も油断なき事 　　（ロ）他の仕事を中止する事 　　（ハ）顧客に接するため進出する事 　　2、顧客に対する態度 　　（イ）表情に期待を示す事 　　（ロ）元気らしい態度 　　（ハ）自信のある態度 　　3、侍　る　心 　　（イ）予期しない奉仕を施す事 　　（ロ）顧客の言葉をとらえる事 　　4、話　振　り 　　（イ）私は丁寧な話振りに対して一点を与えます 　　（ロ）私は顧客に対して相応しい会話をする販売員に一点を与えます 　　（ハ）即時のサービス 　　（ニ）顧客の名前を使用せよ 　　5、声の調子 　　（イ）聴き得る事 　　（ロ）誠実 　　（ハ）拍子のよい事 　　（ニ）顧客に副う様に
顧客の興味の喚起	一、強制力のある適確な販売語 　　（イ）明白なれ 二、積極的の表示 三、動作は言葉以上にものを云う 　　（イ）商品を迅速に示す事 　　（ロ）顧客の処へ商品を持って来る事 　　（ハ）顧客の手のとどく処に商品を置け 四、商品を有利に陳列せよ 五、総ての障害となるべき点を除く事 　　（イ）商品の取扱方によって商品の価値を増大せよ 　　（ロ）商品の見せ方は技術である

所有欲の喚起	一、顧客の暗示に従い販売話を調節する事 （イ）客の興味に乗ってそれを利用する事 二、必要に応じて顧客にいれぢえを与えよ （イ）商品の特点を申し立てる事 （ロ）顧客の心を導く程度の早さに言葉の速度をなす事 三、反対障害を予期する事 （イ）表示されたものを取除くよりも表示以前に此を防止する方が容易である （ロ）最善の答弁を考案してそれを列挙する事
顧客をして実行に移らしむる事	一、決心の遅るる理由を確めて之を除き、客をして実行せしむる事 （イ）青い婦人服と黒い婦人服 （ロ）200円のコート対125円のコート＝75円対犢

出所）『大丸店員読本』8巻（株式会社大丸松坂屋百貨店所蔵）より作成。
備考）目次の番号などについては見易くするために便宜上付け、また算用数字に直した部分もある

調査課については、『大丸二百五拾年史』に昭和3年（1928）6月1日に商号を株式会社大丸と変更し、翌4年（1929）10月に職務規程を改正し本店営業所内に本部を置き、そこに秘書課、調査課、人事課を配置したとある。昭和6年（1931）3月20日発行の『組織分掌の概況』には、「調査課は本支店業務の調査、内外参考資料の蒐集、整理並びに保管、諸般統計の作製、其他新しい制度計画に関する研究立案等の事務を担当」とある。

しかし表8の『研究資料』の発行年からは、調査課の存在が大正15年（1926）より窺える。そのうえ昭和2年（1927）以降、積極的に『研究資料』や『店員読本』を発行したことがみえてくる。すなわち、里見の入社後に調査課が両シリーズを発行したものと推定される。そうすると、第8巻に現れる販売ノウハウに関して経験豊富な「私」とは、調査課の編者以外の存在を想定すれば、三越で営業部次長や雑貨部長を経験していた里見自身を暗にほのめかしていたとも捉えることができる。

というのは、里見が昭和8年（1933）12月から大丸社内の部長会議の席上で開始した教訓的な話が『里見純吉講演録』として残されており、そこから推測が可能だからである。最初の講演日である12月6日のタイトルは、「サービス週間について」

表8　大丸の調査課発行の『研究資料』

	発行年	書　名	巻次
1	大正15年（1926）	百貨商店と商品管理制度	研究資料第1輯
2	昭和 2年（1927）	米国百貨商店の営業費に就いて（上）	〃　第2輯
3	〃	米国百貨商店の営業費に就いて（下）	〃　第3輯
4	〃	世界の大百貨商店（上）	〃　第4輯
5	〃	世界の大百貨商店（下）	〃　第5輯
6	〃	所要時間の研究と販売員の訓練	〃　第6輯
7	昭和 3年（1928）	販売各部長のマニュアル（上）	〃　第7輯
8	〃	販売各部長のマニュアル（下）	〃　第8輯
9	昭和 5年（1930）	月賦販売制度	〃　第12輯
10	〃	米国百貨店の2問題	〃　第13輯
11	昭和 6年（1931）	商品顧客戻りの研究	〃　第16輯
12	〃	米国に於ける販売員の報酬支払い制度に就いて	〃　第17輯
13	昭和 7年（1932）	販売政策に関する2研究	〃　第18輯
14	〃	サービスの研究	〃　第19輯
15	昭和 8年（1933）	R・H・メーシー百貨店	〃　第21輯
16	昭和 9年（1934）	1933年米国百貨店宣伝費の研究	〃　第22輯
17	昭和10年（1935）	昭和9年日本百貨店一覧	〃　第23輯
18	〃	スタイリストに就いて　附米国百貨店界の規格制定及び特製品政策の回顧	〃　第24輯
19	昭和11年（1936）	昭和10年日本百貨店一覧	〃　第25輯
20	〃	商品の実質的価値	〃　第26輯
21	〃	米国最近の小売事情	〃　第27輯
22	昭和12年（1937）	昭和11年日本百貨店一覧	〃　第28輯
23	〃	スーパー・マーケット	〃　第29輯
24	昭和13年（1938）	昭和12年日本百貨店一覧	〃　第30輯
25	昭和15年（1940）	全米小売業運動に就いて	〃　第31輯
26	〃	1930年代の米国百貨店業界と今後	〃　第32輯
27	〃	米国最近業界事情	〃　第33輯
28	〃	独逸最近業界資料	〃　第34輯
29	昭和16年（1941）	戦時下独逸に於ける宣伝	〃　第35輯
30	不明	個数的商品管理法	号数なし

出所）上記の各『研究資料』より作成。

備考）発行所については、1～8は株式会社大丸呉服店本部調査課、9～29は株式会社大丸調査課、30は記載なし（昭和4年頃の発行と推定できる）。第1輯の奥付には、大正15年12月20日印刷・12月25日発行と記載されている。なお、すべて算用数字に値し、また上・下についてはかっこを付けた。

と「取引先に対するサービスについて」であった。里見が、最も肝要な内容から管理職・幹部社員へ向けた訓話をスタートしていたと考えても大きな間違いはなかろう。前者の冒頭で、里見は次のように述べている。営業における基本精神とサービスに対する里見の考え方や、当時大丸が行った顧客本位の実践について読み取れるので、少し長いが引用しておこう。

先般サービス週間を行い、顧客より店員のサービスに対する批判を求めたことは、相当に各方面から注目せられたようである。世間の人々に大丸がサービスということに、注意を払っているということを知らせることが出来たことは事実である。そして、顧客から注意を受けたことを、さらに新聞紙上に発表したことによって、大丸がいかにサービスの問題について、徹底的に改善せんとしつつあるかを一般に認識せしめたのである。これは単に独り合点ではなくて、私が最近東京へ行った時にも、東京で会った人達から、この事を聞いたのであるから、世人の注意を引いたことは間違いないと思う。

しかしながら私は、我々の企てがただ単に世間の人々に、注目せられたと言うのみでは満足できないのである。すなわち、我々の店のサービスが現実に改善されなければいけないのである。我々はただ顧客に注目してもらいたいがために、サービス週間なるものを行ったのではなくて、真にサービスの改善をしていこうという意志で行ったのであるから、今後のサービスが改善されなければ何もならないと思う。そして、顧客に従前よりも遥かにサービスが良くなったということを認めてもらいたいのである。

里見は、翌9年（1934）4月の部長会議においても、「多年主張してきた客に対する店員のサービスも著しく改善せられている」ことや、あるいは「サービスの徹底を期して顧客の満足を得るようにしたい」と述べ、里見率いる大丸の店員から顧客に対するサービス技術の向上への真摯な取り組みが判明する。

里見が調査課に『店員読本』を発行させたことが推測されると同時に、店員のサービス技術の向上こそが里見の目指した経営の近代化の根底の一つであった。しかし、サービス技術の向上が里見の目からは完全に達成されていたわけでなく、日頃から店員に対する教育とサービス内容の改善が必要であった。

では、店員のサービス技術の向上が里見以外の幹部社員にはどのように映っていたのであろうか。また、店員養成のどこに問題があり、サービス技術の向上に関してどの程度意識し達成されていたのであろうか。次に、この点についてみておこう。

当時、大丸本部の重要な部署の一つに人事課があった。昭和4年（1929）5月1日大阪店（人事部）に中途採用され、同年9月11日に京都店人事教育部長に昇進した武田政助の見解が上述の疑問に答えている。それは昭和11年（1936）1月6日付『百貨店新聞』の紙面上にみられ、彼の考える同年度の店員養成の方針や目標が載せられている。次に要約したものを列挙しておこう。

（1）京都という土地柄もあり、女子店員のサービスが遅れているので、この改善について研究努力をすること。

（2）女子店員のなかでも新採用者の吟味が大切である。すなわち売場に立ち、直接顧客と接する過半数を占める女子店員の素質の向上が肝要である。なぜならば彼女らが京都店全体を代表するからである。

（3）京都店に限らず大丸全店の女子店員全員が好感を与える品性を備え、穏健な思想を抱き、常識のある真面目で着実に仕事をこなすことを身につけなければならない。

（4）新入社員のみでなく、古参の（女子）店員に対しても常設的な教育研究の場を設定する。

（5）中堅幹部以下の男子店員に対しても、店務研究会を組織し向上の機会を与える。

武田はこの五つを力説し、最後に「今まで悪かった京都大丸のサービス改善の本格的軌道に今年こそ乗り出して見たいと年頭に当たって覚悟しているわけである」と述べる。

大丸京都店は、昭和10年（1935）10月28日に増築開店（得意先招待日、正式には11月1日から謝恩大売出しを開催）した。その記念記事が『百貨店新聞』に掲載された。そこにおいて武田は大丸京都店の設備が完備され、この素晴らしい設備を生かすも殺すも「人」であり、そして売上げの増進、業績の向上を図るのも「人」であると主張する。彼は、この意味において「店員教育の重大さを痛感」し、「百貨店の人事問題は、百貨店経営上の中心問題であり、その興亡盛衰の分岐点であり、その眼目であり、その生命」であると語る。武田の人事教育部長という立場を全うする自らの責務があるとはいえ、彼は店員のサービス技術の向上が絶えず必要であると考えた。武田は、昭和11年（1936）の時点においても店員教育を大丸京都店の大きな課題とした。

この背景には、昭和6年（1931）7月1日に大丸心斎橋本店と京都店が合併し、次いで神戸店を入れた3店舗の増築が進められたことがあった。これにより大丸において店員が一気に増加したことが、店員訓練の強化に連なったのであろう。毎年入店する新入社員だけでなくベテラン店員さえも、仕事に慣れが生じるとその慣れが失敗につながるケースがあった。したがって、常にサービス技術の向上を意識した人事教育部長であった武田が職務として率先し、かつ謙虚に決して驕らず着実に取り組んだ態度が『百貨店新聞』に現れていた。武田自らが、大丸の店員養成に対する熱誠な姿勢として、周囲に示さなければならなかったのであろう。これらのことを考慮すると、当時の大丸にて顧客へのサービス技術が一向にステップアップしていなかったわけではない。むしろ、この場合、里見以下、大丸の幹部社員が、三越と松坂屋を目指してサービス技術のさらなる向上を目指したとみるべきであろう。

大丸におけるサービス技術の向上については、本書の松坂屋の史料から読み取れる内容と重なる部分が多いことはいうまでもない。大丸でも店員が増加するなかで実務教育に力を入れていたからである。

では、サービス技術の向上が大丸の業績にどのように繋がっていたのであろうか。第13期（昭和8年2月28日現在）の営業報告書には、「内には業務の刷新と陣容の整備を計り、外にはサービスの徹底と信用の確保に努めし結果、予期以上の業績を見たる次第にして将来の経営に対し一層強き確信を与えられたり」とある。ここからも店員のサービス技術の向上が、業績アップと連動していたことは十分わかる。

以上、『店員読本』の紹介・役割とその発行背景を掘り下げてきた。里見は経営改革を達成するために、店員のサービス技術の向上を大丸3店舗の最大の目標の一つにしていた。このために里見は、大丸入社直後から店員制度の充実に力を入れることで、店員の労働意欲を高めたのであった。

大丸は、里見の入社以前の大正10年（1921）11月に新聞広告において、「店員心得箇条書」の懸賞募集を行っていた。その時には2205通の応募数があり、大丸では当時これらを書冊にまとめている。すべての箇条書を確認したところ、そのなかには「お客様に接する時の心得」「顧客待遇奉仕上の心得」「言語動作上の心得」「販売上の心得」「顧客に対する心得」などの表現がみられた。本書で紹介した松坂屋の史料もしくは『店員の心得』に酷似する接客法に関わる内容が多かったことがわかる。大丸では、審査会議において2205通のなかから当選者を決定している。その後、大丸が当選者の内容を十分活用し、また『店員読本』にうまく組み込んだことも想像に難くない。

ここでは、松坂屋と比較するために大丸が店員のサービス技術の向上に主眼を置いて発行していた史料を紹介した。大丸の専務取締役であった里見が、店員養成による経営の近代化を目指していたことがわかった。これまで全く着目されてこなかった『店員読本』は、まさに大丸が呉服店から百貨店への転換に成功した要因を示す史料であった。それのみならず、『店員読本』は呉服系百貨店の経営発展の根幹となった店員のサービス技術の成立過程を理解できる重要な店員教育用のテキストであった。松坂屋から時期が少し遅れてはいたものの、昭和期以降、大丸においても店員の接客法＝サービス技術の向上に力を入れていた。大丸が接客販売に関する社内資料を作成していたことは、呉服系百貨店および関西地方における百貨店業の対面販売の技術を向上させたに違いない。

2　戦後における接客法の継承—松屋出身の中村卯一郎による普及—

現在では、接客に関わるサービス・販売術に関する書物が出版されている。この大半が、百貨店に勤務していた社員（派遣社員を含む）のみならず、ホテル・旅館関係の実務経験者、キャビンアテンダント、さらには飲食店や専門店（ファッション・アパレルなど）の勤務経験者である。それだけ、商業・サービス業での従業者が、現在の日本において大きな割合を占めるようになったことを示していよう。近年では、とくに三越や高島屋、伊勢丹およびそこでの勤務経験者が、接客販売やマナーに関連する書籍を数多く世に出している。これらは関係産業の従事者にとって、現実に即した実際的な手引書となっている(3)。

ここでは、戦前の松坂屋や大丸などの呉服系百貨店において確立した接客法が、戦後以降にどのように受け継がれ、また変化していったのかについてみておきたい。先述の関連書籍をすべて検証することは不可能である。そのため本書では、戦後復興期から高度経済成長期にかけて松屋に勤務した中村卯一郎という人物の著作を取りあげておきたい。松屋は、松坂屋・大丸と同じく呉服系百貨店に位置づけでき、大正15年（1926）3月から東京銀座を本店とする老舗百貨店である。

中村は、昭和27年（1952）に早稲田大学英文科を卒業後、翌28年（1953）に株式会社松屋に入社した。彼は販売を経験したのち、同30年（1955）には銀座本店の本店長秘書、同33年（1958）には新設された本社の販売促進課係長、さらに同38年（1963）には東京オリンピックに備えて銀座本店サービス課係長、同42年（1967）にはサービス課長として松屋の接客販売を統率する管理職の経験を積んだ。最終的には、同45年

（1970）に人事課長に昇進した松屋における接客販売のエキスパートであった。

昭和49年（1974）に退社したのち中村は、セールス・人事教育アドバイザーとして、NHKの「商業経営」レギュラー講師、日本商工会議所販売士検定試験中央委員、中小企業大学校講師として1990年代半ばまで活躍した。

中村は、戦後以降に百貨店マンからセールスに関する教育者に転身し、1990年代にかけて呉服系百貨店の接客法を普及させた人物と位置づけたい。というのは、次ページの表9にあるように中村がタイトルに「接客」と付けた数多くの著作を出版していたからである。

中村は接客販売に関わる多数の入門書を出版した。一方、タイトルには接客のキーワード以外では、販売員（社員）の管理、従業員（店員）の教育、店長・売場主任・販売部課長・管理者の実務（職務）、あるいは苦情の文字が目立つ。松坂屋の史料紹介では接客という用語で括っていたが、実は接客法には表9に見られる中村が接客以外に付けたキーワードの内容が含まれていた。

例えば、女子（女性）社員の表現から、中村自らが松屋において女子店員を指導・管理した経験を活かしていたことがわかる。また、苦情（クレーム）への応対は松坂屋の史料でも示されていた通り、戦前から接客販売をスムーズに完了させ、顧客満足へ変えるための重要な方法であった。中村の著作タイトルに「苦情」と付いている（15）（23）（32）以外にも、苦情・トラブル処理についてはかなりの著作のなかで触れている。社員・店員・販売員の管理・教育に関する内容をメインとしている著作も多い。いうなれば、中村は松坂屋の『読本』をうまく分解して、それぞれの内容を一冊の著作のメインタイトルに変え、なおかつ現代風にアレンジしたものであった。

さらに表9からは、数社の出版社がくり返し刊行していたことに気付かされる。これは中村の著作が出版物として良好な販売数をみせていたと解釈できよう。

表９　松屋出身の中村卯一郎の接客法を中心とした著作一覧

題　名	出版社	刊行年月日
(1) 店頭接客英会話	誠文堂新光社	1964年6月15日
(2) 新・お客応対法　デパート・商店の接客技術マニュアル	ビジネス社	1969年12月5日
(3) 販売員の教育と管理　定着性を高めるために	同文舘	1974年5月30日
(4) 百貨店のセールズ・プロモーション①サービス戦略	実務教育出版	1976年4月30日
(5) 女子社員の管理　その扱い方・活かし方	ビジネス社	1977年3月8日
(6) 客が集まるよそのお店の従業員教育　実例・生き生きした60の知恵	中経出版	1977年4月15日
(7) 小売店の接客実務講座	誠文堂新光社	1978年4月30日
(8) 店員さんの実用英会話　60のキーワードで外人客との応対がラクラクできる本	日本実業出版社	1979年2月25日
(9) 新入社員の自己啓発　必須ポイント12章	マネジメント社	1979年3月20日
(10) 店を伸ばす接客法	実務教育出版	1979年9月10日
(11) 店長の実務とリーダーシップ	実務教育出版	1980年7月25日
(12) 売場主任心得帖　販売実務と店員教育法	日本コンサルタント・グループ	1981年4月19日
(13) 店長入門	ダイヤモンド社	1982年6月17日
(14) 新･接客サービス読本　コンサルティング･セールスの実際	ビジネス社	1983年4月18日
(15) トラブルを解決し、お客をふやす　苦情処理に強くなる本	ダイヤモンド社	1983年7月7日
(16) 問題解決策シリーズ　販売部課長の職務	税務経理協会	1985年1月15日
(17) まんがクイズ式　接客販売マニュアル	ビジネス社	1985年3月1日
(18) 上手な接客セールス話法	ビジネス社	1987年6月5日
(19) 接客販売 AtoZ	経林書房	1987年6月10日
(20) まんがクイズ式　ビジネス・マナー　こんなときどうする	ビジネス社	1988年4月1日
(21) 接客百科　お客さま応対必読本	マネジメント社	1989年2月15日
(22) まんがクイズ式　店長マニュアル	ビジネス社	1989年10月20日
(23) まんがクイズ式　苦情なんかこわくない	ビジネス社	1991年6月10日
(24) 女性を部下に持つ管理者が読む本	経林書房	1991年12月20日
(25) 接客・販売の全技術　ディスプレイの手法から具体的販売話法まで	PHP研究所	1992年11月16日
(26) 接客販売51のコツ	ビジネス社	1993年3月11日
(27) 販売員のための接客英語がいちばんやさしくわかる本	経林書房	1993年9月29日
(28) 新版 上手な接客・上手な販売　販売員のバイブル	ビジネス社	1994年2月22日
(29) 接客サービス　こうすればいい　プロの販売技術の「磨き方」「育て方」	ダイヤモンド社	1994年6月9日
(30) お客様の心をつかむ　接客サービス　売り上げを伸ばす接客販売の技術	ぱる出版	1994年10月25日
(31) 110のケースでよくわかる　接客販売「困った・悩んだ」こんなときどうする	経林書房	1995年1月25日
(32) 苦情客をファンに変える　サービスのプロはここが違う	ダイヤモンド社	1998年2月5日

なお、中村が英文科の卒業だけあって英語版の著作が3冊ほどみえる。接客の対象顧客が、当時の小売業において日本人だけではなかったのは当然としても、ここからは中村の百貨店マンとして培ってきた技術と、彼が接客販売に対して意識向上を図っていた強い姿勢がわかる。

表9の（2）『新・お客応対法 デパート・商店の接客技術マニュアル』の「はしがき」には、中村が接客販売に関する本をはじめてまとめた理由が書かれている。これは彼が松屋在社中の昭和44年（1969）に刊行したものである。

第1には、これまで販売技術やセールストークを解説した本は数多く出版されてきたが、当時実際に店頭販売に従事している人たちにとって本当に役に立つ本がきわめて少なかったこと。第2には、これらの本がとくにアメリカの本の焼き直しで、日本の実情に合わなく、なかでも訪問販売と店頭販売とを混同して説明が行われ、また理論のみが先行し実体が伴わない本が多かったこと。第3には、1人1人性格の異なる顧客の相手をする販売という仕事は、原理・原則に乏しく、そのほとんどがケースバイケースで解決される応用問題が非常に多いことである。したがって中村は、実際の店頭販売で役に立つ接客技術の本を刊行するに至ったと力説している。

表9の（2）は、中村が松屋勤務時代の現役中に執筆した接客販売に関する第一作である。中村自らが、（2）は20版を重ね、ある出版社の編集長から「接客販売のバイブル」と評価されたと記している。そのうえ、彼は何回読んでも役に立つテキストと自負するほど、著作のなかで代表作の一つにあげている。そこで、この目次を表10にした。表現としては、「接客用語」「身だしなみ」「待機」「アプローチ」「上手な商品提示の仕方」「お尋ねの仕方」「おすすめの仕方」「電話のかけ方」「お求めの品がないとき」「複数客の応対の仕方」などがみられる。これを一読しただけで、冒頭の「サービスとはなにか」の部分は別にして、松坂屋の史料の目次に類似していることがわかる。

中村は、表9の（28）『新版 上手な接客・上手な販売 販売員のバイブル』の「はしがき」において、この旧版に

表10 『新・お客応対法 デパート・商店の接客技術マニュアル』の目次一覧

1 サービスとは何か
1 日本と欧米のサービスの違い
2 サービスは本当に無料か
3 サービスの種類
4 サービスの原則と例外
5 これからの販売員
2 新しい接客用語とそのつかい方
1 今までのセールストーク
2 接客用語のつかい方のコツ
3 接客用語の原則
4 基本となる言葉
5 言葉のつかい方
3 身だしなみと接客の心構え
1 身だしなみ
2 ユニフォーム
3 接客の心構え
4 買物をするときの心の動き
1 購買心理過程の8段階
2 インチキかみそり売り
3 2つの実例
4 販売員の応対内容
5 上手な接客、上手な販売
1 待機
2 アプローチ
3 上手な商品提示の仕方
4 お尋ねの仕方
5 商品知識
6 商品説明とセリングポイント
7 おすすめの仕方
8 クロージング
9 金銭授受
10 お見送り
6 電話のかけ方
1 電話は正しい姿勢で
2 正しい丁寧な言葉で
3 電話のかけ方12か条
4 その他の注意
7 こんな時どうする
1 お求めの品がないとき
2 無理をいわれたとき
3 苦情をいわれたとき
4 商品を汚損されたとき
5 万引きをみつけたとき
6 反対されたとき
7 からかわれたとき
8 売りたいものを売るとき
8 人、商品による応対方法
1 買物の3つのタイプ
2 特急列車型と各駅停車型
3 紳士客と婦人客の応対の相違
4 子供客の扱い方
5 複数客の応対の仕方
6 お客さまの3つのタイプ
7 贈答期の接客の仕方
8 コンサルティング・セールス

あたる『上手な接客・上手な販売』は、「1975年（昭和50）に初版を出し、その後、版を重ねること30版に及んだ。百貨店をはじめとする小売業の、販売員の接客販売技術の向上に、かなりお手伝いできたのではないかと、自負している」と記している。この文面をみるだけでも、中村の著作が呉服系百貨店の接客法が普及するにあたって大いにその役目を担ったことが理解できる。

　続けて中村は、「同書がこれほど売れたのは、筆者のつくり上げた『科学的販売技術』を多くの方が評価してくださったからであろう。当時店頭販売に関する体系的な理論は全くなかったし、またこの理論を上回るものは、今日でもまだ出現していない」と述べている。彼は、接客を基本とする販売法を一層発展させて、科学的な表現を用いて理論化を試みていた。

中村が接客法のなかで顧客に対し重要視した点を、著書の目次で使用しているキーワードで示すと、「誠意」「きめの細かいサービス」「思いやりの気持ち」や「接客の七大用語」「接客の基本となる敬称」などであろう。中村は、表9の（26）『接客販売51のコツ』の「はしがき」のなかで、接客販売とは「本来1人ひとりのお客さまの気持ちを大切にし、そのお客さまのご要望に合わせて応対すべきものです。したがってお客さまが百人おられれば、百通りの接客法があるはずです」と述べている。彼は、さらに「しかし、そう言うものの、お客さまの心理や行動には、いくつかの共通したものがみられます。それに合わせた接客応対方法を、ここに『51』の接客販売のコツとしてまとめてみました」と簡潔に述べている。

この（26）は中村の著作のなかでも後半にあたる平成5年（1993）に刊行されている。その点からしても、彼の接客法に関する要点が接客販売の豊富な事例と一緒に書き記されている。この文面には、「誠意」「思いやりの気持ち」が大切であったことがにじみ出ている。それとともに接客法の基本である「接客の七大用語」「接客の基本となる敬称」をマスターし、そのうえで応用術を身につけていくことが肝要であったことがわかる。

中村が何冊も著述してきた内容は、戦前において呉服系百貨店として成立・発展をみせた松屋で習得し、管理職として部下へ指導してきた接客法であった。したがって、中村の著作が松坂屋の史料と酷似することが多かった。と同時に、松坂屋の史料には中村以上の事例が豊富に載せられていたことを強調しておきたい。なぜならば、中村が昭和40年代から平成にかけて時代に合わせ、接客販売における重要な事例だけをかい摘んで、読者に理解しやすいようにまとめていたからである。

最後に、中村が表10の内容から、より一段と接客法を発展させた表11についてをみておこう。表11は（21）『接客百科　お客さま応対必読本』の目次で、表9の中村の著作のなかで最も頁数が多く、タイトルからでも集大成的な著作とわかる。各章のなかの節の見出しが簡潔に書かれており、使いやすく工夫されている。これも松坂屋の史料の目次と非常に似ている。中村は表11ではとくに「科学的販売技術」の表現を加え、一層詳述している。中村は(21)を接客法の最終段階として完成させていた。中村の接客法が、全国の商業・サービス業に従事する人々のなかに普及していったことは間違いない。戦前において工場労働者を管理するために導入された科学的管理法が、戦前の呉服系百貨店における店員の販売能率増進策に転用されていた。戦後において中村が接客法の水準を向上させるために、科学的管理法を活用していた意義は大きい。

表11をみても松坂屋の史料の目次と似ていることは一目でわかる。例えば、第二章の『接客法』の解説の苦情への応対方法で述べた通り、松坂屋では苦情に対する解決方法をうまく終えれば、その顧客が逆に贔屓客になる可能性があると記していた。中村は、表11では「苦情客変じてファンとなる」と表現し、また表9では中村の遺作となった(32)のタイトルが『苦情客をファンに変える』とある。(32)の「はしがき」に書かれているように、苦情客の出現とはピンチをチャンスに変える極めて重要な契機なのである(4)。

当然、これらは中村が編み出したものでなく、呉服系百貨店の松屋において戦前に培われた接客法を基礎としていた。おそらく松屋が発行していた松坂屋同様の史料をベースに、中村が松屋の現場で経験してきた接客販売を加えて著述していたのであろう。したがって松屋においても戦前までに接客法が確立されていたと考えられる。今回は呉服系の老舗百貨店の代表格である三越と髙島屋については接客法に関する史料を確認できなかった。しかし、戦前までに三越と髙島屋が接客法を確立していたことは、今日の百貨店の営業方針・企画において「おもてなし」がキャッチフレーズとなっている実状から疑いようもない(5)。

ところで、店員の接客法については中村多聞『百貨店マンの世界』においても触れられている。この著者の中村は、現在でも百貨店を中心とした流通・小売業界の情報発信誌『月刊ストアーズレポート』を刊行している株式会

表 11 『接客百科 お客さま応対必読本』の目次一覧

第1章 販売員の心構え	
1	販売とは
2	サービスとはどうすることか
3	サービスと情報
4	学生と社会人の違い
5	小売業で働く意義
6	プロ販売員
7	お化粧
8	身だしなみ
9	身だしなみのチェック
10	自分の仕事に対する自覚
第2章 接客サービスの基本	
1	スピーディな対応とは
2	思いやり
3	スマイル
4	スマートなサービス
5	誠意
6	研究
7	接客サービスの平等化
8	きめ細かいサービス
9	店の代表者
10	自分の仕事
第3章 科学的販売技術	
1	購買心理過程の8段階
2	科学的販売研究のアウトライン
3	待機
4	アプローチ
5	商品提示
6	ニーズとその捉え方
7	商品知識とその入手法
8	お勧めの仕方
9	セリング・ポイント
10	クロージング
11	金銭授受の確認とお見送り
第4章 セールス話法	
1	敬語とは
2	敬語の使い方
3	敬語の実際
4	接客話法
5	言葉の上手な使い方
6	言葉を活かして使う
7	使っていい言葉、悪い言葉
8	売場での話し方
9	言葉遣いのむずかしさ

第5章 電話の受け方、かけ方	
1	電話の特徴
2	電話の受け方
3	電話のかけ方
4	こんなときどうする
第6章 上手な接客	
1	体験的商品知識
2	気転のある接客
3	積極的な待機
4	上手なアプローチ
5	商品の巧みな見せ方
6	お客さまに待っていただく
7	固定客づくり
8	クレジットカードでの販売
9	販売商品に責任をもつ
10	お見送り
第7章 苦情処理・返品・万引	
1	苦情
2	苦情処理の方法
3	店内処理
4	苦情客変じてファンとなる
5	返品
6	万引
第8章 こんなときどうする	
1	接客中に他のお客さまから声がかかったとき
2	子供客と子供連れのお客
3	複数客
4	自己主張の強いお客
5	あなた任せのお客と無口なお客
6	一ランク上のものを売るには
7	現状維持は退歩
8	商品の長所と短所
9	内金
10	上手な褒め方
11	外人客

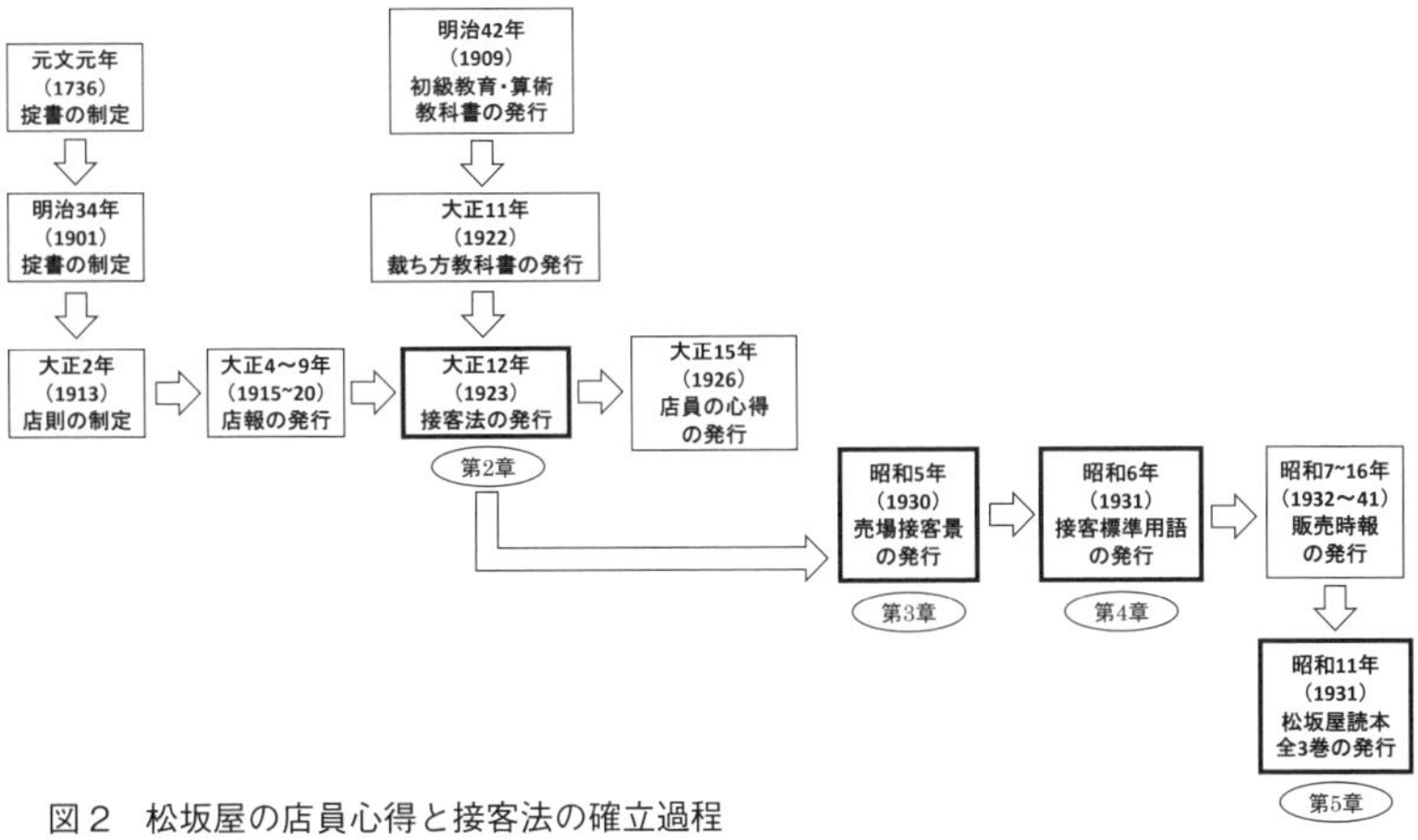

図２　松坂屋の店員心得と接客法の確立過程

社ストアーズ社の創立者であり、当時の百貨店業界全体に精通していた人物であった。彼は、『百貨店マンの世界』の「4章　われら百貨店マン」のなかで、「店頭販売員の世界」と節の見出しをつけ、「売場員が百貨店の生命」「固定客は店員によって作られる」「販売員の一日」「販売技術のいろいろ」「販売技術はなぜ低下したか」「プロの販売技術とは?」などの小見出しで、接客販売を販売技術と表現して詳しく解説している。

　しかし、百貨店において接客法や販売技術がどのようにして磨かれてきたのかについては、これ以上の説明がなされている書物はほかに見当たらない。すなわち、百貨店の接客販売を詳述している文献が少ないのが現状である。この意味でも、松屋で20年間培ってきた接客法の技術を多くの著作で全国に広めていった中村卯一郎の貢献度は非常に高いといえよう。

　そこで、松坂屋の史料にみられる接客法の確立過程について図2に示しておく。江戸・明治期の松坂屋にみられた顧客への応対方法が、大正後期から昭和初期において店員心得・店員教育とともに発展・確立した。松坂屋では、店舗内における店員の業務の標準化が図られ、その大きな柱が接客法であった。これが戦後以降の松坂屋の新しい支店と系列店にも受け継がれていった。

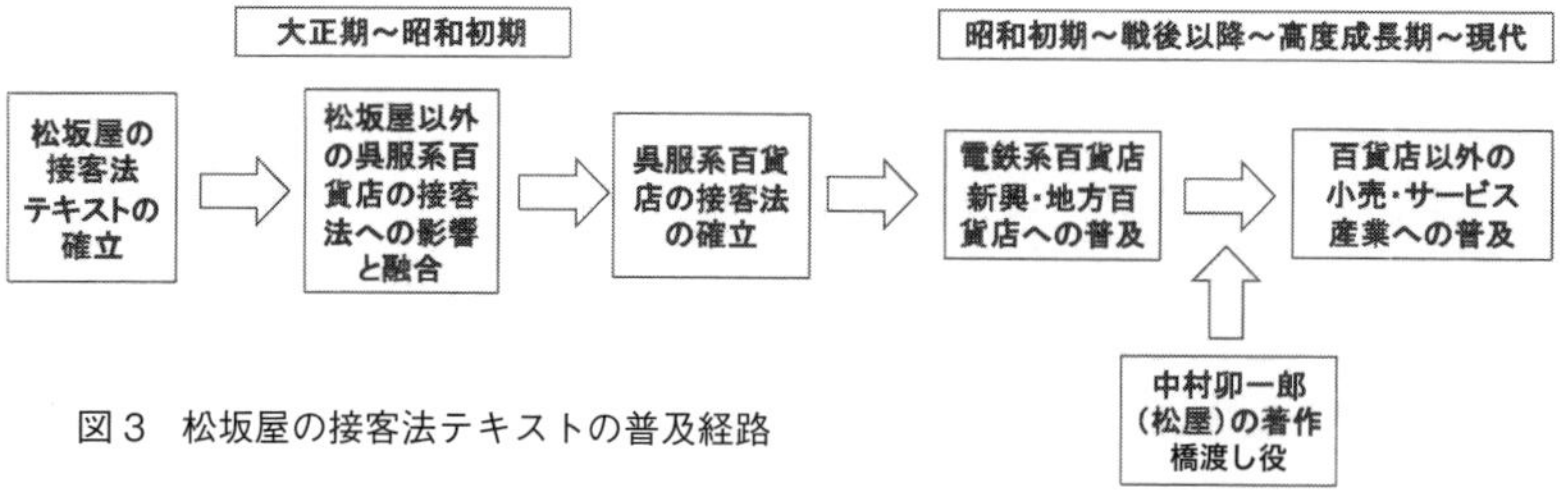

図３　松坂屋の接客法テキストの普及経路

図３に示したように、松坂屋が編み出した接客法のテキストは、戦前ではほかの呉服系百貨店と交わりつつ、戦後以降の電鉄系百貨店や地方百貨店に普及し、それらの百貨店における接客法の発展にとっても大きな模範となった。高度経済成長期に、松屋において接客販売の管理職にまで上り詰めた中村がまとめた接客法は、同時期以降の新たな小売業態の接客販売の基本になったと考えられる。中村の著作から読み取れるように、接客法が店長のマネジメントや女子店員の管理、苦情処理などのそれぞれに発展し、それらが今日の商業・サービス業に活かされている。中村が伝授したかった接客法とは、ただ単に商品を販売する接客に特化するのではなく、顧客に対して誠意を込めた接客を心掛けることであった。

注

（1）株式会社大丸松坂屋百貨店所蔵。また、大丸に関する解説は、末田智樹「専務里見純吉によるサービス技術の向上と経営の近代化―昭和初期『大丸店員読本』の紹介をかねて―」（『中部大学人文学部研究論集』第39号、２０１８年）を基本に作成したものである。

（2）筆者が松坂屋と大丸以外にも確認したところでは、京都駅前を本店とした丸物には第三章『簡単な売場接客景』と類似する史料が存在していた。ほかに志水数雄『売場に立ちて』（北鴎社、一九二六年）は、白木屋呉服店の売場において著者が自ら経験した実際の販売状況について記したものである。松坂屋のみならず、ほかの呉服系百貨店の営業方法において接客法が重要であったことがわかる。しかし、現時点では松坂屋の四つの史料が日本で最初の大規模小売業態である百貨店の接客法の原点を体系的に示しているといえる。

（3）本書で参照したものを巻末の参考文献に掲げている。

（4）これは中村が逝去後にダイヤモンド社が編者となって刊行したが、中村の意図が反映されていると思われる。

（5）（3）と同じ。

戦後恐慌時の上野支店での最新安値品大売出しでにぎわう呉服売場：大正9年（1920）5月

上野支店における伊勢崎・秩父銘仙の売出し：昭和 2年(1927)

新大阪ホテルにおける第 1回染織名作展(受付)
：昭和 10年(1935) 10月 5・6日

銀座支店の夜間営業で混雑した入口
：大正 13年(1924) 12月

上野－松坂屋－万世橋、新橋－松坂屋－有楽町間の送迎バス：昭和 4年(1929)

上野支店仮営業所の開店記念(夜間営業) におけるホタル引換所の混雑：昭和 2年(1927) 6月 16日

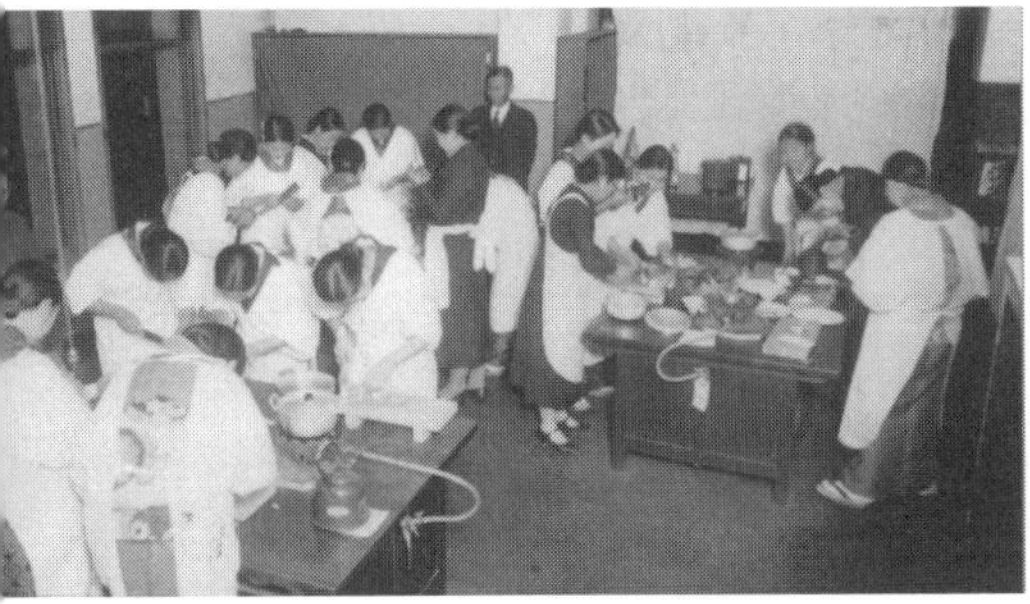

上野支店における料理講習会：昭和 4年(1929)

大阪支店にて支那事変展を開催し混雑した入口
：昭和 12年(1937) 10月

上野支店の屋上：昭和初期

名古屋本店の 7階ホールの完成
：昭和 11年(1936) 9月 19日

上野支店における商品祭の福引大売出し
：昭和 8年(1933)

名古屋本店の女性店員：昭和初期

おわりに

――松坂屋の店員と呉服系百貨店の接客法が果たした役割――

戦前の松坂屋では、現在確認できるだけで接客法に関する四つのテキストを発行していた。これらが今日まで保存されてきたことは大変重要である。なぜならば、現時点において日本の接客販売の原点が把握できる老舗百貨店の史料だからである。しかも、四点の史料には当時松坂屋に勤務する店員の姿が描かれているために、戦前における呉服系百貨店の店舗内部の新たな一面、および店員と顧客との応対からみえる近代的大規模小売業態が果たした役割が読み取れるからである。かつ、これまでの百貨店の史的研究の成果とは大きく異なった実情も浮かびあがるからである。

陳列式に転換した上野支店の売場
：明治 40年（1907）4月

それゆえに、第二章から第五章までのどの史料から読んでも、当時の松坂屋でのきめ細かい接客販売と、それが呉服系百貨店の営業方法として確立していった過程が理解できる。しかも、各時期の店員自体の成長プロセスさえも感じることができ、現代の商業・サービス業の様々な分野において有効活用が可能な優れた基本史料である。

明治後期に松坂屋は呉服店から百貨店への転換を、座売りから陳列販売への転換で成功した。そして、松坂屋では座売りから陳列販売に変化するなかで、それまでの上流階級に呉服類の高級品を販売する対面販売＝接客法をうまく継承した。すなわち、松坂屋では大正中期からの大衆化により中間層までが対象客となり、さらに取扱商品が拡大しても接客法を劣化させなかった。あらゆる顧客にすべての商品を接客販売する店員の育成に成功したからである。松坂屋では店員養成を進めるなかで実務教育の一環として全店員が修得可能な接客法のテキストを作りあげていったのである（第六章・図2）。この意味では、江戸時代より培われた呉服店の座売りでの接客販売から陳列方式での接客販売への転換がみられたものの、店員の応対の根底にある顧客への言葉遣いや、豊富な商品知識を活かした丁寧な応対が変化しなかったことが、呉服店の業種が百貨店へ転換する際の拠り所となった。そして、戦前までの陳列販売において接客法が確立したことは、近代的大規模小売業態を生み出すために呉服系百貨店が果たした不可欠な役割であった。

陳列式に転換した上野支店の呉服売場
：明治 40年（1907）4月

ただし、松坂屋の店内の配置においては販売台と陳列台があった。前者の販売台での接客販売は、松坂屋ではカウンター販売と呼ばれた。これは店員が販売台で直接顧客に応対して販売する方法で、おもに呉服売場において行われていた。一方、後者の陳列台の上に商品を並べ、顧客が自由に選定できる陳列販売があった。こちらはほとんどの雑貨売場の営業方法であった(1)。しかし雑貨売場の陳列販売においても対面販売が行われていたことは、第三章の『売場接客景』からわかる。そのため、松坂屋では売場を中心とした全店員が常に接客販売を意識していた。

しかし、昭和初期以降に各百貨店がより大型店舗を新築・増築し、店内の商品配置・陳列が拡大され、それに伴う顧客への応対方法にも変化がみられた。この過程については今後の課題としておきたい(2)。

大正期から昭和初期にかけて百貨店が華やかな文化的要素を社会へ提供し、大衆化が進むなかで、松坂屋では生活と文化の両商品をスムーズに販売する

上野支店における御大典記念の新柄内覧会
：昭和3年（1928）11月

名古屋本店の全館完成開店時の外観（記念催事の新日本文化博覧会）：昭和12年（1937）3月15日

役割を持つ全店員が接客法をマスターするために日々精進を重ねていた。店員が接客法を身につけるなかで最も大切にした基本姿勢は、顧客に対して誠意と真心をもって接することであった。本書の史料は、松坂屋において全店員が接客法を実際に修得し実践した記録であり、松坂屋が戦前から接客販売の万全な実務教育を施していた過程がみえるのである。

　戦前の松坂屋における営業方針は「良品廉価」と「実用品販売」であった。ところが、本書の史料からは実用向きの良い商品をただ単に安く販売すればよいわけではなかったことが理解できる。さらに、呉服系百貨店が流行商品の販売に力を注いでいたことは前述したが、実は流行商品が飛ぶように売れていたのではなかった。店員が流行商品を接客販売するために、顧客に対して誠心誠意をもって応対する営業方法が存在していた。まさに本書は、この場面を鮮明にした史料なのである。

　大正中期以降に呉服系百貨店の大衆化が進むにつれ、昭和初期にターミナルデパートが出現し、商品面の視点から大量販売が百貨店の特徴であったと指摘されるようになってきた。そこから持たれる営業方法のイメージは、現在の総合スーパー・スーパーマーケット（以下、スーパーで統一する）のように思われがちである。とくに戦前の電鉄系百貨店の食料品売場や特価品売場では、確かに現在のスーパーの食料品売場やデパ地下に近い形態で営業が展開されていた。そのため、当時の電鉄系百貨店の接客販売が呉服系百貨店と同程度で行われていたのかどうかについては疑問が残る。

すなわち、本書において呉服系百貨店の接客法が明らかになったために、昭和初期に素人経営を表看板として出発し、顧客に対する接客法が未確立であったターミナル方式の電鉄系百貨店との違いが浮き彫りとなったともいえる。さらに、高度経済成長期から急成長したスーパー（セルフサービス）との相違が把握できる。これはおもに最寄品と買回品・専門品の販売の違いでもあるが、松坂屋では江戸時代から呉服店の店先で行われていた座売りでの対面販売の技法をより具現化し、種々の買回品を販売する営業方法として戦前までに確立した。しかし、新たな営業方法として戦後以降にセルフサービスが生まれ、その小売業態であるスーパーからコンビニエンスストアへ、また専門店のチェーン化が進み、一層セルフサービスが拡大した。しかし、他方で小売業態が拡大する過程のなかで松坂屋などの呉服系百貨店が編み出した買回品の接客法は普及していった。

陳列式に改築されショーウインドーを新設した上野支店：明治 40年（1907）

本書の史料は、大正期から昭和初期において、松坂屋が経営の近代化のなかで対面販売の技術を見事に形成していった過程を物語っている。だからこそ、本書ではそのまま翻刻し、解説とともに掲載した。なぜならば百貨店業態の基本的な営業方法が対面販売であり、それが松坂屋において完成されていった経過を明確に示すことに力点を置いたからである。本史料が優れた読み手によって、筆者が考える以外に、老舗百貨店の接客法を通して数多くの実情を思い描くことのできる近代商業経営史に関する一級史料であると確信するからである。

ところで、昭和初期を対象とした反百貨店運動の研究では、百貨店の営業方法

関東大震災後の罹災者に麦湯を配る松坂屋の店員：大正12年（1923）9月

とされた「囮販売」への大きな批判がある。また、三越や松坂屋、高島屋などの出張販売や支店設置が中小小売商を圧迫するものとして、当時の全国の新聞紙上においてネガティブなイメージで語られてきた。確かにそうかもしれないが、同時期に松坂屋では店員を取り締まる心得を作成し、営業方法に関しても接客販売の技術を一生懸命に磨いていたことも見過ごしてはならない。これらの動向が体系的に理解できる店員教育用のテキストが、管見の限り他の呉服系百貨店において未確認である以上、極めて重要な史料群なのである。

松坂屋は江戸時代初頭以来の商家であり、幕末期では尾張藩御用商人の筆頭にまで上り詰め、明治後期には三越に次いで百貨店化を成し遂げた。繰り返すが、近世・近代商業経営を先導してきた松坂屋において接客法に関するテキストが残されていた意義は大変大きい。松坂屋が、明治後期から昭和戦前期までに形作ってきた生活と文化を結ぶ真の「良品廉価」の営業方針を遂行するためには、店舗空間内に丁寧な接客販売の流れを作り上げることが必要であった。このことを本書の史料から読み取ってもらえれば、翻刻した史料を全文掲載した意味合いもあろう。

本書の史料は、別の見方をすれば大正・昭和初期までの名古屋市とその周辺地域で熟成された礼儀作法から生まれたものとも言えるのではなかろうか。戦後以降小売業態のセルフサービスによる営業方法は、戦前に比べて一層の大衆消費社会へ導き、消費生活に大きく寄与した。しかし一方では、現実社会のなかで人と人との気持ちがすれ違う機会を作ってしまったことも否めない。江戸時代の呉服店から発展してきた呉服系百貨店での接客による対面販売は現代でも根強く生き続けている。

現在、百貨店以下諸々の小売業態へのインバウンドによるプロモーション戦略は、一層複雑な様相をみせつつある。そのなかで、日本の商業・サービス業が諸外国と比較して一歩抜きん出ており、海外の顧客を惹きつける要因となっていることは高く評価されている。それを生み出し守り続けてきたのは、戦前から今日までの百貨店業に従事してきた全店員であった。百貨店業態から商業・サービス業全体へと普及していった日本の接客法は、現代では「おもてなし」と表現され、世界中から着目されるようになった。本書の史料は、真の「おもてなし」の源流を探り出すための格好の材料となろう。現在ではセルフサービスの代表格であるスーパーにおいても接客・サービスの専門係が置かれるようになってきた。このような状況から判断しても、松坂屋をはじめとした呉服系百貨店が守ってきた接客法が未来永劫受け継がれていこう。

上野支店における百貨店初のエレベーターガール：昭和4年（1929）4月1日

注

（1）『松坂屋読本 販売の巻』（株式会社大丸松坂屋百貨店所蔵）6頁。

（2）この点を明らかにするためには、石渡泰三郎『小売百貨店』（日栄社、1928年）、山田忍三『百貨店経営と小売業』（千倉書房、1930年）、北田内藏司『百貨店と連鎖店』（誠文堂、1931年）、前波仲子『百貨店対抗策 小売店の新戦術』（春陽堂、1931年）、水野祐吉『百貨店経営学』（日本評論社、1933年）、松宮三郎『百貨店読本』（成美堂、1934年）、水野祐吉『百貨店論』（日本評論社、1937年）、水野祐吉『百貨店研究』（同文館、1940年）など、戦前の百貨店関係者が執筆した研究文献の検討が必要である。

参考文献

（1）百貨店史関係（著編者五十音順）

飯塚陽介「両大戦間期における百貨店への金銭登録機の導入―各売場別出納制の導入と女性店員の進出」（『帝京経済学研究』第51巻第1号、2017年）
岩淵令治編『国立歴史民俗博物館研究報告　第197集　［共同研究］歴史表象の形成と消費文化』（歴史民俗博物館振興会、2016年）
江口潔「百貨店における教育―店員訓練の近代化とその影響」（『日本の教育史学　教育史学会紀要』第54集、2011年）
江口潔「戦前期の百貨店における技能観の変容過程―三越における女子販売員の対人技能に着目して―」（『教育社会学研究』第92集、東洋館出版社、2013年）
江口潔「百貨店化にともなう職業的リテラシーの変容―両大戦間期における松坂屋の店員―」（『教育学研究』第82巻第1号、2015年）
大岡聡「昭和戦前・戦時期の百貨店と消費社会」（『成城大学経済研究所研究報告』No.52、2009年）
大岡聡「1930年代の地方都市百貨店とモダニズム―福井市・だるま屋を事例に―」（田崎宣義編著『近代日本の都市と農村―激動の1910・50年代―』青弓社、2012年）
鹿島茂『デパートを発明した夫婦』（講談社、1991年）
加藤諭「昭和初期東北地方における百貨店の催物―三越仙台支店、藤崎を事例に―」（『東北文化研究室紀要』第48集、2006年）
加藤諭「戦前期における百貨店の催物―三越支店網を通じて―」（東北大学文学会『文化』第73巻第1・2号、2009年）
加藤諭「戦前期における地方都市百貨店とその影響」（東北史学会『歴史』第114号、2010年）
加藤諭「戦前期東北における百貨店の展開過程―岩手・宮城・山形・福島を中心に―」（平川新・千葉正樹編者『講座　東北の歴史　第二巻　都市と村』清文堂、2014年）
木村慎平「関東大震災と松坂屋いとう呉服店（1）」（『名古屋市博物館研究紀要』第37巻、名古屋市博物館、2014年）
国立歴史民俗博物館・岩淵令治編『「江戸」の発見と商品化―大正期における三越の流行創出と消費文化―』（岩田書院、

２０１４年）
近藤智子「百貨店をめぐる娯楽の変容―昭和戦前期の東京を中心として―」（奥須磨子・羽田博昭編著『都市と娯楽―開港期～１９３０年代―』日本経済評論社、２００４年）
近藤智子「『デパートガール』の登場―震災後東京の百貨店を中心に―」（『経営史学』第40巻第3号、２００５年）
近藤智子「百貨店をめぐる流行とメディア―昭和戦前期の松屋呉服店を中心に―」（『風俗史学』第32号、２００６年）
島永嵩子「売場の自主編集による百貨店の業態イノベーション」（『神戸学院大学経営学論集』第14巻第1号、２０１７年）
神野由紀『百貨店で〈趣味〉を買う―大衆消費文化の近代―』（吉川弘文館、２０１５年）
高柳美香『ショーウインドー物語』（勁草書房、１９９４年）
谷内正往『戦前大阪の鉄道とデパート―都市交通による沿線培養の研究―』（東方出版、２０１４年）
谷内正往・加藤諭『日本の百貨店史―地方、女子店員、高齢化―』（日本経済評論社、２０１８年）
中西聡「両大戦間期日本における百貨店の経営展開―いとう呉服店（松坂屋）の「百貨店」化と大衆化―」（『経営史学』第47巻第3号、２０１２年）
橋本善八・村上由美編『「暮らしと美術と高島屋」展―世田美が、百貨店のフタを開けてみた。―図録』（世田谷美術館、２０１３年）
初田亨『百貨店の誕生』（筑摩書房、１９９９年）
藤岡里圭『百貨店の生成過程』（有斐閣、２００６年）
藤岡里圭「高度成長期における百貨店の高級化と特選ブランドの役割」（京都大学『経済論叢』第１８７巻第３号、２０１３年）
山本武利・西沢保『百貨店の文化史―日本の消費革命―』（世界思想社、１９９９年）

（2）商業史関係（著編者五十音順）

石井寛治『日本流通史』（有斐閣、２００３年）
石井寛治編『近代日本流通史』（東京堂出版、２００５年）
石原武政・矢作敏行編『日本の流通１００年』（有斐閣、２００４年）
宇佐美英機編著『初代伊藤忠兵衛を追慕する―在りし日の父、丸紅、そして主人―』（清文堂出版、２０１２年）

宇佐美英機「近江商人研究と『三方よし』論」（『滋賀大学経済学部附属史料館研究紀要』第48号、2015年）
宇佐美英機「明治26年伊藤忠兵衛家店法則の制定過程と継承」（『滋賀大学経済学部附属史料館研究紀要』第51号、2018年）
白石孝『日本橋街並み商業史』（慶應義塾大学出版会、1999年）
白石孝『日本橋街並み繁盛史』（慶應義塾大学出版会、2003年）
末永國紀『近江商人―現代を生き抜くビジネスの指針―』（中央公論新社、2000年）
末永國紀『近江商人―三方よし経営に学ぶ―』（ミネルヴァ書房、2011年）
鈴木安昭『昭和初期の小売商問題』（日本経済新聞社、1980年）
田村正紀『消費者の歴史―江戸から現代まで―』（千倉書房、2011年）
日本小売業経営史編集委員会編『日本小売業経営史』（社団法人公開経営指導協会、1967年）
林董一『近世名古屋商人の研究』（名古屋大学出版会、1994年）
廣田誠・山田雄久・木山実・長廣利崇・藤岡里圭『日本商業史』（有斐閣、2017年）
藤田貞一郎・宮本又郎・長谷川彰『日本商業史』（有斐閣、1978年）
宮本又次『近世商人意識の研究―家訓及店則と日本商人道―』（有斐閣、1941年）
渡辺守順『近江商人』（教育社、1980年）

（3）株式会社松坂屋（株式会社いとう呉服店）の社史・伝記・資料類（著編書刊行順）

井手蕉雨編『松の齢』（株式会社松坂屋、1928年）
『株式会社松坂屋創立20年記念写真帖』（株式会社松坂屋、1931年）
小松徹三編『日本百貨店総覧　第2巻　松坂屋300年史』（百貨店商報社、1935年）
小松徹三編『大松坂屋の全貌上巻　松坂屋名古屋店』（百貨店日日新聞社、1937年）
有賀光胤『店史概要』（株式会社松坂屋本社、1937年）
『戊寅年契』（1938年）
『株式会社松坂屋創立30周年記念写真帖』（株式会社松坂屋、1940年）
塚本鉢三郎述・田中八壽男記『百貨店思出話』（百貨店思出話刊行会、1950年）

伊藤次郎左衛門伝記編さん委員会編『伊藤祐民伝』（株式会社松坂屋、１９５２年）
岡戸武平『大番頭鬼頭幸七』（鬼頭幸七伝刊行会、１９５４年）
岡戸武平『伊藤家伝』（中部経済新聞社、１９５７年）
『株式会社松坂屋創立40周年記念写真帖』（株式会社松坂屋、１９５０年）
『松坂屋50年史』（株式会社松坂屋、１９６０年）
『株式会社松坂屋創立50周年記念写真帳』（松坂屋本社、１９６０年）
竹中治助編『新版　店史概要　松坂屋』（株式会社松坂屋、１９６４年）
『上野松坂屋２００年の歩み』（株式会社松坂屋上野店、１９６８年）
『株式会社松坂屋創立60周年記念写真帳』（松坂屋本社、１９７０年）
『松坂屋60年史』（株式会社松坂屋、１９７１年）
高野郁朗編『15代伊藤次郎左衛門祐民追想録』（株式会社松坂屋、１９７７年）
『松坂屋70年史』（株式会社松坂屋、１９８１年）
山森俊彦『松坂屋の経営―創業３７０年の伝統が築く近代百貨店―』（ストアーズ社、１９８２年）
名古屋市博物館編『名古屋の商人　伊藤次郎左衛門　呉服屋からデパートへ』（名古屋市博物館、２００３年）
『松坂屋・銀座とともに80年』（株式会社松坂屋、２００４年）
森哲郎『マンガ　松坂屋物語―江戸時代から４００年―』（鳥影社、２００６年）
ＮＰＯ法人揚輝荘の会編著『揚輝荘と祐民―よみがえる松坂屋創業者の理想郷―』（風媒社、２００８年）
『松坂屋百年史』（株式会社松坂屋、２０１０年）

（４）百貨店の社史関係（著編書刊行順）

狩野弘一編『世界百貨店要覧』（百貨店新聞社、１９３４年）
大橋富一郎編『配給報告　百貨店年鑑　昭和10年版』（百貨店新報社、１９３５年）
関宗次郎編『松屋発展史』（デパスト社、１９３５年）
狩野弘一編『日本百貨店総覧　昭和12年版』（百貨店新聞社、１９３６年）
百貨店新聞社編『大阪急』（百貨店新聞社編、１９３６年）

大橋富一郎編『百貨店年鑑　昭和13年版』（日本百貨店通信社、１９３８年）
藤田村雨『だるま屋百貨店主　坪川信一の偉業』（丁酉社、１９３８年）
菱田芳治編『日本百貨店総覧　昭和14年版』（百貨店新聞社、１９３９年）
百貨店日日新聞社編『東横百貨店―開店満5周年記念出版―』（百貨店日日新聞社編、１９３９年）
田中一編『今井　沿革と事業の全貌』（日刊土木建築資料新聞社、１９４０年）
村上静人編『日本百貨店総覧　昭和17年版』（百貨店新聞社、１９４２年）
大鉄百貨店『大鉄百貨店史』（大鉄百貨店、１９４４年）
株式会社白木屋『白木屋三百年史』（株式会社白木屋、１９５７年）
日本経済新聞社編『百貨店の話』（日本経済新聞社編、１９５８年）
株式会社横須賀さいか屋『株式会社横須賀さいか屋社史』（株式会社横須賀さいか屋、１９６４年）
株式会社大丸『大丸二百五拾年史』（株式会社大丸、１９６７年）
株式会社松屋『松屋百年史』（株式会社松屋、１９６９年）
株式会社阪急百貨店『株式会社阪急百貨店二十五年史』（株式会社阪急百貨店、１９７６年）
株式会社近鉄百貨店『40年のあゆみ』（株式会社近鉄百貨店、１９７７年）
株式会社福屋『福屋五十年史』（株式会社福屋、１９８０年）
株式会社髙島屋『髙島屋百五十年史』（株式会社髙島屋、１９８２年）
株式会社阪神百貨店『再成長へ向けて　阪神百貨店30年のあゆみ』（株式会社阪神百貨店、１９８８年）
株式会社伊勢丹『伊勢丹百年史―三代小菅丹治の足跡をたどって―』（株式会社伊勢丹、１９９０年）
株式会社三越『株式会社三越85年の記録』（株式会社三越、１９９０年）
株式会社川徳『創業１４０年記念誌　奉仕こそわがつとめ』（株式会社川徳、２００７年）

（5）戦前の百貨店関係（店員・接客法関係）（著編者刊行順）

蘆川忠雄『店員応接法』（佐藤出版部、１９１７年）
泉俊秀『現代店員制度の研究』（文雅堂、１９２０年）
西野恵之介「余が入店1ヶ月にして白木屋呉服店員に与えたる店員心得89箇条」（『実業之日本』第24巻第20号、１９２１年）

志水数雄『売場に立ちて』（北隅社、1926年）
石渡泰三郎『小売百貨店』（日栄社、1928年）
泉俊秀『店員心得講話』（商業研究資料編輯所、1928年）
山田忍三『百貨店経営と小売業』（千倉書房、1930年）
北田内藏司『百貨店と連鎖店』（誠文堂、1931年）
前波仲子『百貨店対抗策　小売店の新戦術』（春陽堂、1931年）
加藤恭太郎「百貨店と一般小売店の店員」（『販売科学』第12巻第2号、1933年）
水野祐吉『百貨店経営学』（日本評論社、1933年）
松宮三郎『百貨店読本』（成美堂、1934年）
前川竹之助『大丸と私　感謝之生活四十年』（私家本、1935年）
相原寿編『店則店員心得大全集』（誠文堂新光社、1936年）
加藤恭太郎「アメリカ百貨店に働く婦人店員の指導法」（『商店界』第16巻第8号、1936年）
岸田秀之助・黒田善太郎『仕入と販売の基礎・販売事務と接客法　商業実務講座第4巻』（非凡閣、1936年）
商店界編輯部編『上野陽一先生著　店員読本』（誠文堂新光社、1937年）
水野祐吉『百貨店論』（日本評論社、1937年）
水野祐吉『百貨店研究』（同文館、1940年）

（6）戦後以降の百貨店関係（店員・接客・マナー・サービス）（著編書刊行順）

土屋好重『百貨店』（新紀元社、1955年）
田口良一郎編『百貨店の話』（日本経済新聞社、1958年）
川勝堅一『サービス』（ダイヤモンド社、1959年）
清水晶・土屋好重編著『百貨店経営』（東洋書館、1951年）
佐藤肇・高丘季昭『現代の百貨店』（日本経済新聞社、1970年）
清水滋『百貨店のマーチャンダイジング』（デパートニュース社、1973年）
清水滋『百貨店―新たな流通革新の担い手―』（日本経済新聞社、1980年）

中村多聞『百貨店とは何か』（ストアーズ社、1980年）
中村多聞『百貨店マンの世界』（ダイヤモンド社、1981年）
渡辺一雄『デパート商法の秘密―百貨店は復権できるか―』（こう書房、1981年）
安田丈一『こんなもんだった―丁稚の知恵袋―』（文化出版局、1981年）
倉本長治『倉本長治著作選集　第7巻』（商業界、1982年）
青野豊作『「三越小僧読本」の知恵』（講談社、1988年）
玉川俊子『販売員マニュアル　私のお客様づくり　売上げを伸ばす接客マナー』（産能大学出版部、1990年）
伊勢丹広報部『3分間　OLマナー基本チェック』（日本実業出版社、1993年）
松尾武幸『実学の人　山中鏆の顧客満足経営』（東洋経済新報社、1999年）
株式会社三越『日本を楽しむ年中行事』（かんき出版、2004年）
北山節子『接客販売入門』（日本経済新聞出版社、2004年）
国友隆一『「伊勢丹のようなサービス」ができる本』（成美堂出版、2006年）
加納光『図解　接客サービスの基本がよくわかる本』（ナツメ社、2007年）
国友隆一『伊勢丹　恋しくなるサービス』（インデックス・コミュニケーションズ、2007年）
溝上幸伸『お客様なぜ「伊勢丹」を選ぶのか』（ぱる出版、2007年）
国友隆一『伊勢丹に学ぶ　おもてなし』（日本実業出版社、2008年）
国友隆一『伊勢丹　すごいサービスを生む言葉』（あさ出版、2008年）
新村美希『百貨店ガール』（株式会社メディアファクトリー、2009年）
国友隆一『伊勢丹　一流のサービス』（経済界新書、2011年）
伊吹晶夫『外商の真髄』（講談社、2011年）
上田比呂志『ディズニーと三越で学んできた　日本人にしかできない「気づかい」の習慣』（株式会社クロスメディア・パブリッシング、2011年）
岸川善光編著『サービス・ビジネス特論』（学文社、2011年）
鈴木和雄『接客サービスの労働過程論』（御茶の水書房、2012年）
内藤加奈子『「売れる販売員」と「ダメ販売員」の習慣』（明日香出版社、2012年）

桑原渉『阪急英国フェアの舞台裏』（丸善出版、2013年）
三越伊勢丹『三越伊勢丹　日本の年中行事　暮らしのアルバム』（株式会社マガジンハウス、2013年）
森田真実『売れる販売の接客ルール―なぜあの人はお客様に好かれるのか―』（PHP研究所、2013年）
敷田正法『日本橋髙島屋コンシェルジュの最高のおもてなし』（光文社、2014年）
敷田正法『日本橋髙島屋名コンシェルジェに学ぶ　人の心を動かす「気遣い力」』（小学館、2014年）
敷田正法『一流のサービスは感動を生む日本橋髙島屋コンシェルジェが大切にする仕事の習慣』（幻冬舎ルネッサンス、2014年）
浅野恵子『しごと場見学！　百貨店・ショッピングセンターで働く人たち』（ぺりかん社、2015年）
大西洋『三越伊勢丹　ブランド力の神髄―創造と破壊はすべて「現場」から始まる―』（PHP研究所、2015年）
株式会社髙島屋『髙島屋のしきたり事典―老舗百貨店の門外不出「贈答・おつきあい」教本―』（小学館、2015年）
大西洋『常に革新を生み続ける三越伊勢丹の秘密』（海竜社、2016年）
株式会社三越伊勢丹ホールディングス『こんなときどうする？　冠婚葬祭　三越伊勢丹の最新　儀式110番』（誠文堂新光社、2016年）
たかみず保江『売れる販売員が新人のために書いた　接客・販売の教科書』（日本実業出版社、2016年）
土屋晴仁『ここに日本がある　三越日本橋本店に見る〝もてなしの文化〟』（IBCパブリック株式会社、2016年）
飛田健彦『百貨店とは』（国書刊行会、2016年）
飛田健彦『山中鏆の商人道語録―ある百貨店人の思い出―』（国書刊行会、2016年）
大西洋・内田裕子『三越伊勢丹　モノづくりの哲学―新たな挑戦はすべて「現場」から始まる―』（PHP研究所、2017年）
呉善花『日本にしかない「商いの心」の謎を解く―日本人はなぜ「世のため」に商売をするのか』（PHP研究所、2017年）
株式会社鶴屋百貨店『鶴屋駅弁当ものがたり―鶴屋創業65周年記念―』（熊日出版、2017年）
株式会社三越伊勢丹ヒューマン・ソリューションズ『誰からも信頼される　三越伊勢丹の心づかい』（株式会社KADOKAWA、2017年）
株式会社三越伊勢丹ヒューマン・ソリューションズ監修『三越伊勢丹さん、マナーで失敗しない方法を教えてください』

（宝島社、２０１７年）
榎本博明『「おもてなし」という残酷社会　過剰・感情労働とどう向き合うか』（平凡社、２０１７年）
鈴木一正『「タンスの中まで知る」伝説のＯＮＥ　ＴＯ　ＯＮＥ　マーケティング—日本橋三越における帳場制度とお得意様営業』（東京図書出版、２０１８年）
久保田美智子『お客様を幸せにする「靴売り場」』（キクロス出版・星雲社、２０１８年）
相島淑美「日本の百貨店におけるおもてなし接客の特徴—三越とノードストロームの比較分析」（『Japan Marketing Academy Conference Proceedings』vol.7、２０１８年）

＊中村卯一郎の著作については第6章の表9を参照。

（7）拙著・拙稿（刊行順）

末田智樹「明治後期・大正期における松坂屋の成立過程—名古屋本店と東京上野店の二店舗体制の確立における企業家の役割—」（『中部大学人文学部研究論集』第16号、２００６年）
末田智樹「明治・大正・昭和初期における百貨店の成立過程と企業家活動—髙島屋の経営発展と飯田家同族会の役割—（１）」（『中部大学人文学部研究論集』第18号、２００７年）
末田智樹「明治・大正・昭和初期における百貨店の成立過程と企業家活動—髙島屋の経営発展と飯田家同族会の役割—（２）」（『中部大学人文学部研究論集』第19号、２００８年）
末田智樹「明治・大正・昭和初期における百貨店の成立過程と企業家活動—髙島屋の経営発展と飯田家同族会の役割—（３）」（『中部大学人文学部研究論集』第20号、２００８年）
末田智樹『日本百貨店業成立史—企業家の革新と経営組織の確立—』（ミネルヴァ書房、２０１０年）
末田智樹「株式会社いとう呉服店の創立背景—呉服商から百貨店業への転換過程—」（『愛知県史研究』第15号、２０１１年）
末田智樹「松坂屋創業家の伊藤次郎左衛門家４００年の永続意義—明治後期伊藤三綿合資会社の設立による経営組織の近代化と地方財閥化—」（中部大学総合学術研究院『アリーナ』第11号、２０１１年）
末田智樹「株式会社いとう呉服店の催事展開からみえる百貨店の営業動向—大正中期における百貨店化過程の先駆的一齣

―」（『中部大学人文学部研究論集』第26号、２０１１年）
末田智樹「伊藤次郎左衛門家創業『松坂屋』の躍進による日本百貨店業の興隆」（『社史で見る日本経済史　第55巻　松坂屋三百年史　解説』ゆまに書房、２０１１年）
末田智樹「昭和初期から戦前期にかけての百貨店による新たな市場開拓と大衆化―大阪におけるターミナルデパートの成立を中心に―」（廣田誠編『近代日本の交通と流通・市場（市場と流通の社会史３）』清文堂出版、２０１１年）
末田智樹「大正後期株式会社いとう呉服店の経営拡大と催事展開―大阪店再開と銀座店開設と松坂屋誕生―」（『中部大学人文学部研究論集』第31号、２０１４年）
末田智樹「１９１０年代初頭株式会社いとう呉服店の催事にみる営業展開」（『中部大学人文学部研究論集』第32号、２０１４年）
末田智樹「昭和恐慌前後における松坂屋の経営安定化策と催事展開」（『中部大学人文学部研究論集』第34号、２０１５年）
末田智樹「松坂屋の生活と文化を結ぶ催事の成立―良品廉価を礎とした店員の営業活動―」（『市場史研究』第35号、２０１６年）
末田智樹「大正期いとう呉服店（松坂屋）の接客法に関する史料紹介」（『中部大学人文学部研究論集』第36号、２０１６年）
末田智樹「松坂屋店員の実務教育資料『簡単な売場接客景』の紹介と若干の考察」（『中部大学人文学部研究論集』第37号、２０１７年）
末田智樹「松坂屋『店員の心得』（史料紹介）にみる職務の発展と百貨店化」（『中部大学人文学部研究論集』第38号、２０１７年）
末田智樹「専務里見純吉によるサービス技術の向上と経営の近代化―昭和初期『人丸店員読本』の紹介をかねて―」（『中部大学人文学部研究論集』第39号、２０１８年）
末田智樹「松坂屋三百五十年史―伊藤次郎左衛門家が示した伝統と革新と人の継承―」（『社史で見る日本経済史　第97巻　新版　店史概要　松坂屋（竹中治助編、松坂屋刊１９６４年）解説』ゆまに書房、２０１８年）

松坂屋の関連年表

（松坂屋の店舗名については、本文では本支店で統一しているが、年表では本支店のほか営業部の表現を使用した。）

年号	西暦	月日	事項
慶長16年	1611	この年	初代祐道、清州より名古屋本町へ移住、呉服小間物商を始める
万治2年	1659	11月25日	2代祐基、本町より茶屋町へ移転、呉服小間物問屋を開業し、次郎左衛門を名のる
延宝8年	1680	1月	初めて尾張藩の御用金を調達（以後度々）
宝永4年	1707	この年	太田利兵衛、上野松坂屋を創設
元文元年	1736	11月18日	5代祐寿、呉服小間物問屋から呉服太物小売業に転業し、店則「元文の掟書（6ヶ条）」を定める
元文5年	1740	1月	尾張藩主の呉服御用を拝命
延享2年	1745	6月	京都室町錦小路上ルに仕入店を開設し、店則「京店式法（7ヶ条）」を定める
延享4年	1747	この年	蘭兮織を考案し、大評判となる
寛延元年	1748	2月	5代祐寿（蘭兮）、「掟書」を定める
宝暦13年	1763	この年	三州岡崎に支店を開設
明和4年	1767	3月	11代祐恵、家訓「永代家相続掟目」を定める
明和5年	1768	4月9日	上野の松坂屋を買い取り、出店とし江戸へ進出
安永元年	1772	11月1日	上野店にて新店舗開店大売出しを開催
安永3年	1774	この年	11代祐恵、各店の服務規程「諸舗式法定目」を定める
安永9年	1780	12月	名古屋本店の在籍者、総員80人（男73、女7）となる
寛政10年	1798	9月3日	尾張藩の御勝手御用達二十人衆を拝命
寛政12年	1800	2月1日	市ヶ谷（尾張藩）表御用を拝命
享和3年	1803	11月10日	尾張藩御用達十人仲間（十人衆）を拝命
文化2年	1805	6月	伊藤家、七人扶持を授けられる
		8月	江戸大伝馬町1丁目に木綿問屋を開設、亀店（南店）と称する
文化3年	1806	10月	尾張藩、伊藤次郎左衛門らに米切手の正金引替方を命じる
		12月	上野店、幕府へ1500両の御用金を調達
文政9	1826	7月	伊藤家、半田船の買次積支配の権利（半田積株式）を獲得
天保5年	1834	12月25日	伊藤家、尾張藩主より熱田前新田12町歩を拝領し名字帯刀を許される。商号を「伊藤屋」から「いとう」へ変更

天保14年	1843	4月	上野店、12代将軍家慶の日光社参の調度品調製を拝命
		6月23日	上野店、市ヶ谷御役所御勘定所（尾張藩）御用達を拝命
安政3年	1856	3月	名古屋車町に木綿問屋松店を開設
明治元年	1868	12月	14代祐昌、名古屋藩の国産用達総裁に就任
		12月8日	名古屋本店の在籍者、総員92人となる
明治4年	1871	1月	犬山に出店を開設
		4月8日	14代祐昌、名古屋藩の通商会社総頭取に就任
明治5年	1872	1月	岐阜に出店を開設
明治8年	1875	2月17日	恵比寿屋呉服店を買い取り、大阪新町通3丁目に支店「えびす屋いとう呉服店」を開設
		9月15日	岐阜市釜石町に支店を開設
明治9年	1876	1月10日	愛知県為替方を拝命
明治10年	1877	8月21日	上野店、上野公園の第1回勧業博覧会に出展
		この年	名古屋本店の在籍者、総員104人（雇人85、下男12、下女7）となる
明治14年	1881	3月1日	上野店、上野公園の第2回勧業博覧会に出展
		3月28日	14代祐昌、名古屋商法会議所（現商工会議所）初代会頭に就任
		9月1日	伊藤銀行を設立（資本金10万円）
		この年	名古屋本店の在籍者、総員157人となる
明治16年	1883	9月	伊藤銀行の東京支店を開設（大伝馬町）
明治24年	1891	この年	大阪店を新築開店
明治26年	1893	3月28日	伊藤貯蓄銀行を設立（資本金10万円）
明治27年	1894	7月1日	上野店に洋式簿記を導入
明治31年	1898	10月15日	名古屋本店に電話を新設
明治33年	1900	この年	商号を「いとう」から「いとう呉服店」へ変更
明治34年	1901	6月7日	上野駅に広告看板を掲出
		10月15日	上野店にて特売を開始
		11月18日	14代祐昌、元文の掟書を改定し、店則「明治の掟書（43ヶ条）」を制定
明治38年	1905	8月16日	業界初のファッションショーを行う（芸妓に元禄衣装を着せる）
		10月10日	名古屋本店にて初めて陳列立売りを行う

明治38年	1905	11月	木綿問屋を伊藤三綿合資会社に変更（資本金20万円）
		この年	松店を本店、鶴店を東京本店とする
		この年	名古屋本店に意匠係を新設
明治39年	1906	9月20日	宣伝誌『衣道楽』を創刊
		9月	名古屋本店の西店2階にショーケースをおき、東店1階にウインドーを設置
		11月1日	上野店の改築に着手
明治40年	1907	4月1日	上野店の店舗を改築、陳列方式で開店し、女性店員を採用
		10月25日	四日市に出張所を開設
		11月21日	名古屋本店の店内にガス灯を設置
明治41年	1908	9月23日	栄町新店舗の地鎮祭を開催
		9月	上野店、3階建洋館落成
		11月1日	上野店にて「創設満二百年紀年大売出」を開催
明治42年	1909	1月	『衣道楽』で店員見習生を募集
		3月7日	伊藤産業合名会社を設立（代表社員：伊藤祐民、資本金30万円）
		3月31日	大阪店を一時閉鎖
		8月19日	祐民、渡米実業団に加わり横浜を出帆（～12月17日）
明治43年	1910	2月1日	株式会社いとう呉服店を設立（資本金50万円）。名古屋本店（茶屋町）三百年記念大売出しを開催
		同	取締役社長に伊藤祐民を選任。「衣道楽」を「モーラ」に改める
		2月2日	名古屋区裁判所へ名古屋本店の登記を申請（2月3日に京都支店、2月8日に東京支店）
		2月25日	取締役会を開催し、本店支配人に鬼頭幸七を選任。同日登記
		同	3月5日まで東西29新聞にデパートメントストア「いとう呉服店」開店披露広告を掲載
		3月1日	名古屋市栄町に新店舗落成、営業を開始
		3月5日	開店披露大売出しを開催（入店客約4万人）（名古屋本店）。この年、名古屋開府三百年記念祭
		12月28日	朝日町舎宅、新築落成（名古屋本店）
明治44年	1911	1月2日	新年大売出しを開催し、金巾裏地、多可良函、電車切符を発売（名古屋本店）
		1月	メッセンジャーボーイを設置（名古屋本店）
		1月14日	第1回こども会を開催し、得意先のこどもを招待（名古屋本店）
		3月5日	開店1周年記念大売出しを開催（名古屋本店）

年号	西暦	月日	事項
		3月18日	いとう呉服店少年音楽隊を結成
		4月1日	第1回児童用品陳列会を開催（名古屋本店）
		5月1日	北海道札幌、小樽、旭川へ出張し、巡行陳列会を開催（東京支店）
		6月17日	夏期の土・日曜日の夜間営業を開始（名古屋本店）
		12月25日	歳暮の夜間営業を開催（25・26・29・30日の4日間）
明治45年 大正元年	1912	1月14日	福岡県柳川町・直方町へ出張し、巡行陳列会を開催（東京支店）
		2月8日	新聞広告で店員を募集（店員見習70～80名、裁縫練習生40～50名）
		3月1日	准株制度を創設
		4月1日	郵便切手・収入印紙の販売を開始（名古屋本店）
		9月1日	店員貯金制度を設立
大正2年	1913	2月15日	くつ部を新設し披露売出しを開催（名古屋本店）
		3月22日	店則を改正し諸制度を確立
		同	名古屋本店を名古屋営業部、東京支店を東京営業部と改正
		同	名古屋に本社を設置し、専務取締役に鬼頭幸七就任
		7月1日	舎宅規程、服装規程、衛生規程、非常心得規程を制定
		9月1日	当直規程を制定
		10月1日	4階建東館の増築落成開館および食堂を新設（東京営業部）
		10月13日	取締役社長伊藤祐民、大正博覧会愛知県売店協会長に就任
		12月1日	商品引合係を新設
		12月16日	取締役社長伊藤祐民、名古屋商業会議所副会頭に就任
大正3年	1914	2月1日	営業部間の商品転換制度を新設
		4月1日	少年音楽隊、東京上野の大正博覧会の会場内奏楽堂で演奏
		7月1日	鰹節部、銘茶部を新設（東京営業部）
		10月1日	洋服部、たばこ売場を新設（名古屋営業部）
		11月7日	青島陥落祝賀ちょうちん行列に全店員参加（名古屋営業部）
		12月1日	国産食料品部を新設（名古屋営業部）
大正4年	1915	1月2日	新年大売出しを開催し、「サカエぎれ」を発売（名古屋営業部）
		7月	南大津町2丁目の土地（現名古屋店所在地）を上遠野富之助氏から購入

大正4年	1915	8月25日	『店報』第1号を発行
		9月5日	会計事務検査制度を設立
		10月20日	出来合品部を新設（名古屋営業部）
		11月20日	京都支店の縮緬販売業を廃止し、京都仕入店と改称
		12月1日	調印規程を制定（調印簿を設ける）
大正5年	1916	1月27日	文書係を新設（名古屋営業部、東京営業部）
		4月16日	清州日吉神社で伊藤家三百年祭を開催し、名古屋営業部一同参列
		8月1日	メッセンジャーボーイをデリバリーと改称
		9月25日	新築店舗の上棟式を開催（東京営業部）
		11月3日	立太子の儀につき臨時休業、店員一同伊勢神宮へ参拝（名古屋営業部）
		12月1日	給与規程、恩給規程、店員共済会規程を制定
		同	新築第1期工事落成新店舗の開店（東京営業部）
		12月4日	警務員常置を開始（東京営業部）
大正6年	1917	1月2日	外套お預りを廃止（名古屋営業部）
		1月4日	第1回こども会を開催（名古屋営業部）
		4月28日	専務取締役鬼頭幸七、小林八百吉、米国視察に出発（7月17日帰国）
		6月	配達自動車を配置（名古屋営業部、東京営業部）
		9月30日	各階陳列場中央部の天井に表示ランプを設置（東京営業部）
		10月1日	新築第2期工事落成新店舗の開店（東京営業部）
		11月7日	秋のこども会を開催（名古屋営業部）
		11月29日	各階陳列場中央部の天井に表示ランプを設置（名古屋営業部）
大正7年	1918	1月29日	商品部門を改め、統計係を新設（名古屋営業部、東京営業部）
		2月1日	商品部門制度を実施（名古屋営業部、東京営業部）
		2月7日	名古屋物産陳列会および名古屋おどりを開催（東京営業部）
		5月	わが国初の制服「規定縞」を制定
		6月10日	小口商品券を発売
		6月23日	店員物故者建碑式および総供養（名古屋・光明寺）＝物故者供養のはじまり
		8月1日	北海道開道50年記念碑にマネキン人形を出品し好評を博す

		9月1日	職制を改正、商務部・内務部の2系統に分け、部主任制度を設定
		10月20日	12月は除く、毎月20日を定休日とする（東京営業部）
		11月	第1・第3日曜日を定休日とする（名古屋営業部）
		12月31日	エレベーターを新設し、倉庫、本社事務室を増改築落成（名古屋営業部）
大正8年	1919	1月2日	新装披露新年大売出しを開催（名古屋営業部）
		2月11日	揚輝荘落成
		3月18日	久屋町舎宅を新築落成（名古屋営業部）
		10月8日	名古屋市制30年記念物価調節品即売会を開催（名古屋営業部）
大正9年	1920	2月28日	陳列場西側を増築工事落成（名古屋営業部）
		3月1日	部門制度を改正（名古屋・東京営業部の各部門所管商品を統一）
		同	開店10年記念百貨共進会を開催（名古屋営業部）
		3月5日	会社創立10年記念式を開催し、「信条」を布達
		5月15日	戦後恐慌時に最新安値（品）大売出しを開催し好評を博す（東京営業部、また名古屋営業部は同月20日から開催）
		5月	台麓図案会を創設（東京営業部）
		12月15日	定休日を毎月20日、1月1日に変更（名古屋営業部）
大正10年	1921	8月11日	横浜市野澤屋と商品券の交換協定を結ぶ
		10月2日	取締役社長伊藤祐民、欧米視察へ出発（3月27日帰国）
大正11年	1922	4月1日	別館を新築工事一部落成および事務室を一部移転し、本館陳列場を拡張（東京営業部）
		4月12日	洋服裁縫所の一部を中区東陽町に移転拡張（名古屋営業部）
		4月18日	南大津町に舎宅分室を開設（名古屋営業部）
		8月9日	臨時重役会を開催し、店費軽減方法、口銭定率引下げ、常時特売場拡張、標準小売相場公表の件を議決
		8月25日	特売部を拡張充実し、特売場と改称
		9月1日	くつ売場を新設（東京営業部）
		9月15日	本社に監督部を設置
		10月10日	農商務省主催第1回広幅織物普及展を開催（名古屋営業部）
大正12	1923	2月1日	大阪支店を設立

大正12年	1923	2月8日	天王寺舎宅を新築落成（大阪営業部）
		3月1日	大阪支店仮営業所を新築落成開店（大阪市南区日本橋筋3丁目）
		7月1日	欧州直輸入ガラス器陳列会を開催（名古屋営業部）
		9月1日	関東大震災が発生し、翌2日に店舗を全焼（東京営業部）
		9月10日	罹災店族救護会を設置、醵金および救援に着手
		9月12日	東京営業部従業員150名を名古屋、大阪、京都各店へ分属転勤
		9月15日	慰問袋10万個を罹災者へ配布し、診療所、呈茶所、通信託送など救援を開始
		10月12日	葵町第1舎宅を開設（名古屋営業部）
		11月1日	上野広小路に仮店舗を一部落成し、廉売場を開始（東京営業部）
		同	西町店員住宅20戸分落成、罹災店員を収容（東京営業部）
		12月14日	上野広小路に本館を新築落成開店（東京営業部）
		12月15日	池の端仮営業所を池の端別館と改称し、和洋家具・食料品市場を併設（東京営業部）
大正13年	1924	1月30日	職制を改正し、用度係、計算係を新設
		4月1日	いとう呉服店少年音楽隊、センバツ開会式の演奏を行う
		4月13日	鍛冶屋町舎宅で新入社員の入店式および特別教育始業式を開催
		4月16日	本社に臨時建築部を設置
		6月14・15日	土曜日曜の朝間廉売を開始し、以後毎週土曜日曜に実施（東京営業部）
		7月1日	葵町第2舎宅を新築落成（名古屋営業部）
		10月1日	銀座支店を設立（東京市京橋区銀座2の23）
		11月23日	銀座支店開店あいさつにつき、東京市および近郊10万戸に店員戸別訪問
		11月25日	取締役社長伊藤祐民、家督を相続し、伊藤次郎左衛門を襲名
		12月1日	東京営業部を上野営業部と改称
		同	新築開店披露大売出しを開催（銀座営業部）
		同	日本初の土足入場を実施（銀座営業部）
大正14年	1925	3月20日	揚輝荘で会社創立15周年記念式を開催し、勤続店員を表彰（名古屋営業部）
		3月24日	南大津町の新店舗の上棟式兼新築落成式を開催（名古屋営業部）
		3月27日	前田侯爵邸で会社創立15周年記念式を開催し、勤続店員を表彰（上野営業部、銀座営業部）

年	西暦	月日	事項
		3月28日	新橋、有楽町と銀座営業部間の顧客送迎自動車運転を開始
		3月30日	大阪市外玉手山で会社創立15周年記念式を開催し、勤続店員を表彰（大阪営業部）
		4月15日	名古屋営業部（栄町）にて最後の大廉売を開催
		4月20日	商号変更および南大津町の新店舗開店披露のため市内全戸に回礼（名古屋営業部）
		4月29日	栄町の店舗を閉鎖し、南大津町新店舗へ移転（名古屋営業部）
		5月1日	各店の商号を松坂屋に統一
		同	南大津町に新店舗（総面積2000㎡）を開店し、開店披露大売出しを開催（名古屋営業部）
		同	日本初の屋上動物園を開始（銀座営業部）
		8月1日	各部に仕入主任、売場主任を設置
		12月1日	名古屋栄町の旧店舗を改造し、栄屋を開店（株式会社栄屋）
大正15年 昭和元年	1926	7月1日	私立松坂屋青年訓練所を設置（名古屋営業部、上野営業部、銀座営業部、大阪営業部）
		8月18日	城山町舎宅を新築落成（銀座営業部）
		9月9日	下足預かりを廃止して土足入場を実施（上野営業部）
		10月12日	本館・事務館の建築地鎮祭を執り行う（上野営業部）
		12月25日	大正天皇崩御につき、各店臨時休業
昭和2年	1927	2月1日	商務と内務の2部制を商品、販売、宣伝、人事、経理の5部制に改正
		2月21日	栄町営業部（支店）を設立（名古屋市中区栄町5の8、栄屋を継承）
		3月10日	10銭マーケットを開設（栄町営業部）
		6月1日	同朋町仮営業所の新築落成開店（上野営業部）
		9月1日	特別預金規程を制定
		9月5日	事務館落成（銀座営業部）
		10月15日	食堂女性店員の制服を洋服化（名古屋営業部）
		11月10日	陸軍展を開催（名古屋営業部）
		11月28日	取締役社長伊藤祐民、名古屋商業会議所会頭に就任
昭和3年	1928	1月6日	市電「矢場町5の切」が「松坂屋前」となる
		3月1日	商品の類番別分類を開始
		5月1日	月刊PR誌『マツサカヤ』を創刊（名古屋営業部）
		8月28日	両毛仕入出張所を新設（桐生市本町4の83）

年	西暦	月日	事項
昭和3年	1928	9月15日	木造2階建ての北館を増築（1315㎡）（名古屋営業部）
		同	市制40周年記念大名古屋展覧会を開催（名古屋営業部）
		11月10日	店員休養所国立常盤寮の落成開寮
昭和4年	1929	3月5日	各営業部に臨時調査部を設置
		3月18日	鍛冶屋町舎宅を閉鎖、川端町舎宅へ移転（名古屋営業部）
		3月31日	和服裁縫所を解体および常盤裁縫塾・付属工場を設立し、鍛冶屋町舎宅跡に開塾
		4月1日	最新設備の7階建新館の完成大売出し、近世風俗店、児童教育展を開催（上野営業部）
		同	日本初のエレベーターガール登場（上野営業部、銀座営業部）
		9月12日	職業婦人洋装陳列会を開催（上野営業部）
		11月23日	各店舗で一斉値下げ、断行新安値品売出しを開催
		12月15日	上野駅、万世橋駅から顧客送迎乗合自動車の運転開始（上野営業部）
昭和5年	1930	1月1日	東京地下鉄上野広小路駅と上野営業部地下売場が直結（百貨店初）
		2月5日	店員の在職定年を55歳に制定
		3月3日	屋上にお好み食堂（百貨店初）および児童遊戯場を新設（銀座営業部）
		4月24日	警務員を店内係員と改称
		5月1日	会社創立20周年記念式を開催
		6月15日	在職定年満期退店者に対する最初の発令
		6月21日	南館を増築落成し、市場式食料品店「サカエヤ」を開設（上野営業部）
		11月25日	上野営業部と銀座営業部の配達機能を合併
		12月2日	熱田、枇杷島両配達所を開設（名古屋営業部）
昭和6年	1931	3月1日	特売部を独立（銀座営業部、大阪営業部）
		3月28日	御幸本町分店の落成式（栄町営業部）
		4月1日	参事、予備員制度を制定
		同	御幸本町分店にて営業を開始（栄町営業部）
		10月1日	松坂屋染織参考室を設置（京都仕入店内）
		10月15日	大曽根配達所を開設（名古屋営業部）
		この年	上野営業部の食堂に「お子様ランチ」登場（「お子様ランチ」名称のはじまり）

年	西暦	月日	事項
昭和7年	1932	1月	『松坂屋美術』を創刊
		9月1日	静岡営業部（支店）を設立（静岡市紺屋町78）
		10月20日	難関打開3大綱要を発布
		同	『販売時報』を創刊（上野営業部、銀座営業部）
		10月	各営業部に体育会を創設
		11月1日	『販売時報』を創刊（大阪営業部）
		11月7日	『販売時報』を創刊（名古屋営業部）
		11月20日	静岡支店を開店
昭和8年	1933	2月11日	各営業部に防火設備を新設
		3月1日	養老給与金規程を制定
		3月2日	沼津出張所を開設（静岡営業部）
		3月20日	取締役社長に伊藤祐茲（前社長、相談役に就任）
		5月15日	松坂屋非常規程を制定
		5月20日	夏の雑貨サロンを開催（名古屋営業部、上野営業部、銀座営業部、大阪営業部）
		7月1日	全女店員洋装に統一（銀座営業部）
		9月7日	マツサカヤマンガ第1回を発行（上野営業部）
		12月1日	開店10周年記念大売出しを開催し、宣伝に飛行機初使用（銀座営業部）
昭和9年	1934	3月5日	美容室を新設（名古屋営業部）
		5月1日	滝子配達所を開設（名古屋営業部）
		6月12日	お好み食堂常盤亭を新設（静岡営業部）
		7月10日	均一売場を新設（銀座営業部）
		8月1日	お買物票制度を実施（上野営業部、銀座営業部、大阪営業部）
		8月20日	相談役伊藤祐民、シャム、ビルマ、インド視察へ出発（12月29日帰国）
		9月29日	第1回蚤の市を開催（銀座営業部）
		10月1日	本館増築第2期工事北館落成開館、世界服飾文化博覧会を開催（大阪営業部）
		11月3日	エスカレーター設備工事の完成開通（名古屋営業部）
昭和10年	1935	1月10日	全松坂屋共通御贈答品を設定
		2月16日	店名文字を制定。かな文字「マツサカヤ」、ローマ字「MATUZAKAYA」

昭和10年	１９３５	3月1日	少年音楽隊を松坂屋シンフォニーと改名し、本社へ移管
		4月1日	名古屋、東京、大阪各営業部に私立松坂屋青年学校を設置
		4月14日	お客様1万名ご招待の松坂屋シンフォニー春の演奏会を開催（上野営業部、銀座営業部）
		4月30日	和歌山出張所および御影配達所を開設（大阪営業部）
		6月1日	月刊誌『新装』を創刊
		9月19日	喫茶室「銀サロン」を新設（上野営業部）
		12月29日	6・7階増築落成（静岡営業部）
昭和11年	１９３６	6月8日	青年学校武道場およびシンフォニー東京練習所を新築落成（東京市芝区城山町）
		9月19日	北館7階ホールの完成舞台開き（名古屋営業部）
		10月1日	呉服売場以外の社員の制服を洋装に統一（名古屋営業部）
		同	包装紙図案を変更
		11月30日	北館増築落成（名古屋営業部）
		12月1日	日本初の「東西名物街」（名店街）を開設（名古屋営業部）
昭和12年	１９３７	1月15日	7階に結婚式場、美容室などの「松坂倶楽部」を設置（名古屋営業部）
		3月1日	増改築工事全館落成し開店（総面積３３０００㎡）、新館内に南大津町郵便局を新設（名古屋営業部）
		3月5日	本館増築第3期工事落成（大阪営業部）
		3月15日	全館完成記念・汎太平洋平和博協賛全館新日本文化博覧会を開催（名古屋営業部）
		6月1日	本社に監査課を設置
		6月10日	本社に外国課を設置
		7月10日	本社に営繕課を設置
		11月30日	百貨店法施行規則により本支店7ヶ所、出張所１１１ヶ所、配達所2ヶ所の営業届出

（出所）『松坂屋百年史』（株式会社松坂屋、２０１０年）の巻末年表を基本に作成し、『松坂屋50年史』（株式会社松坂屋、１９６０年）、『松坂屋60年史』（株式会社松坂屋、１９７１年）、名古屋市博物館編『名古屋の商人　伊藤次郎左衛門　呉服屋からデパートへ』（名古屋市博物館、２００３年）の巻末年表、末田智樹「株式会社いとう呉服店の催事展開からみえる百貨店の営業動向―大正中期における百貨店化過程の先駆的一齣―」（『中部大学人文学部研究論集』第26号、２０１１年）、同「大正後期株式会社いとう呉服店の経営拡大と催事展開―大阪店再開と銀座店開設と松坂屋誕生―」（『同研究論集』第31号、２０１４年）、同「１９１０年代初頭株式会社いとう呉服店の催事にみる営業展開」（『同研究論集』第32号、２０１４年）を参照した。

あとがき

本書は、戦前日本の呉服系百貨店における営業方法＝接客法の確立過程を明らかにするために、老舗の呉服系百貨店に位置づけできる松坂屋の接客販売に関する社内文書（本書解説では「史料」と表現）を翻刻して考察を加えたものである。これにより戦前の松坂屋が、名古屋市において近代的大規模小売業として成立し経営発展をみせた根拠を明確に示せたと考えている。

このような分析視角の設定と松坂屋史研究は、これまでの戦前日本の百貨店業史研究において手薄であったと思われる。これが百貨店業史研究へのさらなる挑戦を含め、本研究の着地点を模索しつつ何とか前進して一著として刊行を考えた動機である。

前者の分析視角の設定に関わる目的と本書の到達点は以下の通りである。百貨店業史研究は一九九〇年代以降盛んになり、筆者も二〇〇〇年頃から経営史的観点より取り掛かるようになった。筆者は、まず全国の都市・地方百貨店が発行した豊富な社史の収集とその読破、加えて先行研究で使用されてきた代表的な呉服系百貨店の宣伝媒体的な商業ＰＲ誌の確認とその特徴の理解に努めた。次いで、呉服系百貨店が所蔵する経営史関係の社内文書を使用するまでに至ったが、これら以外の社内文書の発掘とその分析には届かなかった。しかしながら「継続は力なり」と強く信じ、かつ本物の百貨店像を探り出す研究を目標に定めて、そのあと徐々に研究の視座を広げた結果、本書にてようやく百貨店特有の社内文書の一角を抽出し提示する段階にまで辿り着いた。すなわち、本書では戦前の研究者も含め誰も着目しなかった呉服系百貨店の接客法の実態と、今日まで続く呉服系百貨店の接客法が戦後・高度経済成長期からそれ以降に他の小売業を含む商業・サービス業へ普及していった流れをある程度捉えることができた。この点から本書は、社内文書の実証的研究を実践していない既往の百貨店業史研究の成果とは一線を画すことができたのではないかと考えている。

本書では、戦前の代表的な呉服系百貨店であった松坂屋が有する接客法に関する一群の社内文書（現代のいわば社内向け業務マニュアル）を使用し、戦前松坂屋で確立した接客販売の視点に基づき、呉服店から百貨店への転換過程を考察した。松坂屋の内部組織についても店員の視角から掘り起こし、呉服店が近代的大規模小売業に転換できた一つの背景を示せた。従来、呉服店の品揃えが百貨店へ転換できた基幹的な要素にあげられていた。しかし、それだけでなく呉服店における座売りでの接客販売が陳列方式での接客販売に変化しつつ、店員の奮闘によってなお一層向上していったことが、呉服店が百貨店へ転換し発展できた一因であった。本書では、明治後期に呉服商の個人商店が小売企業としての百貨店へ転換し大規模化に成功したという、従来の議論に新たな見解を加えた。

明治後期において松坂屋では、これまで顧客と店員が対面して商売を行う呉服店の座売りから、顧客が自由に商品をみて購入し、期待通りの商品がなければ気兼ねなく退店ができる百貨店の陳列販売の営業方法へと変化した。しかも大正後期になると、松坂屋は土足入場を開始し、顧客は大型店舗内で魅力的に陳列された商品をみて選択するために思いのままに歩き回り、商品に自由に触れられるようになった。言うなれば、現在の大型店舗の総合スーパーで経験するセルフサービスに近い営業方法のように感じる。されど実際には、顧客本位の〝心得〟をしっかりと携えた店員が、顧客に丁寧に応対するために背後に控えていた。さらに店舗内の全店員が多種多様な良品を接客販売し、顧客の自宅まで届けるために常日頃精進していた。松坂屋では、店員と顧客の信頼関係が生み出す日本独特の消費空間が誕生していたのであった。

後者の松坂屋史研究に関わる目的と本書の到達点は以下の通りである。近年の百貨店業史研究では、東京もしくは大阪を本店とした呉服系百貨店や電鉄系百貨店に比べて、愛知を本店とする松坂屋を中心に掘り下げた研究が少なかった。筆者は中部大学に赴任したのち現下まで一五年ほど松坂屋史研究に取り組み、戦前における松坂屋の経営発展の要因について二つの方向から探ってきた。一つは、拙著『日本百貨店業成立史』（ミネルヴァ書房、二〇一〇年）で解き明かした創業経営者の役割と経営業績の推移からであり、もう一つは松坂屋の店舗内における催事展開からである。後者の松坂屋の催事展開には、「生活」と「文化」の両方を重視した独自の営業展開がみられ、他の呉服系百貨店とは異にする催事空間を作り出していたことを明らかにした。

その後、松坂屋が戦前にて三越に次ぐ業績をあげ、名古屋市の本店以外に東京・大阪に三支店を開店し、日々数多くの催事を営業展開していた原動力を見いだすために、店員の営業方法に着眼した。そして本書では、店員が修得していた接客法の実態と、接客法が店則、店員の心得、店員教育と密接に関係して確立した過程を論証することができたと考えている。松坂屋の独特の催事が本支店の近代的大型店舗のなかで大成功した土台には、顧客本位を実践していた店員というコアの存在があったことは間違いない。このような店員活動に関する貴重な史料が松坂屋にはまだまだ残されており、今後も松坂屋の研究が百貨店業史研究にとって肝要な切り口になってこよう。

さて、本書にて松坂屋の社内文書を主部とした構成で編んだ理由としては、現代においても現場ですぐに役に立つ実用的な内容であると判断したためである。『接客法』『簡単な売場接客景』『接客標準用語』『松坂屋読本（接客の巻）』の四つの翻刻を進めるなかで、凡例として示したように読解の便を考えて全文を可能な限り読みやすく、いずれの史料からでも一般読者に心楽しく理解を深めてもらった方が、堅苦しく読みづらい論考にするよりも有効活用に繋がるのではないかと考えたからである。一方では、学術的な構成要素とオリジナリティを残すためにも、四つの史料の間に筆者が読み取った松坂屋の接客法の実態とその確立過程を解説として加えた。解説は一般読者に読みやすくするために注記は極力さけ、巻末に参考文献として整理して載せた。したがって、研究者以外に、多くの一般読者が筆者の拙い解説を踏み台にして、松坂屋の接客法の奥深さを格段に汲み取っていただき、それに加えて読まれた方々のなかに自らの接客法を形成していただいたならば望外の喜びである。

また、おもに明治後期から昭和戦前期までの松坂屋の貴重な写真を解説部分に挿入し、本書でみられた店員による接客販売の実際の様子を想像できるように幾分試みた。本書に掲載した写真には顧客が店内で商品に群がっているシーンもみられ、一見、四つの史料に書かれている接客販売を十分に確認できないかもしれない。ところが、実際には混雑していたにも関わらず、店員の応対に満足した顧客が松坂屋の常得意となった背景には、常に店員が自信をもって提供できる品揃えと込み合うなかで顧客に対するきめ細かい接客販売が行われていたことがあった。それは本書史料から読み取れる通りである。とりわけ、名古屋市とその周辺の一般読者が本書から松坂屋への興味をいだき、さらに戦前松坂屋の店員による接客販売の信義と心遣いを実感し、日本を代表する老舗百貨店として認識していただけることをぜひとも願いたい。

筆者は、本書で提示した史料の発行時期を通じて、大正中後期から昭和初期にかけた百貨店の大衆化と接客法の確立過程がリンクしていたと考えている。松坂屋では上流階級から中間層に顧客層を広げながら、それに合わせて接客販売も各店舗の熱心な店員によって適切に改良されていった。この営業方法にて松坂屋が名古屋・東京・大阪・静岡の各都市において近代的大型店舗による百貨店の大衆化に成功したのは多大な意義がある。けれども店員の接客販売は見えるようで見えない部分であり、社内文書としても残りにくい可能性があった。この意味では、松坂屋に関連史料が大切に保存されていたのは日本の接客法の原点を知るうえで希少価値のある財産である。よって、向後も松坂屋の社内報を含め接客販売の内情の検討を継続して新たな論点を提示していきたい。

近年では呉服系百貨店においても「おもてなし」と表現され、接客販売を重視した営業戦略が表立って展開されている。ところで、この「おもてなし」に触れておけば、商品を販売し、それが顧客の手元に残る接客と、商品を販売しないが顧客の心に残る接客とでは異なる部分がある。しかしながら、両者とも日本人が作りあげてきた世界に誇る「おもてなし」である。他方で昨今、これらの接客が過酷な労働ではないかとの問題になっているのも事実である。これに対して、店員が健康で自らに誇りを持って応対できるしっかりとした接客法を身につけ、店員と顧客の両方が満足できる信頼関係の構築が重要であると考えている。戦前の松坂屋では、現に店員に過剰なストレスがかからないような接客法とその修得術が見事に確立していた。この点は本書史料が示していた通りであり、松坂屋経営が現下までの存続を可能とした基盤の一つであると確信する。

では、松坂屋だけでなく、他の老舗の呉服系百貨店や地方百貨店の接客法はどのように確立されていったのか。これからの調査を待たねばならないが、本書の解説で図式化した松坂屋の江戸・明治期からの接客法の流れを一つのバロメーターとして、将来的に全国に散らばる百貨店で戦前のみならず戦後以降の接客法に関する社内文書が掘り起こされ、松坂屋以上の歴史的系譜を突き止め、店員教育との関係で確立過程が明らかにされるのを期待したい。現時点では、松坂屋に接客法に関する多様で良質な社内文書が確認でき、これらから呉服系百貨店の接客法が確立した過程（源流）の一端を紐解くことができたとしておきたい。

本書の史料が、戦前における真の百貨店像の浮上と優れた発想を導き出すヒントを内包していることを予期したいが、本書を含め戦前の百貨店業史研究が一九九〇年代以降積極的に進められ、数多くの研究が蓄積されてきたために、実を言うと、この研究領域にある種の満腹感が漂っているように受け取られているのも確かである。しかし筆者は、その考え方はとんでもない勘違いであると留意を促しておきたい。まだまだ全国の百貨店が所蔵する無数の社内文書と未知の研究領域が眠っており、それらの史料に光をあてて浮き彫りにする作業が山積みなのである。

この一環として今回、百貨店特有の社内文書の研究を追求することで、百貨店における実務経験者こそが百貨店業史研究を殊に推進する必要性を実感した。実務経験が不足している研究者は百貨店の対面販売の輪郭を頭でわかっていても、絶えず懸命に精勤し実情を知り尽くしている経験者には遠く及ばないであろう。百貨店特有の営業方法および店員の心理や生きざまを知らずして、百貨店が創造してきた歴史と現実を正確に捉えるのはかなわず、なおかつ「百貨店とは何か」の本質に行き着くことは到底できない。このまま百貨店の外部認識ばかりを推し量る史的研究が増えても一線を乗り越えるのはやや難がありはしないだろうか。なぜならば現場の経験者であれば、なおさら史料の価値が読み取れ、それらが語る真実をもっと内部から鮮明にできるからである。その一方で筆者は現在、本研究のテーマ以外として、昭和初期の反百貨店運動の実相を当時の新聞記事から分析していることもあり、外部からの研究視点の重要性を痛感している。とは言え、専門商社に勤め派遣社員として全国の百貨店を巡り、大勢の社員の方々から笑顔と真心を持して臨む接客法をご指南いただいた筆者としては、若干穿った見方かもしれないが、実務経験者による学術的な百貨店業史研究はもっと手掛けられて表舞台に登場するべきであると考えている。戦前のみならず戦後・高度経済成長期までを視野に入れた研究の出現を心待ちにしている。この点を本書で記すことをどうかご容赦願いたい。

本書が刊行できた理由を述べておきたい。

第一には、松坂屋の大変貴重な社内文書とその周辺史料の閲覧・撮影および、本書のために秘蔵の写真資料を大量にご提供していただき、そのうえ本書刊行の最終段階で、本書の内容をご多忙にもかかわらず一緒に確認していただいたＪ・フロント リテイリング史料館（名古屋）の加藤恵美様に心から感謝申し上げたい。現在、同史料館をご退職なされたが、永年にわたる松坂屋の資料整理・保存と『松坂屋一〇〇年史』（株式会社松坂屋、二〇一〇年）の刊行に精力を注がれた菊池満雄様からは、筆者は十五年にわたり数え切れないほどの知見を有り難く頂戴できた。お二方の存在と多大なご支援がなければ、ここまで辿り着けなかったし、本書は百パーセント誕生しなかったと言っても過言ではない。筆者が思い立って、いつ何時に調査にお伺いしても、笑顔で温かく迎えてくれた両氏に衷心より御礼申し上げる。

本書の解説で論じたが、松坂屋以外では江戸時代からの呉服店および呉服系百貨店として代表的な大丸の接客法の調査にも取り組むことができたのは頗る大きかった。松坂屋と大丸の経営統合により加藤様と菊池様にご仲介していただき、同史料館（大阪）の植田順子様から大丸所蔵の貴重な社内文書をご提示いただくとともに専門的なご教示とお力添えをいただいた。二つの老舗百貨店である松坂屋と大丸を比較して接客法の研究が可能となったのが、本書をこの段階で刊行する構想の直接的な後押しとなった。

また、名古屋市覚王山の伊藤本家様にお伺いしたときには心温まるお言葉を賜り、そして揚輝荘の松坂屋ＯＢのスタッフの皆様にも会うたびにお声をかけていただいたことが、本書を書き上げる不可欠な支えとなった。ここに厚く感謝申し上げたい。

第二には、史料を中軸に据えた本書が完成に漕ぎ着けたのは風媒社の劉永昇編集長に刊行への深いご理解をいただいたことである。当初から本書は、松坂屋に関心を持つ幾多の方々に目を通していただきたく、地元の素材を中心に刊行物を出し続けている老舗出版社にお願いしたい気持ちがあった。筆者が、風媒社に最初に持ち込んだ時の「接客法」の第一稿に対し、劉編集長は実際に史料を閲覧し、その接客法の内容の濃密さに関心を持っていただいた。

ましてや、それらが一〇〇年以上にわたり地域の発展に貢献してきた松坂屋の史料であったので、即日に本書出版のご快諾をいただいた。そののち二年半ほどかかってしまったが、一般読者に読みやすい翻刻や解説の執筆など入稿後も細部にわたって数々のアドバイスとアイデアを頂戴し、最初から最後まで本当にお世話になった。出版事情の厳しいなか、お引き受けいただいたお気持ちには、感謝の言葉しかなく心から御礼申し上げる。したがって、本書が戦前松坂屋の代表的な標語である〝良品廉価〟であったと数多の読者に思われることをとくに願いたい。ただし、あり得べき誤りはすべて筆者の責任によるものである。

第三には、筆者が所属する中部大学の学内関係者の皆様である。本書は、平成三十年度中部大学出版助成を基本に出版したものである。ご推薦いただいた人文学部長の柳谷啓子先生、ならびに審査面接では太田明徳先生、竹内芳美先生の両副学長から厳格ながらも温かいご教示を賜った。また、常日頃から素早く的確なご指導をいただいている歴史地理学科の林上先生からは、本書刊行に至るまでの二年間にわたり何度も励ましいただき、そのうえひとかたならぬご厚情を賜っている。ここに心より深く感謝申し上げる次第である。

本書の一部を所属する人文学部研究紀要に掲載させていただいたが、その際に当時編集委員長で、社会学を専門とするコミュニケーション学科の都築耕生先生には、松坂屋の社内文書の内容と発掘に大いなる関心を持って耳を傾けていただいた。これにより松坂屋の催事史研究は一旦筆を置き、接客法の実態とその意義を深化する研究の方向性が定まった。松坂屋の社内文書の撮影にあたっては、当時ゼミ生であった岡本匡右君、中尾有李さん（二〇一六年度卒業生）にお手伝いいただいた。改めて深甚の謝意を申し上げたい。

第四には、学外関係者の皆様である。本書の内容を日本商業施設学会中部部会例会において発表させていただいた。本学会には二〇一六年八月開催の全国大会で入会させていただいて以来、中部部会を発足し長きにわたって力強く牽引してこられた愛知学院大学名誉教授の加藤勇夫先生、ならびに同大学教授の尾碕眞先生、脇田弘久先生、愛知産業大学教授の伊藤万知子先生、商業施設士として日夜現場でご活躍されている石田勝美先生、河田晃男先生、インテリアプランナーとして高度経済成長期の百貨店の内情をみてこられた藤田淑子先生をはじめ、部会の先生方に鋭いご指摘と示唆に富んだご意見、有益なご教示を賜った。商業・流通の現場を強く意識し活発に活動されている第一線の研究者との知的交流が持てたのは、本書の執筆にあたって決定的な推進力となった。

中国・四国九県で構成している社会経済史学会中国四国部会の大会には二〇〇四年度から参加し、百貨店に関わる史的研究の発表の機会を何度もいただき、今日まで多くの先生方から忌憚ないコメントと明快なご教示を頂戴した。当然、本書の一部を報告させていただき、核心に触れる質問を受けて背中に汗がにじみ出たが、幸いにも本書に反映できたのではないかと思う。

昨年、ご高著『日本の百貨店史—地方、女子店員、高齢化—』(日本経済評論社、二〇一七年)を刊行した大阪商業大学の谷内正往先生、東北大学の加藤諭先生には、百貨店業史研究の議論仲間として格別なご配慮と刺激をいただいている。ご高著の序章での百貨店の歴史研究に関する整理は、本書をまとめるにあたりとても参考になった。なお、公益財団法人三菱財団からは関東以西の地方都市の百貨店業史研究に対して助成金を賜った。記してこれらの方々に深謝申し上げる。

お世話になったすべての方のお名前をあげることができないのはお許し願いたい。以上のような心強い環境のほかに、最後に私事にわたり恐縮であるが、本書の執筆と刊行までを支えてくれた家族に感謝させていただきたい。

接客法の源泉が本書にみられるのは、松坂屋が江戸時代からの四〇〇年にわたり人としての〝心得〟を大切に培ってきたからである。昨年、同じ江戸時代から地元において松坂屋とともに貢献してきた老舗百貨店の丸栄(前、十一屋)

が閉店し、現在も全国の百貨店の消失に歯止めがかからない状況にある。すべての百貨店がなくなれば、人としての誠心を携え、商品を通して本当の心遣いができる達人たちが日本から消滅するのではなかろうか。たくさんの方々に本書をお読みいただき、百貨店とは単に高級品を販売するだけではなく、店員一人一人が思いやりと誠意を重んじ、それを顧客にも伝えながら、一緒に人としての信頼関係を形作ってきた日本人にとってかけがえのない、そして何よりも安心できる真心の地域空間であることを感じ取っていただければ幸甚である。

■事項索引（50音順）

【さ】

【し】

【そ】

【た】

【ち】

【つ】

【て】

【と】

【な】

【に】

【ね】

【は】

【ひ】

■人名索引 (50音順)

■図版・写真一覧 (50音順)

【著者略歴】
末田智樹（すえた ともき）
1967年　福岡県生まれ。
現在　中部大学人文学部准教授。博士（経済学）、博士（学術）
主著著書
『藩際捕鯨業の展開―西海捕鯨と益冨組―』御茶の水書房、2004年
『日本百貨店業成立史―企業家の革新と経営組織の確立―』ミネルヴァ書房、2010年
主要論文
「昭和初頭静岡市への松坂屋支店誘致と反百貨店運動」『中部大学人文学部研究論集』第35号、2016年
「松坂屋の生活と文化を結ぶ催事の成立－良品廉価を礎とした店員の活動－」『市場史研究』第35号、2016年
「昭和11年浜松市の松菱開設反対運動とその背景」『中部大学人文学部研究論集』第36号、2016年
「昭和初期豊橋市の百貨店出張販売対抗策と中心商店街の成立－地方都市における近代的商業地域の形成－」『中部大学人文学部研究論集』第40号、2018年
「昭和7年豊橋市における地元百貨店の成立経緯と営業展開」『日本商業施設学会第17回研究発表論集』2018年
「昭和7年豊橋市への京都丸物の進出と反対運動」『中部大学人文学部研究論集』第41号、2019年

老舗百貨店の接客法
―松坂屋の史料が語る店員の“心得”―

2019年3月30日　第1刷発行
（定価はカバーに表示してあります）

著　者　　末田 智樹
発行者　　山口　　章

名古屋市中区大須1丁目16-29
発行所　振替 00880-5-5616 電話 052-218-7808　風媒社
http://www.fubaisha.com/

乱丁本・落丁本はお取り替えいたします。　＊印刷・製本／モリモト印刷
ISBN978-4-8331-3179-7